21世纪韩国语系列教材

新编
韩国语写作

金长善 〔韩〕李炳一 韩 菁 /主编

北京大学出版社
PEKING UNIVERSITY PRESS

图书在版编目(CIP)数据

新编韩国语写作/金长善,(韩)李炳一,韩菁主编. —北京:北京大学出版社,
2016.9
 (21世纪韩国语系列教材)
 ISBN 978-7-301-27509-2

Ⅰ.①新… Ⅱ.①金… ②李… ③韩… Ⅲ.①韩鲜语—写作—高等学校—教材
Ⅳ.①H555

中国版本图书馆CIP数据核字(2016)第216370号

书　名	新编 韩国语写作
	XINBIAN HANGUOYU XIEZUO
著作责任者	金长善　〔韩〕李炳一　韩　菁　主编
责任编辑	刘　虹　554992144@qq.com
标准书号	ISBN 978-7-301-27509-2
出版发行	北京大学出版社
地　　址	北京市海淀区成府路205号　100871
网　　址	http://www.pup.cn　新浪微博:@北京大学出版社
电子信箱	zbing@pup.pku.edu.cn
电　　话	邮购部 62752015　发行部 62750672　编辑部 62754382
印刷者	北京富生印刷厂
经销者	新华书店
	787毫米×1092毫米　16开本　13.75印张　380千字
	2016年9月第1版　2016年9月第1次印刷
定　　价	39.00元

未经许可,不得以任何方式复制或抄袭本书之部分或全部内容。
版权所有,侵权必究
举报电话: 010-62752024　电子信箱: fd@pup.pku.edu.cn
图书如有印装质量问题,请与出版部联系,电话:010-62756370

前　言

目前,国内韩语教学方面有关韩语写作的教材很少,能够兼顾到学生实际水平、全面、具体地展开的教材更是少之又少。本教材努力克服以上不足,具备了如下两个特点:

第一,本教材摒弃了单纯传达写作知识的传统教材模式,可作为在实际写作课上的教材兼日常习作的练习册。第二,在传达写作所需知识的同时,改进了"以结果为中心的写作"的传统教材模式,针对各个专题分别说明,之后让学习者做相关部分的练习,是"以过程和策略为中心的写作"。本教材省略了部分传统教材中重视的写作基础,而所必需的部分会让授课教师在课堂上做补充说明。

按照如上宗旨,第1课主要对写作的重要性,第2课主要对自由写作、一分钟写作、每天写作和三种读书法等写作准备过程做了说明。第3到15课主要涉及职业领域、日常生活、书信礼札的写作。本教材中出现的例文主要选自大学生习作、职业领域以及日常生活的典型案例。

习得本教材中所阐述的写作方法,可以解决学习者日常写作中存在的很多问题。本教材收录的大量经典阅读材料、学生习作及本教材层次性的编排都是旨在提高学习者写作能力的同时培养其对社会问题的思辨能力。希望通过对本教材的学习,大家不再认为写作是一件难事,而是一件有趣、有成就感,能够提高综合能力的事情。

最后向为本教材的出版贡献力量的各位同人表示衷心地感谢。非常感谢北京大学出版社的刘虹女士,感谢向本教材提供例文的学生们。

2016年6月

编者

目 录

第1课　写作的重要性 ··· 1
제1과　글쓰기의 중요성

第2课　写作前的准备工作 ··· 9
제2과　글쓰기의 사전준비

第3课　自我推销的计划书(1):个人简介 ························ 51
제3과　나를 팔기 위한 마케팅 기획서(1):자기소개서

第4课　自我推销的计划书(2):简历 ····························· 85
제4과　나를 팔기 위한 마케팅 기획서(2):이력서

第5课　报告书 ·· 93
제5과　보고서

第6课　广告 ·· 101
제6과　광고문

第7课　产品使用说明书 ·· 111
제7과　제품 사용 설명서:매뉴얼

第8课　新闻 ·· 121
제8과　기사문

第9课　游记 ·· 127
제9과　기행문

第10课　邀请函和感谢信 ·· 141
제10과　초청장과 감사장

第11课　书信·电子邮件 ·· 147
제11과　편지·E-mail

第12课　学业计划书 …… **163**
제12과　학업 계획서

第13课　推荐信 …… **179**
제13과　추천서

第14课　报告和论文 …… **187**
제14과　리포트와 논문

第15课　演讲 …… **199**
제15과　프레젠테이션

第1课 写作的重要性
제1과 글쓰기의 중요성

1 成功人士的与众不同之处　성공하는 사람에겐 뭔가 다른 게 있다
　　写作和成功的关系　문장력과 성공의 상관관계

　　미국 공학교육학회(American Society for Engineering Education)에서는 글쓰기와 비교적 관련이 적을 것 같은 엔지니어를 대상으로 설문조사를 했다. 설문조사는 성공한 엔지니어 245명으로 <문장력과 성공의 상관관계>이다. 설문 조사 결과에 따르면 본인의 업무에서 기술문서의 중요성과 효과적인 문장력의 필요성에 대한 질문에 45%인 110명이 '필수적'이라고 응답했고, 응답자의 50%인 124명은 '매우 중요하다'고 대답했다. '조금 중요하다'고 응답한 비율은 4%인 9명에 불과했다. 조사대상 245명 중 2명을 제외한 99%는 엔지니어의 업무에서도 글쓰기가 성공을 위한 중요한 열쇠이거나 성공을 위해 매우 중요하다고 인정하고 있었다.

표 1 <문장력과 성공의 관계> (성공한 엔지니어 245명 조사)

질문 내용	응답 내용	응답자수(명)	비율(%)
본인의 업무에서 문장력의 필요성은 어느 정도라고 생각하십니까?	필수적이다	110	45
	매우 중요하다	124	50
	조금 중요하다	9	4
부하의 문장력을 진급심사에서 어느 정도 고려하십니까?	필수적이다	63	26
	많이 고려한다	153	63
	조금 중요하게 생각한다	25	10

2 上班族, 65%的工作时间都在做"这个"
직장인, 업무시간 65%는 '이것'을 하는데 시간을 보낸다

시장조사 전문기업 트렌드모니터(www.trendmonitor.co.kr)와 취업·인사포털 인크루트가 공동으로 직장인 1,212명을 대상으로 '직장인 보고서 작업 현황'에 대해 설문을 실시했다. 그 결과로 하루 평균 2회 이상 보고서를 쓰고 있으며, 보고서를 쓰는 데 걸리는 시간도 한번에 2시간 36분 정도였다.

결국 직장인들은 하루 중 약 5시간 12분을 보고서를 쓰는 데 소모하고 하루 일과를 8시간으로 봤을 때 65.0% 가량을 보고서 쓰는 데 보낸다.

上班族平均一天花费5小时12分钟写报告
직장인들은 하루 평균 5시간 12분을 보고서 작성에 시간을 보낸다

보고서를 쓰는 데 남성이 2.1회로 여성 1.9회 보다는 상대적으로 많았고, 과장급이 보고서를 작성하는데 드는 시간이 192분(3시간 12분)으로 가장 오래 동안 정성을 들여 보고서를 작성하는 것으로 드러났다.

보고서 작업은 학창 시절 한번쯤 작문의 스트레스를 겪어 본 직장인들이 졸업 후 또 다시 만나게 되는 매일 매일의 악몽의 시간이었다. '보고서 작업으로 스트레스를 받고 있는지'에 대한 질문에 전체의 62.3%가 '그렇다'고 대답했다. 스트레스 수준도 '매우 많이 받는다'(11.7%), '다소 많이 받는다'(55.0%) 등 66.7%가 상당히 많은 스트레스를 받는 것으로 나타났다.

직급별로 나눠 보면 보고서에 가장 오래 동안 공을 들이는 과장급이 스트레스도 제일 많이 받고 있었다. '과장급'이 스트레스를 받는 비율은 전체 평균 62.3%을 훨씬 넘는 70.3%였고, '차장급'도 68.2%로 과장급에 뒤지지 않는 비율이었다. 그 뒤를 이어 '사원급'(61.5%), '대리급'(59.0%), '부장급'(58.9%), '임원급'(55.4%) 등의 순으로 집계됐다.

그런데 직장인들이 보고서 작성에서 제일 어렵고 스트레스를 받는 부분으로 '내용 구성과 양식 꾸미기(34.3%)'가 첫 손에 꼽혔다. 그 다음으로는 '글솜씨와 문장력(25.4%)'과 '압축해서 표현하는 스킬(22.4%)'이 뒤를 이었고, '보고 타이밍 잡기(9.3%)'와 '오탈자 없이 작성하기(6.1%)' '기타(2.5%)' 등의 의견이었다.

보고서 쓰기와 능력은 직장인들의 하루 일과 중 대부분을 차지하며 그 일로 인해 많은 스트레스를 받고 있었다. 아이러니하게도 그것은 직장에서의 성공과 큰 상관관계가 있는 것으로 보고 있었다. 보고서 작성능력과 직장 내 성공과의 상관관계를 묻는 질문에 '매우 큰 상관관계'(18.9%) '다소 큰 상관관계'(58.8%) 등 77.7%가 상관관계가 있다고 답했다.

각종 보고와 보고서의 홍수 속에 산다고 해도 과언이 아닌 직장인들은 그 직장에서 살아 남기 위해, 생존을 위해 오늘도 평균 5시간 12분 동안 쓰고 있다

3 写作能力是成功的捷径: 哈佛, 麻省理工, 斯坦福毕业的领导者的成功要诀
글쓰기 능력은 성공의 지름길: 하버드, MIT, 스탠포드 출신 리더들의 성공요인

세계 최고의 명문대를 졸업한 사람들 중에는 상대적으로 성공한 사람들도 많다. 그렇다면 명문대 출신 리더들이 꼽는 성공의 요건은 무엇일까?

세계적인 리더를 많이 배출한 하버드 대학교 졸업생 중 사회적인 리더로 활동하는 인사들에게 성공의 가장 큰 요인을 물어본 결과, 응답자들의 가장 많은 대답은 다름 아닌 <글 쓰는 능력>이었다. 우리가 선입견으로 알고 있었던 학력이나 인맥보다도 <글 쓰는 능력>이 성공의 요인에 크게 작용했다고 대답했다.

명문대를 나온다는 것은 성공에 보다 유리한 조건일 수 있다

사회적 리더라면 아무래도 글을 쓸 기회도 많고, 글 쓰는 일이 많이 필요하니, 이러한 결과가 예상되는 것은 당연하다는 사람도 있을 것이다. 그래서 이번에는 사회적 리더와는 연관성이 멀고, 글쓰는 일도 많이 하지 않을 것 같았던 엔지니어를 대상으로 설문조사를 실시했다. 그런데 여기에서도 글쓰기 능력, 페이퍼 파워(paper power)가 성공의 요인이었다.

같은 대상에게 '진급심사 시에 부하직원의 문장력을 어느 정도 고려합니까?'라는 질문에 대한 응답으로 '필수적으로 고려한다'는 응답이 25%, '많이 고려한다'는 응답이 63%, '조금 고려한다'는 응답이 10%였다. 엔지니어가 기술개발만 잘하면 되는 것이지, 문서작성도 잘해야 하냐고 의아해하는 사람이 있

다면 그 사람은 글 쓰는 능력이 얼마나 큰 영향력을 가지는지를 모르는 바보일 것이다.

　글 쓰기 능력이 성공의 지름길이라는 인식이 증가하고 있는 가운데 우리는 보통 글 쓰는 일을 '문학'이나 '작가들의 일' 또는 '문과생들의 일'로 여기고 있다. 그런데 최근 대학에서의 글쓰기 수업이 교과과정으로 편성되기 시작했고, 직장인들도 비즈니스 라이팅(business writing/商务写作)이라고 해서 업무적인 글쓰기에 대해 관심을 가지기 시작한 것도 최근의 변화이다. 하지만 글쓰기 능력은 아주 오래 전부터 중요하게 생각하는 능력 중의 하나였다.

　당나라시대나 한국의 조선시대의 인재등용 기준으로 '신언서판(身言書判)'이 있었는데 그 중 하나가 바로 글 쓰는 능력이었다. 대학입학을 목표로 한 획일화된 주입식, 암기식 교육방식을 고집해 오다 보니 교육 현장은 상대적으로 글쓰기를 소홀했다. 그런데 성공한 사람들의 글 쓰는 능력은 보통 수준 이상이 대부분이었다.

　글쓰기 능력은 백일장 대회나 학교 작문 숙제를 위해 필요하다. 더 나아가 대학이나 대학원을 진학할 때 준비하는 자기소개서나 학업계획서, 그리고 논술 시험에서도 필요하다. 해외유학을 갈 때도 에세이를 쓰거나, 로스쿨(law school, 法律院)이나 취업을 할 때도 에세이나 자기소개서를 준비해야 한다.

　어떤 방식의 글쓰기이든지 뭔가의 페이퍼는 우리에게 기회와 평가의 기준이 된다. 경력직 회사로 이직을 꿈꾸는 사람은 회사에 대한 분석보고서나 신규사업 제안서를 준비한다. 회사 내에서는 보고서를 잘 쓰는 사람이나 회사를 위해 좋은 제안을 많이 하는 사람에게 인사고과에서 좋은 평가를 주고 있다.

　회사의 대부분의 일은 글쓰기와 관련된 일이다. 문서로 일을 시작하고 문서로 하루 일과를 끝낸다. 정부의 일도, 행정 업무도, 법정에서도 문서가 모든 걸 판단하고 결정하는 기준이다. 방송도, 뉴스도 그렇다. 좋은 글이 없으면 좋은 드라마나 뉴스의 앵커도 없고, 좋은 배우도 없다. 앵커의 멘트도 배우의 멋진 대사도, 가수의 노랫말도 쓰여진 글에 의해 평가되고 결정된다. 만약 사회적인 글쓰기가 부실해지면 신문도 방송도 부실해지고, 사업도, 정부의 행정도, 사법부의 재판도 부실해 질 수 있다.

　하버드를 비롯해 MIT, 스탠포드Stanford University 등 미국의 명문대학에서는 신입생들에게 글쓰기 수업을 필수적으로 이수하도록 하고 있다. 미국 명문대

第1课　写作的重要性
제1과　글쓰기의 중요성

는 물론이고 국내외 많은 대학에서도 글쓰기는 필수 교과 커리큘럼(curriculum/课程)에 포함되어 있다. 비즈니스 라이팅부터 글쓰기, 쓰기에 대한 책들이 쏟아지고 있고 관련 강좌도 많이 개설되고 있다. 기업에서도 직원들을 위한 교육 연수 프로그램으로서 글쓰기를 포함시키고 있다.

[머니투데이 김용섭 날카로운상상력연구소 소장]
[[2030 성공습관] 글쓰기 능력은 성공의 지름길] 재수정

사회적으로 성공을 하고 싶다면 글쓰기 능력을 키워라.

글쓰기 능력과 사회적 성공은 아주 큰 상관관계를 가지고 있다. 글 쓰는 능력 자체가 성공하려는 사람이 갖춰야 할 자질이자 습관이다.

성공하는 사람에겐 '페이퍼 파워(paper power; 纸功率)'가 있다

'성공하는 사람에겐 뭔가 다른 게 있다.' 말을 잘해야 한다든가, 인맥이 중요하다든가, 나름대로 강조하는 것들이 있다. 그런데 성공하는 사람에겐 페이퍼 파워가 있다.

페이퍼 파워란 글쓰기 능력을 말한다. 동서고금을 막론하고 성공한 사람의 공통점이자 이들의 성공을 가능하게 했던 비밀 중 하나가 바로 페이퍼 파워이다.

페이퍼 파워는 자신의 가치를 높이거나 새로운 기회를 만들어 내는 능력이다. 리더가 되기 위해서, 또 성공한 사람이 되기 위해서 글쓰기 능력은 필요하다. 글쓰기와는 거리가 멀어 보이는 엔지니어에게조차 글쓰기 능력은 매우 중요하다. 대학 진학을 할 때나 해외 유학이나 대학원에 갈 때도 글쓰기는 필요하다. 학생이나 직장인은 물론 학자, 저술가, 정치인, 기업인에 이르기까지 페이퍼 파워가 없이는 성공할 수 없을 것이다. 한국의 국회의원 중 개인의 저서를 갖고 있는 사람의 비율이 무려 41%나 된다고 한다.

글쓰기에 성공하려면 먼저 부지런해야 한다. 조선시대의 유명한 실학자 다산 정약용은 무려 492권이나 되는 방대한 저서를 남긴 인물이다. 그가 이러한 능력을 발휘할 수 있었던 것은 정보 수집과 다독, 그리고 수집된 정보와 독서에서 얻은 지식에 대한 분석·분류 및 정리 능력이 탁월했기 때문이었다.

4 写作的伦理性 글쓰기의 윤리성

　　글을 한 번이라도 써 본 사람이면 글쓰기가 정신적으로나 육체적으로 힘든 일이라는 것을 공감할 것이다. 글쓰기가 주는 스트레스는 경험해 본 적이 없는 사람은 모른다. 그런데 유명한 소설가나 작곡가가 공들여서 완성한 저작물을 다른 사람들이 아무런 생각 없이 복사하고 자신의 작품인 것처럼 사용한다면, 그 소설가나 작곡가는 다시는 힘들고 고된 창작 활동을 하지 않을 것이다. 그렇게 되면 우리 사회는 감동적인 소설을 읽을 기회가 사라지고, 다양하고 감미로운 음악이나 멜로디를 접하는 기회도 사라지게 된다. 그만큼 우리 사회는 풍부한 정신적 감수성이 메말라 버리고 각박한 세상으로 바뀌고 말 것이다. 그래서 대부분의 국가에서는 이런 지적이고 창조적인 행위에 대해서 <저작권(copyright; 著作权)>이라는 법적 보호 장치를 마련하여 그 권리를 보호하고 있다.

　　그런데 눈으로 보이지 않는 창조적 행위를 법으로 일일이 보호한다는 것은 현실적으로 불가능하다. 모든 사회 구성원들이 자발적으로 저작권을 보호하고 지키려는 성숙한 저작권 의식이 우선이다.

　　인터넷 미디어의 발달은 다른 사람의 창작물에 손쉽게 접근할 수 있고, 자신의 목적에 맞게 필요한 부분을 얼마든지 발췌(拔萃)하거나 이용할 수 있는 편리함이 있다. 하지만 다른 한편으로 다른 사람의 글을 표절(剽窃, plagiarism, 글 도둑질)하는 심각한 문제가 벌어지고 있다. 다른 사람의 과제를 몰래 베끼는 일부터 좋은 문장이면 아무런 거리낌도 없이 자신의 블로그에 옮기는 행위, 심지어 지성인으로 불리는 학자들의 비양심적인 재편집, 바꿔치기, 짜깁기 등의 행위가 바로 그것이다.

　　표절은 라틴어의 '유괴(诱拐 to kidnap)'에서 온 말이다. 다른 사람이 창작한 저작물의 일부 또는 전부를 몰래 끌어다 자신의 창작물인 것처럼 발표하는 것으로 범죄행위이다. 그러나 남의 눈에 띄지 않고 겉으로 표시가 잘 드러나지 않기에 우리는 표절에 대한 윤리의식이 희박한 실정이다. 혹시라도 표절의 행위가 발견되더라도 모르고 한 일이거나 가벼운 실수라고 둘러대는 경우가 허다하다.

　　그럼에도 불구하고 '표절이냐 창작이냐'의 논쟁은 끊임 없이 계속되고 있다. 인터넷 글쓰기의 발달로 인한 그 경계점은 갈수록 모호해지고 있는 게 현실이다. 하지만 "이것이 표절이냐 표절이 아니냐"의 근거는 원 텍스트(text)에 상

第1课　写作的重要性
제1과　글쓰기의 중요성

당 부분을 의존해 있는가 아니면 작가의 상상력 속에서 완전히 재구성 되었는가에 달려 있다. 그렇다고 해서 <표절과 표절이 아닌 것>을 분명하게 나누는 절대적인 기준은 없다. 이 세상의 많은 생각과 좋은 구절들은 이미 누군가가 말해 놓은 것일 수도 있다. 우리의 어떤 독창적인 생각도 나중에 확인해보면 알게 모르게 어떤 책이나 어느 블로그에서 보았던 경우가 종종 있  을 것이다. 그런 자기의 생각을 글로 썼을 때 아무도 그 글을 표절이라고 하지 않는다. 그것은 어떤 책이나 사상의 영향을 받은 것이지 표절은 아니다. 표절이 의도적으로 남의 글을 베끼는 행위를 말하는 것이라면, 누구의 책이나 사상을 읽고 그 기본 생각을 새롭게 재구성해서 글로 표현하는 것은 표절이 아니다.

　표절의 문제를 피할 수 있는 좋은 방법은 '인용'이다. 인용의 기본 원칙은 잘 안다면 '이 부분은 표절이다, 표절이 아니다'라는 문제에서 벗어 날 수 있다. 긴 인용문일 경우에는 별도의 단락으로 처리하고 짧은 인용문일 경우에는 반드시 큰 따옴표로 인용문이라는 것을 표시해야 한다. 또한 인용문에는 저자와 책이름을 항상 주석 등으로 명기해 주어야 한다. 글쓰기 교육의 목표가 논리적, 창의적 능력을 배양하고, 성숙한 지성인을 양성하는 것이라면 어떤 경우에도 표절은 절대로 허용될 수 없다.

　글쓰기를 배우는 학생들은 글쓰기의 출발을 다른 사람의 글에 대한 경외와 존중을 가지는 데서부터 시작한다는 것임을 명심해야 한다.

第2课 写作前的准备工作
제2과 글쓰기의 사전준비

학생이나 직장인은 물론 학자, 저술가, 정치인, 기업인에 이르기까지 글쓰기는 이미 삶의 일부가 되었다. 특히 전문직 직장인이 직장에서 보내는 시간 중 적어도 3분의 1은 '쓰기, 편집, 프레젠테이션 준비' 등 쓰기와 관련된 일을 한다. 그리고 직장에서 승진을 하면 할수록 그 비율은 더욱 늘어나 중간관리자급이 되면 직장에서 보내는 시간의 40%를, 그리고 매니저급으로 승진하게 되면 50%를 글쓰기와 관련된 일을 하면서 보낸다. 이제 글쓰기는 직장에서 의사소통의 중요한 수단이며 승진과 경쟁력의 중요한 열쇠로 자리잡고 있다.

1 怎样写出好的文章 좋은 글쓰기는 어떻게 가능한가?

그렇다면 좋은 글쓰기는 어떻게 가능한가? 전통적인 글쓰기의 방법으로 삼다(三多)와 삼상(三上)이 있다. 삼다(三多)는 다독(多读), 다작(多作), 다사(多思)이며, 삼상(三上)은 마상(马上), 침상(枕上), 측상(厕上)이다.

글을 잘 쓰기 위해 필요한 것은 뭐가 있을까?

다독(多读): 좋은 책을 많이 읽는다
다작(多作): 자주 많이 써 보고 고친다
다사(多思): 좋고 기발하고 엉뚱한 생각을 많이 해 본다

좋은 생각이 잘 떠오르는 장소는 어디일까?

마상(马上): 좋은 여행길에서 좋은 생각이 잘 떠오른다. 너무 빨리 목적지에 도달하는 고속 열차가 아니라 시간에 구애 받지 않고 천천히 목적지에 도달할 수 있는 기차나 선박을 이용한 여행길, 산책 등은 추천할 만한 마상에 해당된다.

침상(枕上): 밤에 이부자리에 누워 베개를 베고 잠이 들기 전이나 아침에 잠을 막 깨었을 때에 좋은 생각이 떠오르는 것은 누구나 다 체험한 바 있다. 출근 준비에 바쁜 아침보다는 잠들기 30분 전이 좋은 생각이 잘 떠오르는 시간이다.

측상(厕上): 화장실에 앉아 있으면 엉뚱하고 기발하고 참신한 생각이 잘 떠오른다. 화장실은 유일하게 나 혼자서 명상을 취할 수 있는 나만의 공간이다.

성공한 사업가에게 기자가 성공의 비결을 물었다. 성공한 사업가는 "성공을 위해 저는 매일 아침 30분씩 책을 읽습니다."라고 했다. 성공을 위해서 책을 읽는다는 것은 쉽고도 어려운 일이다. 문제는 나에게 끈기가 있느냐 없느냐의 문제이다.

성공을 위해서, 좋은 글을 쓰기 위해서는

많이 읽어야 한다.
자주 써야 한다.
그리고 깊이 생각을 해야 한다.

第2课 写作前的准备工作
제2과 글쓰기의 사전준비

2 自由写作 자유작문(Free Writing)
一分钟作文 1분 동안의 글쓰기

자유작문은 글쓰기의 가장 초보적 단계이며 글쓰기로부터 자유로워질 수 있는 첫 단계이다.

인디애나 대학(Indiana University)의 데이비드 하트웰(David G. Hartwell) 교수는 '글을 어떻게 쓸 것인가'에 대한 질문의 답으로 쓰기의 두 가지 원리를 제안하였다.

긴장을 풀어라.　　　　　放松
무조건 쓰는 훈련을 하라.　写作训练

즉 긴장을 풀라는 것과 마음속으로 예상연습을 하면서 무조건 쓰는 훈련을 하라는 것이다.

'나는 글을 쓸 자격이 없는 사람, 혹은 자질이 없는 사람'이라는 열등감, '어떻게 하면 내가 쓴 글이 훌륭한 명문이 되게 할 수 있을까', '세상을 깜짝 놀라게 하는 멋진 글을 써야지'라는 지나친 야심은 글쓰기를 어렵게 한다. 그러므로 이러한 부자유성을 해소하면 글을 쓰는 데 자유로워진다.

자유작문의 중요한 원리는 다음의 두 가지 요소로 정리할 수 있다.

끝나 버리기 전에는 무슨 일이든 불가능하다고 생각하지 말라.
(마르쿠스 툴리우스 키케로 Marcus Tullius Cicero, 马库斯·图留斯·西塞罗)

1) 自由写作时切记这一点！

자유작문을 할 때 이것만은 꼭 기억하자！

① 자유작문은 워밍업(热身运动, warming up)이다.

본격적인 운동에 들어가기 전 가볍게 몸을 푸는 준비운동이 필요한 것처럼 본격적인 글쓰기에 들어가기 전 글쓰기 준비운동이 필요하다. 우리가 준비운동 없이 본 운동에 들어가면 신체에 무리를 주게 되고, 급기야는 병원에 입원할 수도 있게 된다. 자유작문도 본 운동인 본격적인 작문에 들어가기 전에 하는 일종의 준비운동이다. 자유작문은 글쓰기 기초단계에서 잠깐, 아주 잠깐 사용해야 한다. 자유작문을 하면 학생들이 흥미를 잃지 않고 글을 쓸 수 있게 되고 글쓰기에 대한 두려움도 없어지게 된다. 자유작문은 나도 글을 썼다는 성취감과 자신감을 기르는 데 목적이 있다.

성급하게 쓰지는 말자. 글쓰기에 흥미가 없고 두려워 하는 여러분들은 딱 1분 동안만 글을 쓴다. 시간은 정확하게 1분이다. 1초라도 오차가 있어서는 안 된다. 기숙사의 친구나 주위의 도움을 청하자. 혼자서는 하기 어렵다고 포기하지 말자. 내 스마트 폰의 스톱워치의 기능을 이용하면 혼자라도 충분히 할 수 있다.

② 이름은 절대로 쓰지 않는다.

이름을 쓴다고 하면 자신이 쓴 글을 선생님이나 다른 사람 누군가가 보고 평가를 한다거나 누군가 내가 쓴 글을 비교할 수 있다는 생각이 들기 때문에 글쓰기에 대한 두려움과 스트레스가 생길 수 있다. 이름은 절대로 절대로 쓰지 않는다. 절대로. 평가도 없고, 누가 쓴 글인지 아무도 모른다. 마음껏 쓰고 싶은 것 무엇이든 쓰면 된다.

③ 무엇을 쓸지 생각이 나지 않을 때는 '모르겠다'를 쓰자.

이 훈련의 목적은 글쓰기의 부자유성을 해소하는 것이 주목적이기 때문에 맞춤법이나 표준어, 문법은 필요 없다. 이런 것을 생각할 필요도 없이 머리 속에서 생각나는 아무 것이나 그저 반사적으로 써 가는 것이 중요하다. 더도 말고 덜도 말고 1분만, 딱 1분만 글을 쓰면 된다. 1분이라는 시간은 긴 시간일 수도 아주 짧은 시간일 수도 있다. 치과 치료를 받아 본 사람이면 몇 초의 치료 시간이라도 두려움의 시간이며 긴 시간일 수 있으니까.

第2课 写作前的准备工作
제2과 글쓰기의 사전준비

'쓸게 없다', '난 쓸게 없다', '도저히 생각이 나지 않는다', '뭘 써야 할지 모르겠다'

이럴 땐 우리의 필살기 '모르겠다'가 있으니까 걱정은 붙들어 매시라~. 심지어 처음부터 끝까지 '모르겠다'만 계속 쓰더라도 1분간 계속 글쓰기를 한 당신은 이미 대단한 사람이다.

④ 반드시 돌려읽기를 한다.
글쓰기 집단에서 나온 자유작문은 돌려보고 평가하면서 나도 다른 사람과 글을 쓰는 능력에서 큰 차이가 없다는 자신감을 가질 수 있다.

2) 1分钟作文
1분간 글쓰기

이제 글을 쓸 준비가 되어 있는 당신은 부드럽게 잘 나가는 필기구와 원고지(또는 A4 용지)를 준비한다. 필기구와 원고지는 같은 모양, 같은 색으로 공동으로 준비하는 게 좋다. 혹시라도 필기구 색이 다르거나 원고지가 다른 형태라면 다른 사람이 나를 알 수 있으니까!

그리고 제목을 듣고 글을 쓴다. 생각이 안 떠오른다고 글쓰기를 멈추지 말자. 1분은 금방 간다.

자, 이제 '어머니(엄마)'에 대해서 딱 1분 동안 여러분이 쓸 수 있는 최대의 분량으로 글을 쓰자.

단, 글을 쓰다 무엇을 써야 할 지 생각이 막히더라도 중지하지 말고, 새로운 단어를 쓰기 시작할 때까지 '모르겠다'를 반복해서 쓰라.

종이에서는 펜을 떼지 말자. 맞춤법이나 문법에 관계 없이 1분 내에 쓸 수 있는 최대 분량을 쓰자.

开始!
자, 시작!
1분이 되었다.
앗싸 (欧耶)!

'그만'이라는 단어는 강압적인 느낌을 주는 단어이다. 실제 수업 시간에 '그만'이라는 말보다 '앗싸'라는 사용하면 수업 분위기가 한층 더 좋아지고, 무엇인가를 성취했다는 성취감을 느끼게 한다. 선생님의 '앗싸~'라는 말에 바로 쓰는 것을 멈추자. 많이 쓴다고 알아 줄 사람이 없다. 내가 쓴 글을 선생님은 알지 못한다. 내 친구도. 그러니 과감하게 미련 없이 쓰는 것을 멈추자. 자신이 멈출 때를 알고 멈춘다면 당신은 성공을 아는 사람이니까.

　　이제 띄어쓰기를 포함하여 글자수를 세어 보자. 대개 40자에서 100자 사이가 많을 것이다. 물론 40자도 못 쓴 사람도 있을 것이다. 이 사람은 1분 쓰기의 연습을 제대로 이해하지 못하고 있는 사람이다. 생각이 안 떠올라도 '모르겠다'라는 말만 계속 쓴다면 결코 1분 동안 40자도 못 쓸 리가 없다.

　　그럼 다시 한 번 1분 쓰기를 해 보자. 이제는 요령도 알았으니 글쓰기가 처음보다 쉬워졌을 것이다.

　　'오늘 있었던 일'에 대하여 한번 써 볼까요?
　　开始! 자, 시작!

　　앗싸~. 1분이 되었다.
　　아까와 같이 글자 수를 세어 보자. 분명 이전보다 조금 늘었을 것이다.
　　이번에도 별차이가 없는 학생이 있다면 그것은 글씨를 지독히 느리게 쓰는 사람일 것이다. 아니면 당신은 작문 수업에 집중하지 않고 스마트폰을 보고 있는 학생일 것이다.

　　만약 타자로 글쓰기를 한다면 이보다 더 빨리 글을 쓸 수 있을 것이다. 그리고 꾸준한 글쓰기의 경험과 독서를 병행한다면 '모르겠다'라는 말을 쓰는 경우도 훨씬 줄어들 것이다.

　　기억할 것은 '느린 것을 두려워 말고 중도에 그만두는 내 자신을 두려워하라'.

3) 1分钟思考, 1分钟 / 3分钟 / 5分钟继续写作
1분간 생각하고 1분간/3분간/5분간 계속 쓰기

　　글쓰기에 어느 정도 자신감이 생기고, 두려움이 줄어 든 느낌이 생겼다면 당신은 대단한 사람이다. 글쓰기에는 개인차가 있기 때문에 1분간 글쓰기를 5회에서 10회 정도 꾸준히 반복한다. 어느 정도 익숙해지면 3분, 5분씩 시간을 늘려

第2课　写作前的准备工作
제2과　글쓰기의 사전준비

연습한다. 그러면 글쓰기는 더 이상 어렵고 두렵고 괴로운 일이 아니라 즐거운 놀이가 될 수 있다. 자신감을 가지고 글쓰기를 계속해 보자. 분명한 것은 1분간 생각하고 3분간(5분간) 계속 글쓰기를 하는 것이다. 쓰다가 생각이 안 떠오르면 '모르겠다'라는 말을 계속 쓰면 된다. 그러다 다시 생각이 떠오르면 계속 이어 쓴다. 짧지만 1분간 생각을 하고 글을 쓰면 훨씬 풍성한 내용의 글을 쓸 수 있을 것이다. 이 글쓰기를 몇 번이고 연습해 보자.

처음에는 같은 말이 반복되고 문장 연결도 엉망이고, '모르겠다' 투성이지만 시간이 갈수록 어휘수도 늘어나고 문장도 어느 정도 말이 되는 것을 발견할 수 있다. 어느새 변화된 나의 글을 볼 것이다. 꾸준한 연습과 노력이 있어야 글쓰기는 효과가 있다.

기억할 것은 '느린 것을 두려워 말고 중도에 그만두는 자신을 두려워하라' 이다.

처음에는 아버지, 어머니, 스마트폰, 컴퓨터 등 학생들이 쉽게 쓸 수 있는 명사형 단어를 불러 준다. 이때 대상 학생들은 1분간 생각하고 글을 써 나가기 시작한다. 어느 정도 자유작문에 익숙해지면 동사형 단어나 형용사형, 부사형 단어, 짧은 문장으로 단계를 높여 간다.

내가 쓰고 싶은 글감들

다음171가지 다양한 글감들로 하루에 한 편씩 글을 써 보자. 어떤 것을 먼저 쓰든 그것은 여러분의 자유이며, 글감을 변형시키거나 덧붙여도 좋다. 한 번 쓴 글감은 표시를 해 두자.

171个常用写作题目

감기에 걸렸던 때	100년 후	연예인의 사생활
고향	빌 게이츠와 내가 재산을 맞바꾼다면?	해커(hacker)
나의 하루	양심	드라마
착각	내가 IQ200 이라면?	UFO
내가 좋아하는 친구	내가 만약 다른 사람과 몸을 바꿀 수 있다면	우리 집 풍경
노래	아버지	커닝
머리카락	스트레스를 해소하는 방법	종이사전과 전자사전의 차이점

续表

방학	타임머신	몸짱
비속어	환경 오염	패스트푸드
생일	자전거	컴퓨터 게임
사생팬	어머니	대머리
설날	소풍	한국어의 재미와 어려움
삼겹살	체벌	100만 위안에 당첨된다면?
세대 차이	중국의 민속놀이	도박
시험	스마트폰	내가 자주 가는 곳
TV	내가 좋아하는 음식	키
외갓집	무인도	얼짱
인상 깊었던 영화	30년 후 나의 모습	나의 이상형은?
채팅	데이트할 때 할 수 있는 일들	컴퓨터
첫사랑	내가 잘 하는 운동	노래방에서 잘 놀려면?
편지	내가 갖고 싶은 것	개인 홈페이지
한글의 우수성	가정 폭력	아동 폭력
할머니	비 오는 날	짝사랑
할아버지	추억	찜질방
휴가	시험은 왜 보나?	해외 입양
소금	운동회	자연과 나
소원	초콜릿	새학기
새로운 친구	우리 선생님	음악
사랑	연애관	후회했던 일
행복했던 추억	솔로에 대하여	졸업을 앞두고
입학을 앞두고	성년을 앞두고	빼빼로데이
호감	달밤	크리스마스
이상형	여름	우주여행
물고기	훈남 훈녀	용기
미역국	성형 중독	가장 슬펐을 때
가장 행복했을 때	바다 속 이야기	김밥

第2课　写作前的准备工作
제2과　글쓰기의 사전준비

续表

유리창	기차 여행	커피와 차
화장실	원시 시대	내가 만들고 싶은 TV 프로그램
전쟁을 없애려면?	내가 영화를 만든다면?	세종대왕이 다시 태어난다면
삼겹살	꿈 이야기	앨범
눈 오는 날	용기	된장과 고추장
별명	키	내 이름
안개	우리 가족	점심 시간
우리 학교의 풍경	남을 흉보는 사람	악성 댓글
태풍	연예인 지망생	내가 잘 하는 요리
수영장	흑백사진	졸업사진
프러포즈	떡국	무지개
빨래	얼굴	지우개
여름	커피숍	피자
홍수	첫눈	별
휴대용 집	인터넷	손가락
시계	무지개	내가 알고 있는 재미있는 이야기
버스	손수건	어제
사진	연필	시험공부
수박	사과	용서
착각	동생	금요일
소방관	김치	친구와 싸운 일

　　A writer is somebody for whom writing is more difficult than it is for other people. (작가란 글쓰기가 어려운 사람이다 – 다른 사람보다 더.) –독일 소설가 토마스 만 (Thomas Mann· 1875~1955)

　　I love being a writer. What I can't stand is the paperwork.(나는 내가 작가인 것을 좋아한다. 그러나 내가 견딜 수 없는 일은 글 쓰는 일이다.) –미국 소설가 피터 드 브리스 (Peter De Vries· 1910~1993)

　　When something can be read without effort, great effort has gone into its writing. (저자가 어떤 것을 쓰는 데 엄청난 노력을 쏟아 부어야만 독자가 수월하게 읽을

수 있다). —스페인 작가·극작가 폰셀라 (Enrique Jardiel Poncela· 1901~1952)

□연습문제 1

다음에 제시한 주제를 가지고 자유쓰기를 해 보시오.
1) 1분 자유쓰기 : 대학생, 어머니/아버지, 삼겹살
2) 3분 자유쓰기 : 스마트폰, 인터넷, 첫사랑
3) 5분 자유쓰기 : 내가 거액 100만 위안 복권에 당첨된다면 ; 내가 만약 ~ 한다면

3 每天写作的动力   매일 쓰기의 힘

왜일까?
작가를 꿈꾸는데 글쓰기가 어렵다.
큰일이다.
더 이상 글이 써지지 않는다!!!

그렇다면 매일 쓰는 연습이 필요하다.
글쓰기가 생계인 유명 작가들 또한 그렇다. 연습, 매일 쓰기 연습이 필요하다. 소설가 안정효 씨는 일어나자마자 세수도 하지 않고 4시간 동안 글을 쓴다. 태백산맥의 작가 조정래 씨 역시 출퇴근하는 직장인처럼 매일 같은 시간에 글을 쓴다. 철학자 칸트(I. Kant, 伊曼努尔·康德) 또한 새벽 5시에 일어나 7시까지 강의준비를 하고, 9시까지 수업을, 오후 1시까지는 글을 썼다고 한다. 그는 이런 생활방식을 죽기 전까지 유지했다. 일본의 베스트셀러작가 무라카미 하루키(노

第2课　写作前的准备工作
제2과　글쓰기의 사전준비

르웨이의 숲, 상실의 시대, 1987)도 하루에 3-4시간씩 아침에 글을 쓰라고 말한다. 비록, 쓸 내용이 없는 날이라도 가만히 책상에 앉아 정신을 집중하라. 바로, 글쓰기에 필요한 집중력을 기르기 위해서다. 하루키는 재능보다 중요한 자질로 집중력과 지구력을 꼽았다.

"하루에 3시간이나 4시간 의식을 집중해서 집필할 수 있었다고 해도, 일주일 동안 계속하니 피로에 지쳐버렸다고 해서는 긴 작품을 쓸 수 없다. 반년이나 1년이나 2년간 매일의 집중을 계속 유지할 수 있는 힘이, 소설가에게는 – 적어도 장편소설을 쓰는 작가에게는 – 요구된다."

- 무라카미 하루키 村上春树,《当我谈跑步时我谈些什么》,
(<달리기를 말할 때 내가 하고 싶은 이야기>)
문학사상, 2009. 재수정

이처럼, 다수의 전문가들은 매일 같은 시간에 쓰는 습관을 가지라고 말한다.
그러나 학과 공부와 아르바이트 등으로 시간에 쫓기는 대학생들이 쉽게 접근할 수 있는 방법으로 블로그 운영이다. 온라인 환경에 익숙한 지금의 대학생들에게 적합한 글쓰기 연습이다. 짧은 단상부터 읽은 책, 본 영화, 만난 사람 이야기 등 소소한 일상을 고스란히 글로 적는다. 이런 습관은 매일 밥을 먹고 양치하는 것처럼 일상화되고 하루라도 블로그에 글을 쓰지 않으면 뭔가 어색해져 버리는 일상이 될 수 있다. '뭔가 거창하고 대단한 것을 써야 한다거나 잘 써야 한다'는 강박에서 벗어나 소소한 일상이나 화장실의 낙서라도 좋으니까 무엇이라도 적어보자. 그러다 보면, 세상을 향해 던지고 싶은 말이 터지고 그게 나의 주장문이 되고, 논술이 되고 칼럼이 될 수도 있을 것이다.

김민영의 글쓰기 코칭, 재수정

매일 같은 시간에 글을 쓰려니 힘에 부친다. 처음엔, 마감시간도 지키지 못해 발을 구르기도 했다. 그렇게 두 달 쯤 쓰고 나니, 글쓰기에 속도가 붙기 시작했다. 이전엔 2시간을 고민해도, 몇 줄 쓰지도 못하고 시간만 지나가는 일이 많았는데… 이제는 A4 1장쯤이야 거뜬히 20-30분이면 척척 써낼 수 있다. 비결은 매일 쓰기였다. 매일 달리기를 하며 마라톤을 준비하는 아마추어 선수처럼, 글쓰기에 필요한 근력이 조금씩 붙고 있었다.

4 多长的篇幅最合适？越来越趋向于SNS
문장의 길이는 어느 정도가 좋은가요? SNS로 짧아지는 추세

什么样的文章才算好文章？ 좋은 문장이란 어떤 문장인가?

좋은 문장이란 짧게 쉽게 쓴 문장, 오래 기억되는 문장, 다시 읽고 싶은 문장이다.

단문은 짧은 글이라고 하는 일반적인 의미와 함께 주어와 서술어로만 구성된 문장이다. 단문을 잘 쓰는 것이 뭐 그리 대단한 것이냐고 의문을 제시하기도 하지만, 단문 쓰기는 글쓰기의 기초 중의 기초이기에 중요하다. 흔히 문장을 길게 쓰면 좋은 문장이라고 착각하는데 문장은 짧게 쓰는 것이 좋다. 짧은 문장은 경쾌하고 강한 인상을 주기 때문이다. 문장을 길게 쓰면, 주어와 서술어의 관계가 모호해지거나 중요한 문장 성분을 빠뜨릴 수 있다. 주어와 서술어 이외에 꾸며 주는 말이 많으면 많을수록 화려한 문장 같아 보이지만 뜻이 흐려지기 쉽다. 또 문장이 길어지면 주어와 서술어의 호응 관계도 불분명해지기 쉽다. 한 문장의 길이는 한 줄이나 한 줄 반 정도가 적당하다. 글자수로 말하면 띄어쓰기를 포함하여 45자 이내가 적당하다. 문장을 짧게 쓰면 이해하기 쉬운 글이 된다. 쉬운 글의 첫째 조건은 짧아야 한다.

1) 写作练习 문장쓰기 연습

문장이 짧으면 좋은 점은 문장에 '힘이 있다'는 것이다. 유명한 작가 중에는 화려하고 멋진 긴 문장을 즐겨 쓰는 사람이 있고, 짧은 문장이지만 강하고 힘이 넘치는 문장을 쓰는 사람도 있다. 남을 설득하고 주장하는 글인 논술이나 실용문에서는 화려한 긴 문장보다는 힘이 있는 짧은 문장이 더 어울린다.

문장을 짧게 쓰면 잘못된 문장을 쓰는 경우가 적어지는 장점이 있다. 문장이 서너 줄 이상 넘어가면 주어가 무엇인지 헷갈리고, 내가 무엇에 대해 쓰고 있는지, 어떤 대상에 대해 쓰고 있는지, 어떻게 써야 할 지 잊어버리는 경우도 생길 수 있다. 문장을 길게 쓰는 버릇이 있는 학생들의 글을 보면 대개 주어와 서술어의 호응이 어긋나는 경우가 많다. 참고로 소설은 45자 내외이고, 전문 학술 문장은 75자 내외 초등 3학년 아동서적은 30자 내외이다. 보통 사람이 읽기 쉬운 글은 45자 내외로 읽기도 편하고 이해하기 쉽고, 쓰는 데도 부담이 없다. 짧은 문

第2课　写作前的准备工作
제2과　글쓰기의 사전준비

장의 대표적인 예는 신문기사이다. 평소에 신문을 자주 읽으면 사물을 보는 눈도 생기고 짧은 문장의 호흡을 배울 수 있는 장점이 있다.

'나무'라는 일반 명사를 주어로 해서 여러 단문을 만들어 보자.

나무가 푸르다 / 나무가 크다 / 나무가 서있다 / 나무가 흔들린다

'가'라는 주격 조사를 사용하여 주어와 서술어로 된 문장을 쉽게 만들 수 있다.

이제 '가'라는 주격 조사 대신 '는'을 사용하여 문장을 만들어 보자. 우리는 얼마든지 다른 느낌의 문장을 쉽게 만들 수 있을 것이다.

나무는 운다 / 나무는 잔다 / 나무는 흔들린다 / 나무는 움직인다 / 나무는 노래한다 / 나무는 웃는다 나무는 말한다 / 나무는 속삭인다 / 나무는 소리친다 / 나무는 쉰다 / 나무는 슬퍼한다 / 나무는 춤춘다

나무는 사랑한다 / 나무는 초라하다 / 나무는 걷는다 / 나무는 먹는다 / 나무는 망설인다

글쓰기의 초보자나 학생들에게 '토끼'라는 명사가 들어가는 단문을 50가지씩 써 보라는 과제를 내 줘보자. 대부분의 학생들은 골머리를 앓을 것이다. 골머리를 앓는다는 것은 그 동안 생각해 보지 않아서이다. 늘 생각하고, 또 글을 쓰는 것이 습관이 된 사람들에게는 어렵지 않은 과제이지만, 글쓰기를 이제 막 시작한 학생들에게는 쉽지 않은 과제가 될 것이다.

그러나 <나무, 바람, 전화, 친구, 하늘, 바다, 산, 꽃, 풀, 숲, 길> 등등의 낱말들로 해서 하루 50개 정도의 단문을 쓰는 일을 꾸준히 한다면 상상력과 창의성은 물론이고 사물을 보는 자신만의 눈을 가질 수 있게 된다.

이러한 눈은 창작을 하는 데 있어서 매우 중요하다.

글을 처음 쓰려고 하는 사람들에게 문법이나, 맞춤법, 고상한 언어들, 복잡한 문장을 가르치는 것은 큰 의미가 없다. 그런 것들은 단문을 반복해서 써 가는 과정에서도 아주 자연스럽게 익히게 될 것이다.

现在我们也尝试一下。

이제, 우리도 한 번 시도해 보자.

不要担心速度慢,要克服半途而废的念头。铭记"千里之行,始于足下",然后再面对写作。

느리다고 너무 걱정하지 말고 중간에 포기하는 자신의 의지를 두려워 하라. '천리 길도 한 걸음부터'라는 말을 마음에 새기고 글쓰기에 임하자.

다음의 주어진 낱말을 넣어 짧은 문장을 만들어 보자.

가다
___

비행기
___

도서관
___

다르다
___

삼겹살
___

'민호, 동생, 밥, 주다'라는 네 개의 단어만으로도 다음과 같은 문장을 얼마든지 만들 수 있을 것이다.

민호가 동생에게 밥을 주었다.
민호가 동생에게 밥을 주었습니다.
민호가 어머니께 진지를 드렸다.
민호가 어머니께 진지를 드렸습니다.
민호가 할머니께 진지를 드렸다.
민호가 할머니께 진지를 드렸습니다.
어머니께서 민호에게 밥을 주셨다.
어머니께서 민호에게 밥을 주셨습니다.
어머니께서 할머니께 진지를 드리셨다.
어머니께서 할머니께 진지를 드리셨습니다.
동생이 나에게 밥을 주었다.
동생이 나에게 밥을 주었습니다.
동생이 저에게 밥을 주었다.
동생이 저에게 밥을 주었습니다.

第2课　写作前的准备工作
제2과　글쓰기의 사전준비

동생이 어머니께 진지를 드렸다.
동생이 어머니께 진지를 드렸습니다.
동생이 할머니께 진지를 드렸다.
동생이 할머니께 진지를 드렸습니다.
할머니께서 동생에게 밥을 주었습니다.
… … … … … … … … … … … … … … … …

문장을 길게 쓴다고 해서 좋은 문장이 되는 것은 아니다. 다음을 살펴 보자.

　해마다 첫눈이 내리는 날이면 덕수궁 돌담길에서 만나자는 약속을 하고 헤어진 애인들이 노인이 될 때까지 그 약속을 지키고 있다는 소설 같은 이야기를 들려 주던 중학교 때 친구가 생각난다.
　　　　　　　　　－＜가난한 겨울＞/한국일보 94.12.26 ＜원 글＞

위 글의 핵심은 "이야기를 들려 주던 친구가 생각난다"이다. 문장이 너무 길어 친구가 들려 준 이야기가 무엇인지 분명하지 않다. 이 글을 다음처럼 고쳐 보면 의미 파악이 분명해진다.

　해마다 첫눈이 내리는 날이면 덕수궁 돌담길에는 희한한 모임이 하나 있다. 헤어진 애인들이 첫 눈 내리는 날이면 어김없이 이곳에 모인다. 노인이 된 지금도 그들은 그 약속을 지키며 살아오고 있단다. 중학교 때 친구가 들려 준 소설 같은 이야기다.
　　　　　　　　　　　　　　　　　　　＜고쳐 쓴 글＞

다음의 경우도 마찬가지이다.

　프랑스 대혁명 직전 라브리 마을의 날품팔이 노동자 장발장은 누이동생과 조카 일곱을 부양하고 살면서 배고픔을 견디다 못해 빵을 훔치다가 체포되어 3년형의 선고를 받게 되었는데 장발장은 남은 가족의 생계가 걱정되어 틈만 있으면 탈옥을 시도하였다.
　　　　　　　　　　　　　　　　　　　＜원 글＞

　프랑스 대혁명 직전, 라브리 마을의 날품팔이 노동자 장발장은 누이동생과 조카 일곱을 부양하고 살고 있었다. 그는 배고픔을 견디다 못해 빵을 훔치다가 체포되어 3년 형을 선고 받았다. 그러나 장발장은 남은 가족의 생계가 걱정되어 틈만 있으면 탈옥을 시도하였다.

<고쳐 쓴 글>

위의 예처럼 문장을 짧게 쓰면 길게 쓴 글보다 훨씬 이해하기가 쉬워지고 문장의 호응관계도 분명해진다. 글쓰기는 의사소통을 목적으로 하기 때문에 상대(독자)가 이해하기 쉽게 쓰는 것이 중요하다. 좋은 글을 쓰기 위해서는 아래의 문장처럼 짧게 쓰는 습관을 평소에 연습해 보자.

추운 겨울이 왔습니다.
호수에는 얼음이 얼기 시작하였습니다.
"아이 추워, 아이 추워라!"
아기오리는 오들오들 떨다가 잠이 들었습니다.
"아이고, 가여워라! 아기오리가 꽁꽁 언 얼음 속에 갇혔구나."
농부는 얼음을 깨고 아기오리를 꺼내 주었습니다.

다음은 이오덕의 글의 일부이다. 짧게 쓴 문장이지만 잠깐만 읽어 보아도 무슨 내용인지 쉽게 알 수 있다.

고양이가 방에 들어온다. 아랫목에 앉는다. 혓바닥으로 발등과 발바닥을 핥는다. 배와 등과 다리… 온몸을 핥는다. 앞발로 얼굴을 씻는다. 소위 세수라고 하는 이 몸 다듬기 작업이 끝나자 앞다리를 접고 얌전히 앉는다. 가까이 가서 머리를 쓰다듬어 주니 별로 반갑지 않다는 표정이다. 살짝 들어 안아 준다. 못마땅한 눈치다. 그는 나를 거들떠보지도 않고 다리에 힘을 주어 뛰어내린다. 그리고는 아까와는 다른 자리를 찾아 앉는다. (이오덕)

단문쓰기는 글을 꾸미지 않고도 내용을 잘 전달할 수 있는 장점이 있다. 글쓰기에도 속도가 붙어 문장을 공부하는 입문자가 반드시 거쳐야 하는 기초적이고 중요한 과정 중의 하나이다.

소설가 조세희의 <난장이가 쏘아 올린 작은 공>에서는 접속사도 필요 없이 단문만으로 훌륭한 글을 완성하였다.

나는 방죽가로 나가 곧장 하늘을 쳐다보았다. 벽돌 공장의 높은 굴뚝이 눈앞으로 다가왔다. 그 맨 꼭대기에 아버지가 서 있었다. 바로 한걸음 정도 앞에 달이 걸려 있었다. 아버지는 피뢰침을 잡고 발을 앞으로 내밀었다. 그 자세로 아버지는 종이비행기를 날렸다.

第2课 写作前的准备工作
제2과 글쓰기의 사전준비

글쓰기는 의사소통을 목적으로 하기 때문에 상대(독자)가 이해하기 쉽게 쓰는 것이 중요하다. 논술에서 문장을 짧게 쓰는 이유도 바로 이 때문이다.

쇼펜하우어 : 좋은 글은 많은 생각을 짧은 글에 담고, 보잘 것 없는 글은 긴 글에 작은 생각을 담는다

괴테 : 문장을 압축하는 일이야말로 대가가 되는 첫 번째 문이다

헤밍웨이 : 짧은 문장으로 써라, 최초의 문장은 짧고 힘 있는 문장으로 써라

2) 短文的写作规则　단문 쓰기의 규칙

한 문장이 가능한 두 줄(45자 내외)을 벗어나지 않도록 한다.

한 문장에 하나의 이야기만 넣는다.

문장이 길면 허리를 끊어 단문으로 만든다.

□ 연습문제 2

다음 문장들을 보기와 같이 짧게 고쳐보십시오.

<보기> 수업이 끝난 뒤라 갑자기 조용해진 강의실 앞길을 열어놓은 유리창 밖으로 내다보고 책상에 앉았던 철수가 눈살을 찌푸리며 돌아다본다.

예시 답안 1

수업이 끝난 뒤라 상점 앞길은 갑자기 조용해졌다. 철수가 책상에 앉아서 유리창 밖을 내다보고 있다. 철수는 갑자기 눈살을 찌푸리며 돌아다본다.

예시 답안 2

수업이 끝난 뒤라 상점 앞길은 갑자기 조용해졌다. 책상에 앉아서 유리창 밖을 내다보던 철수는 눈살을 찌푸리며 돌아다본다.

1) 철수는 어두컴컴한 그림자가 무서운 나머지 비명을 지르면서 몸을 부르르 떨고 있었고, 자신도 모르는 사이에 권총의 방아쇠에 건 손가락을 움직였다.

2) 많이 사귄다고 무조건 좋은 친구가 아니라 한둘이라도 좋으니 자기의 생각을 아무런 부담 없이 털어 놓을 수 있는 진정한 친구가 진짜 친구지 양적으로 많아도 자기의 생각을 털어놓고 얘기할 수 없는 사람은 정말 외롭고 불쌍한 소외감을 느끼는 사람이라는 것이다.

3) 기숙사 창문을 통해 보이는 주차장은 언제나 아름다운데 길게 뻗은 길 옆으로 원색의 셔츠를 입은 학생들이 즐겁게 왕래하고 왼쪽에는 100년도 더 되어

보이는 늙은 소나무 한 그루가 있고, 오른쪽에는 아담하게 가꾸어진 향나무 몇 그루가 있는 나무 아래에 서 있는 한가로운 자전거 몇 대는 가을의 정취를 더욱 아름답게 한다.

  4) 오늘 오후는 사고가 연발된 재수 없는 날인지 점심을 먹고 나서 작문 노트를 식당에 두고 나왔기 때문에 그것을 찾으러 갔다가, 다음 시간인 고급한국어 시간에 늦어 무서운 L 선생님으로부터 꾸중을 들었다. 드디어 고급한국어 시간을 마치는 종이 울리자 너무 기뻐서 나오다가 교실 문 밖에서 친구랑 부딪혀 가방에 든 책이 쏟아져 복도가 아수라장이 되었다. 일찍 들어가 잠이나 자야겠다는 생각이 들어 부랴부랴 기숙사에 도착했는데 오늘까지 제출 기간인 대학원 진학 신청서를 교무과에 제출하는 것을 깜박 잊은 것을 알게 되었다. 저녁 식사 시간에는 내 옆에 있는 친구가 김치찌개를 먹었는데 하필이면 어제 새로 산 나의 하얀 블라우스에 김치 국물을 튀어 엉망진창이 되어 버린 오늘은 정말 사고가 연발된 그야말로 재수 없는 날이었다.

□ 연습문제 3

<보기>와 같이 제시된 내용을 참조하여 완성된 문장으로 써 보십시오.

<보기> 너무 피곤하다 / 집에 들어가다 / 잠이 들다

   너무 피곤해서 집에 들어가자마자 잠이 들었어요.

   너무 피곤하면 집에 들어가자마자 잠이 들게 돼요.

   너무 피곤했기 때문에 집에 들어가자마자 잠이 들었어요.

1) 네가 올 때까지 기다리다 / 모임에 늦다 / 꼭 오다
2) 인생의 행복이다 / 얼마나 / 많이 사랑하고 사랑받다 / 달려 있다
3) 웃음은 자신을 건강하게 하다 / 다른 사람도 즐겁게 만들다
4) 인사동은 대표적인 전통 문화의 거리이다 / 볼거리가 많다 / 일요일에는 다양한 문화축제가 열리다
5) 맛없다 / 음식을 먹다 / 차라리 굶겠다

第2课 写作前的准备工作
제2과 글쓰기의 사전준비

☐ 연습문제 4

제시된 표현을 사용해서 문장을 만드십시오.

6) 나는 대학교 때 1년 동안 가난한 나라를 여행한 적이 있다.
(그 여행 / 계기 / 가난한 사람들을 도와주는 일을 하다 / 결심하다)
_____

7) 집에서 인터넷을 통해 공부를 하는 사람들이 늘고 있다.
그래서 일부 미래학자는 20년 정도의(시간이 흐르다 / 학교라는 건물 / 사라지다 / 예상하다)
_____

8) 있습니다 / 무척 / 하얀 강아지가 / 수호네 집에는 / 예쁘고 귀여운
_____

9) 방글방글 / 웃습니다 / 동생이 / 귀여운
_____

10) 늙는다는 / 것이 / 아니라 / 나이를 / 잃는 / 것은 / 먹는 / 야망을 / 것이다
_____

☐ 연습문제 5

자유롭게 문장을 완성하십시오.

11) 내가 두려워 하는 것은 _____.
12) 회사 취직 시험에 떨어졌다. 설상가상으로_____.
13) 나에게 가장 행복한 때는 _____.
14) 내가 짝사랑하는 그 사람을 볼 때마다 _____.
15) _____ 든지 _____ 든지 마음대로 하세요.
16) 오늘 여자 친구를 만나기로 한 약속이 밤에 잘 때 생각이 났다. 그래서_____
_____.
17) 내가 만약 동물로 변할 수 있다면 _____이/가 되고 싶다. 왜냐하면
_____.
18) 내가 가지고 있는 것 중에서 가장 아끼는 것은_____.
19) 나는_____.
20) 내가 늙는다면_____.

☐ 연습문제 6

<보기>와 같이 꾸며 주는 말을 넣어 문장을 완성해 봅시다.

　　<보기> 정원에 꽃이 피어 있습니다.
　　→ 넓은 정원에 꽃이 <u>예쁘게</u> 피어 있습니다.

(1) 눈이 옵니다.
　　→ ＿＿＿＿ 눈이 ＿＿＿＿ 옵니다.

(2) 기차가 지나갑니다.
　　→ ＿＿＿＿ 기차가 ＿＿＿＿ 지나갑니다.

(3) 철수는 두 눈을 감았습니다.
　　→ ＿＿＿＿ 철수는 두 눈을 ＿＿＿＿ 감았습니다.

(4) 나는 꽃과 나무가 있는 공원이 좋습니다.
　　→ 나는 ＿＿＿＿ 꽃과 나무가 있는 공원이 ＿＿＿＿ 좋습니다.

(5) 비가 내립니다.
　　→ ＿＿＿＿＿＿＿＿＿＿＿＿＿＿＿＿＿＿＿＿＿＿＿＿

5　关注头括式结构　두괄식 구성에 주목해라

　문단은 단어와 글의 중간단계이다. 단어만으로 글을 만들기 어렵고 글 또한 단어 없이는 글이라고 할 수 없다. 단어는 너무 단순하며 글은 너무 복잡하다. 그러므로 단어와 글의 중간단계인 문단의 훈련은 글쓰기의 핵심이라고 할 수 있다.

　문단은 주장하고자 하는 결론을 어디에 두느냐에 따라 두괄식, 미괄식, 중괄식, 양괄식 등의 방법으로 나눌 수 있다.

　두괄식은 먼저 중심 문장을 앞에 내세우고 뒷받침 문장들을 뒤에 제시하는 방법이다. 손쉽게 주제를 부각시킬 수 있다는 장점이 있어 논술문에서 많이 쓰인다. 그러나 주장이 너무 앞서게 되면 글이 주장에 이끌려 지나치게 강해질 수 있다. 또한 호소력이 너무 앞서서 부각되는 단점이 있다.

　미괄식은 뒷받침 문장으로 시작해 글을 쓰다가 끝에 가서 중심 문장으로 자신이 말하고자 하는 핵심 내용으로 결론을 내리는 방법이다. 글을 한 방향으로 몰았다가 한 문장으로 핵심을 분명히 정리해 주기 때문에, 독자로 하여금 마치 글을 읽어 가는 동안 퀴즈의 정답을 맞춘 것 같은 쾌감을 느끼게 한다.

第2课　写作前的准备工作
제2과　글쓰기의 사전준비

양괄식은 문단의 처음과 마지막에 중심 문장을 두고 핵심 내용을 반복해서 말하는 방법이다. 주장을 강조하는 데 잘 쓰이나, 짧은 시간과 한정된 원고분량을 감안하여야 충실한 글이 될 수 있다. 만일 앞뒤 소주제문의 내용이 다르면 주제 파악에 혼선을 가져 올 수 있으므로 특별히 유의해야 한다.

중괄식은 처음과 마지막 부분에 뒷받침할 문장들을 두고, 중심 문장을 가운데 부분에 놓는 방법이다. 이 방법은 자칫하면 주제가 무엇인지 모르게 되는 경우가 생긴다.

1) 头括式写作更具魅力的理由　두괄식 글쓰기가 더 매력적인 이유

시간이 제한되어 있고, 긴장되기 마련인 시험이나 작문 대회에서 효과적으로 글을 쓰려면 어떻게 해야 할까? 우선 글의 틀을 마련하는 시간을 최소화하고 대신 틀 안에 채워 넣을 알맹이를 다듬는 데 최대의 시간을 할애해야 한다.

그렇다면 글의 틀을 어떻게 마련해야 할까? 내게 익숙한 틀을 정형화시키고 그것에 맞추어 쓰는 것이 가장 빠르고 편리한 방법이다. 그것은 바로 문단의 맨 처음에 그 문단이 주장하는 바를 확실하게 표시하는 두괄식을 쓰라는 것이다.

두괄식은 글쓰기에 익숙하지 않은 학생들에게는 미괄식이나 양괄식보다 훨씬 더 효과적이다. 두괄식은 주장이 앞에 나오므로 글에 힘이 있어 보이며, 채점관들이 글을 예측하며 읽을 수 있다는 중요한 장점을 가지고 있다. 글을 많이 읽어야 하는 채점관들의 피곤을 덜어 주고 그들에게 자신의 주장을 더 쉽고 빠르게 전달하는 부수적인 효과를 거둘 수도 있다는 것이다.

특히 입학이나 취업을 위해 제출하는 자기소개서는 전체적으로 단락마다 한두 문장만 읽어도 어떤 주제인지 알 수 있도록 두괄식 문장으로 구성해야 한다. 평소에 두괄식 형태가 많은 신문기사를 꼼꼼히 읽어 보고 비슷한 스타일로 쓰는 연습을 하는 것도 큰 도움이 된다.

2) 补充说明文章很重要　뒷받침 문장이 중요하다

단락의 형식을 결정했다면 그 다음으로 염두에 두어야 할 것이 뒷받침 문장이다. 뒷받침 문장은 글에 타당성을 부여하는만큼 글의 핵심이다. 두괄식 문장을 선택해서 소주제문을 앞에 내세웠다면 소주제문에 나타난 주장이 합리적인가, 비합리적인가를 결정하는 것이 바로 뒷받침 문장이다. 뒷받침 문장의 짜임새만 갖추어지면 두괄식 문단은 완벽해진다.

논술에서 주제문과 뒷받침 문장과 관련된 문제가 많이 출제된 이유는 바로 가장 빈번하게 나타나는 문단의 유형이 두괄식이고, 또한 뒷받침 문장이 중요하기 때문이다.

그러므로 주장(소주제문)을 내세울 수밖에 없는 타당한 근거(뒷받침 문장)가 합리적으로 제시되는 좋은 단락을 만드는 방법을 평소에 철저히 익혀 두어야 한다. 논술이나 자기소개시 쓰기, 학업계획서 쓰기 등에서 단락의 소주제문이 합리적이고 설득력이 있다는 평가를 받으려면 뒷받침 문장을 잘 써야 한다.

다음 예시문을 통해 알아보자.

　소설을 구성하는 가장 중요한 요소는 인물, 사건, 배경 이 셋이다. 배경은 인물이 행동을 벌이는 시간, 공간, 분위기 등이며, 사건은 인물이 배경 속에서 벌이는 행동의 체계다. 곧 언제, 어디서, 누가, 무엇을 하였나 하는 것이 소설을 구성하는 뼈대라고 할 수 있다.

소설을 구성하는 3요소 중에서 뒷받침 문장에 배경과 사건은 나와 있지만, 인물에 대한 설명은 나와 있지 않았다. 우리가 글을 쓰면서 자주 범하는 실수 중 하나다.

　영화와 연극은 공통점이 많다. 영화는 시간의 흐름에 따라 스크린이라는 공간에서 이루어지는 예술임에 비해, 연극은 같은 시간 예술이기는 하지만 무대라는 제한된 공간에서 이루어진다는 점이 다르다. 따라서 두 예술은 시간과 공간의 예술이라는 점에서 유사하다.

영화와 연극의 공통점을 주제문(중심 문장)으로 설정하였는데 뒷받침 문장의 중간에는 영화와 연극의 차이점을 설명하고 있다. 그리고 마지막 문장은 다시 유사점을 설명하고 있다.

다음은 주제문(중심 문장)과 뒷받침 문장이 무리 없게 잘 연결된 문단이다.

　뚝배기는 한국 민족의 음식 취향이 잘 반영되어 있는 그릇이다. 뚝배기는 금속이나 유리로 만든 서양 그릇에 비해 모양은 투박하지만, 흙으로 두껍게

第2课　写作前的准备工作
제2과　글쓰기의 사전준비

빚어 열을 오래 보존한다. 그래서 뜨거운 국을 유달리 즐겨 먹는 한국인의 식탁에서 쉽게 사라지지 않고 있다.

다음 문단은 주제문(중심 문장)과 뒷받침 문장을 잘 써 놓다가 '감을 오래 저장하는 방법이 없다'는 사족(蛇足)의 문장(필요 없는 문장)을 썼다.

　감이 익어 가는 모양은 한국인의 모습과 비슷하다. 요염한 꽃을 피우지도 않으며, 사람들이 관심을 두지 않는 사이에 조용히 열매를 맺는다. 또 다른 과일들이 모두 선보인 다음에야 감은 익는다. 밑줄 삽입.

다음 문단은 한민족의 생활에서 노래가 중요한 역할을 했다는 내용의 문단이지만 그 내용을 축약해 놓은 주제문(중심 문장)을 찾아볼 수가 없다.

　예로부터 한민족은 모를 심거나 김을 맬 때, 여러 사람이 손발을 맞추기 위하여 노래를 했다. 또 벼를 벤다든지 타작을 할 때도 노래를 부름으로써 일의 능률을 높였다. 뿐만 아니라, 사람이 죽으면 노래를 부르며 상여를 메고 나갔고, 노래 장단에 맞춰 무덤을 다졌다.

이상에서 살펴본 주제문(중심 문장)과 뒷받침 문장의 오류는 우리가 글을 쓰면서 주의해야 하는 점들이다.

다음은 주제문(중심 문장)과 뒷받침 문장이 비교적 잘 드러난 문단이다.

　<u>집돼지와 멧돼지는 여러모로 다르다.</u> 집돼지는 큰 것도 무게가 2백 킬로그램 정도밖에 나가지 않는다. 피부가 거칠고 지저분하며, 살에는 비계가 많다. 고기의 맛이나 질긴 정도는 보통이다. 그러나 양순하고 길이 들어 있다. 이에 비하여 멧돼지는 몸무게가 집돼지의 두 배 내지 세 배다. 멧돼지는 수풀 속에서 자유롭게 뛰고, 끊임없이 목욕을 하기 때문에 피부가 깨끗하고 부드럽다. 그리고 먹고 싶은 것을 골라 먹기 때문에 살이 연하고 비계가 없으며 맛이 있다. 그러나 집돼지와는 달리 멧돼지는 길이 들지 않아 매우 사납다. (头括式)

　모든 동물은 자라고 번식하는 데 먹이를 필요로 한다. 그래서 동물들 사이에는 먹고 먹히는 관계가 형성된다. 우리는 이러한 관계를 먹이 사슬이라고 부른다. 그러면 동물들 사이에는 어떻게 먹이 관계를 이룰까? 거기에는 일정한 법칙이 있다. 식물은 초식동물에게 먹힌다. 그리고 초식동물은 육식동물

에게 먹힌다. 육식 동물이 죽으면 썩어 식물이 자라는 데 필요한 거름이 된다. 예를 들면, 파리는 개구리의 먹이, 개구리는 뱀의 먹이, 뱀은 매의 먹이, 매가 죽으면 파리의 먹이가 된다. 이렇게 생태계의 모든 생물들은 서로 먹고 먹히는 먹이사슬 관계를 맺고 있다.　　　　　　　　　　(尾括式)

　　경제적인 측면에서 유행은 물품을 구입하게 하여 자원의 낭비를 초래한다. 제품을 생산하는 기업들은 제품을 판매하여 이윤을 얻고자 한다. 따라서 제품이 많이 팔릴수록 기업의 이윤은 증대되므로, 기업은 소비자의 욕구를 자극하기 위해 끊임없이 새로운 상품을 개발하고 유행시키려 한다. 소비자는 기존에 사용하던 물건들이 더 사용할 수 있는 것인데도, 맹목적으로 유행에 좇아 새로운 제품을 구입하게 된다. 결국 유행은 건전한 소비 의식을 호도하여 자원의 낭비와 손실을 초래하게 된다.　　　　　　(双括式)

　　땅은 우리가 발을 딛고 걸어 다닐 수 있는 길과, 집을 짓고 사는 터전을 마련해주고 있다. 푸르고 아름다운 산과 들 그리고 헤아릴 수 없이 많은 초목과 꽃들을 선사해주는 것도 땅이다. 땅은 우리에게 많은 것을 베풀어 주고 있다. 그 뿐이 아니다. 온갖 곡식과 과일과 채소를 가꾸어 모든 인류를 먹여 살리는 것도 알고 보면 땅이 말없이 베풀어 주는 은덕이다. 우리 인간에게만이 아니고 숱한 자연의 생명체, 하다 못해 벌레 같은 미물까지도 그 가슴에 품어서 추운 겨울에도 온기를 주어 살리는 것도 땅의 미덕이다.　(中括式)

　　한국어의 어휘상의 특징에 대해서 살펴보기로 한다.

　　첫째, 다량의 한자어들이 유입된 사실을 들 수 있다. 한자는 대략 기원전 3세기경에 이 땅에 전래되어, 신라가 삼국을 통일한 7세기경에는 이미 널리 사용되었던 것으로 보인다. 이러한 한자어 사용의 확대는 그 후 고려 시대의 불교, 조선 시대의 유학의 융성과 더불어 더욱 심화되었다.

　　둘째, 높임법의 발달을 들 수 있다. 높임법은 상하 관계가 중시되던 사회 구조의 영향으로 발달한 것이라 할 수 있다. '침묵은 금'이라고 하여 말을 삼가는 것이 미덕으로 생각되었는가 하면, 높임법과 높임말이 발달하였다.

　　셋째, 한국어에는 감각어가 발달되어 있다. 한민족은 본래 풍류를 즐기는 낙천적인 민족으로, 정서적이고 감각적인 편이었다. 이러한 특징이 언어에 반영되어 한국어에는 감각적인 어휘가 풍부하게 발달되었다.

　　넷째, 상징어의 발달을 들 수 있다. 주로 소리, 동작, 형태를 묘사하는 것으

第2课　写作前的准备工作
제2과　글쓰기의 사전준비

로서, 구체적이고 감각적인 표현 수단이다. 상징어는 한국어에 특히 발달되어 있고, 음상의 차이에 의해 다양하게 분화될 수 있다.　　　　　　　(并列式)

□ 연습문제 7
다음 빈 칸에 알맞은 의견을 넣어 문장을 완성해 보십시오.

　　(1) 벌은 꽃을 향해 곧바로 날아간다. 가능한 한 최단거리를 선택해서 날아간다. 그러나 나비는 그렇지 않다. 나비는 곧장 날아가지 않는다. 나비는 위로 아래로, 혹은 좌우로 다양한 곡선을 그린다. 벌이 행진을 한다면 나비는 ＿＿＿＿＿＿＿＿＿＿ 하는 편이 어울릴 것이다.

　　(2) 다양한 시대, 지역, 국가에서도 여성의 역할은 비슷하다. 여성은 아기를 출산하고, 기르고, 교육한다. 여성의 역할은 매우 중요하다. 만약 아이를 기르는 여성이 잘못된 생각을 한다면 어떨까? 아마도 자라나는 아이들에게 부정적인 영향을 줄 것이다. 그러므로 ＿＿＿＿＿＿＿＿＿＿＿＿＿＿.

□ 연습문제 8
다음 각 단락의 중심 문장을 찾아 밑줄을 그으십시오.

　　1) 고운말을 사용해야 한다. 예를 들어 "철수야, 창문 좀 닫아 줄래?" 라고 말했을 때와 "야! 창문 닫아!"라고 말했을 때의 반응은 다를 것이다. 아마도 첫 번째의 말이 더 듣기 좋을 것이다. 이렇게 부드럽게 말하면 듣기도 좋고, 도움을 주고 싶은 마음이 생길 것이다.

　　2) 운동이란 여러 가지 뜻을 가지고 있다. 첫째로 물체가 자리를 바꾸어 움직이는 일을 뜻한다. 이는 물리학 등에서 쓰이는 운동의 뜻이다. 둘째로는 물질의 존재와 불가분의 관계에 있는 온갖 변화를 가리킨다. 이 개념은 만물의 생성, 변화, 섭리 등을 말할 때 쓰이는 것으로 철학에서 주로 사용된다. 셋째로 체육이나 위생을 위해서 몸을 의식적으로 움직이는 것을 말한다. 이 경우는 우리가 일상 쓰는 육체적 운동을 뜻한다. 넷째로 정치적 사회적 목적을 위해 활동하는 것을 말할 때에도 이 운동이란 말을 쓴다. 이에는 선거 운동, 독립 운동, 이웃 돕기 운동 등 여러 가지가 있다.

　　3) 역사는 객관적인 과학과 자주 비교된다. 그러나 '역사'는 다양한 저자가 바라본 '과거의 이야기'이다. 따라서 '역사'는 과학보다는 '픽션'(Fic-

tion)에 가깝다고 할 수 있다.

    4) 인간의 정신과 육체는 분리되어 있다. 육체는 어느 정도 발전하지만 뛰어넘지 못하는 한계가 있다. 그러나 정신은 육체보다 더 높이 혹은 더 멀리 성장하고 발달할 수 있다. 따라서 성장의 한계라는 면에서 인간의 정신과 육체는 분리되어 있다고 할 수 있다.

6 现在开始写作吧? 段落写作
이제 글 좀 써 보실까요? 문단 작성하기

  문단의 구성들이 잘 짜여져 하나로 모이면 글이 된다. 먼저, 그 문단에서 나타내고자 하는 중심 내용의 문장을 정리한다. 문장의 길이는 짧아야 하고, 내용은 중심 내용을 담을 수 있는 포괄적인 문장으로 표현한다.
  중심 문장이 완성되면 그와 관련된 예시, 근거, 이유, 설명 등 구체적인 사실 등을 동원해 뒷받침 문장을 작성한다. 이렇게 뒷받침 문장을 구체적으로 쓰면 중심문장을 더 쉽게 이해할 수 있다. 이렇게 완성된 각 문장들은 순서를 배열한다. 적절한 접속어나 지시어를 사용하여 문장간의 관계를 표현한다. 이렇게 해서 완성된 글은 주제가 명료하게 드러난 좋은 글이 된다.

1) 段落写作   문단 작성 따라잡기

  다음은 '나의 꿈'에 대한 문단을 쓰기 위해 구상한 내용이다.

- ▶ 중심 내용 : 나의 꿈은 선생님
- ▶ 중심 문장 : 나의 꿈은 선생님이다.
- ▶ 뒷받침 문장 : 나는 선생님이 되어 어린이들에게 꿈과 용기를 심어 주고 싶다.
  우리 담임 선생님은 우리에게 유익하고 재미있는 이야기를 해 주신다.
  나는 우리 담임 선생님의 이야기를 들으며 꿈과 용기를 갖게 되었다.
  선생님은 어린이들을 올바르게 가르치는 중요한 일을 한다.

  계획을 바탕으로 문단을 완성해 보면 아래와 같다.

  ① 나는 선생님이 되어 어린이들에게 꿈과 용기를 심어주고 싶다. 우리 담

第2课   写作前的准备工作
제2과   글쓰기의 사전준비

임 선생님은 우리에게 유익하고 재미있는 이야기를 해 주신다. 나는 담임 선생님의 이야기를 들으며 꿈과 용기를 갖게 되었다. 나도 선생님이 되어 어린이들을 올바르게 가르치는 중요한 일을 하고 싶다.

② 우리 담임 선생님은 우리에게 유익하고 재미있는 이야기를 해 주신다. 나는 담임 선생님의 이야기를 들으며 꿈과 용기를 갖게 되었다. 이와 같이 선생님이라는 직업은 어린이들을 올바르게 가르치는 중요한 일을 한다. 나도 <u>어른이 되면 어린이들에게 꿈과 용기를 줄 수 있는 선생님이 되고 싶다.</u>

다음으로 '악성 댓글'에 대해 다음 순서에 따라 문단을 써 보자.
(1) '악성 댓글'과 관련된 내용 중 어떤 내용을 중심 내용으로 정할 것인지 결정한다.
(2) 중심 내용을 중심 문장으로 써 보자.
(3) 중심 문장을 뒷받침 하는 문장을 3개 이상 써 보자.
(4) 중심 문장과 뒷받침 문장을 결합하여 문단을 써 보자. 중심 문장의 위치를 뒷받침 문장과의 관계를 고려하며 배치하도록 한다.

□ 연습문제 9
다음에 제시된 상황에서 각자 한 편의 글을 써 보십시오.

1) 개를 목욕시키는 방법
2) 라면 끓이는 방법
3) 나의 취미
4) 내가 원하는 배우자상
5) 누군가(친구/엄마/아버지)의 얼굴을 묘사하라.

내가 쓴 글을 읽어 줄 사람이 있나요?

이제 글쓰기가 조금 아주 조금 손과 눈과 귀에 익숙해졌나요? 아주 조금이지만 자신감도 생기고 쓰기에 대한 스트레스도 줄어 들었다면 당신은 대단한 사람입니다. 좋은 글을 쓰기 위해서는 다른 사람이 쓴 좋은 글을 보고 배우고 책을 열심히 읽는 일, 머릿속에 많은 지식을 쌓는 일을 해야 합니다.

글을 한 번 써 보고 내가 쓴 글을 그대로 내버려 두지 말고 내가 쓴 글을 읽어 줄 친구를 찾아 부탁해봅시다.

쓰는 것도 중요하지만 내가 쓴 글을 꼭 다른 사람에게 읽게 하는 것도 필요하답니다. 내가 아닌 다른 사람이 그 글을 읽고 맞는 말이라 생각하고 공감한다면 잘 쓴 글이이 되겠죠.

글을 읽어 줄 사람은 당연히 글을 조금 써 본 사람이면 좋겠지요? 선생님도 좋고 부모님도 좋답니다. 아니면 나보다 글을 조금 더 잘 쓰는 친구에게 부탁해도 좋습니다. 또 경제적인 부담이 들기는 하지만 전문적으로 강평해주고 지도해주는 인터넷 사이트나 글쓰기지도 기관을 이용하는 것도 도움이 될 것입니다.

내 글을 다른 사람에게 읽게 하면 자신이 쓴 논리가 맞는지, 표현이 적당한지, 문법은 맞는지 검증을 받을 수 있답니다. 흔히 학생들이 범하는 실수 중 하나가 자신만이 아는 논리나 표현을 쓰는 것입니다. 아무도 이해하지 못하는 글은 논술이 될 수 없고, 자기 일기장에 쓴 자기소개서가 되는 것이죠. 그러므로 주위 사람에게 자신의 글을 보여 주고 평가를 받는 것이 필요합니다.

<실제 학생 참조 예시글>

나의 취미 생활

내 취미는 노래를 부르거나 음악을 듣거나 영화를 보는 것입니다. 이런 것을 하면 기분이 좋아집니다. 그래서 아프거나 힘들 때 음악을 듣거나 노래를 부릅니다. 친구들은 저의 노래를 즐겨 듣습니다. 기분이 좋을 때는 노래를 해야 합니다. 그러면 기분이 더욱 좋아집니다. 기분이 안 좋을 때도 노래를 해야 합니다. 그러면 기분이 조금 좋아질 수가 있습니다. 저는 빠른 노래를 즐겨 부릅니다. 빠른 노래는 사람들에게 힘을 줄 수 있기 때문입니다. 주말엔 친구들과 함께 영화를 봅니다. 코미디 영화를 좋아합니다. 저는 마음껏 웃을 수 있는 영화가 좋습니다. 이런 취미생활이 있어 나는 즐겁습니다.

2011학번 유의양(刘依洋)

가을

봄이 지나면 여름이 옵니다. 여름이 떠나가면 가을이 마중옵니다. 그렇지만 가을에는 일들이 많이 발생합니다. 우리 인생에 많은 기억을 남깁니다.

나는 가을을 사랑합니다. 가을은 화려하고 아름다운 계절입니다. 열매를 수확하는 계절입니다.

가을은 하늘을 볼 수 있습니다. 그리고 하늘은 아주 푸릅니다. 그런 하늘을 볼 때에는 마음이 평온해집니다. 그러나 산보할 때 길가에 떨어져서 누래진 낙

第2课　写作前的准备工作
제2과　글쓰기의 사전준비

엽을 보면 슬픔을 느낄 수 있습니다.

　가을의 즐거움은 가을이 수확한 계절이기 때문입니다. 일년 내내 열심히 노력한 결실을 거둘 수 있습니다. 가을을 통해 사람들은 노력의 결실과 보람을 느껴봅니다.

　나는 인생이 가을처럼 생각됩니다. 봄, 여름의 꾸준한 노력 하에 얻어지는 수확과 성숙, 그리고 그 속에서 느끼게 되는 즐거움, 슬픔…

　오늘도 나는 가을바람을 맞으며 가을의 깊은 의미를 느껴봅니다.

2011학번 왕리홍(王丽红)

친구

　저는 요즘 다음과 같은 메시지를 받았답니다.

　"대부분 사람들은 당신이 얼마나 높게 나는 가에만 관심을 가질 뿐이지만 친구는 당신이 풀라이 중(날고 있는 순간이) 얼마나 힘들까 하고 걱정해주는 사람이에요."

　맞아요, 친구란 바로 이런 사람입니다.

　친구는 산과 같다고 할 수 있습니다. 산은 모든 동물의 집이기 때문에 따뜻하고 안전한 느낌을 줄 수 있거든요. 친구도 언제나 한 자리에서 기쁘거나 슬픈 우리를 기다릴 것입니다. 마음이 아플 때에도 우리 곁에 조용히 앉아서 제일 좋은 청중이 되어 줍니다.

　친구는 바다와 같다고 할 수 있습니다. 바다는 모든 강과 개울을 한데 모을 수 있으니까요. 친구도 항상 넓은 가슴으로 우리의 잘못을 용서해 줄 것입니다.

　친구는 슈퍼맨과 같다고 할 수 있습니다. 날씨가 흐린 때도 따뜻한 햇빛 같은 미소로 우리를 밝게 해주는 사람이란 말이에요. 그리고 언제든지 어디에서든지 우리의 곁을 지켜줄 수 있습니다.

　친구는 공기와 같다고 할 수 있습니다. 아무 말 하지 않아도 서로의 존재를 느낄 수 있습니다. 남들에게 오해를 받을 때도 변함없이 우리를 믿어주기 때문입니다.

　친구는 하느님이 우리에게 주는 제일 좋은 선물이라고 해도 과언이 아닐 것입니다.(친구는 하느님이 우리에게 주는 제일 좋은 선물입니다.)

2007학번 여효효(吕晓晓)

행복

　남자친구에게 가장 큰 행복은 여자친구의 웃는 얼굴입니다. 유자(遊子)에게 가장 큰 행복은 어머니께서 손수 만들어 주신 맛있는 음식을 먹는 것입니다. 환자에게 가장 큰 행복은 건강이 회복되는 것입니다. 피곤한 수험생에게 가장 큰 행복은 깊은 밤까지 시험 준비를 할 때 가족들이 건네주는 따뜻한 우유 한 잔입니다. 부모님에게 가장 큰 행복은 자녀들이 잘 되어 행복하게 사는 것일 겁니다.

　아무리 돈이 많아도 자신이 만족할 수 없다면 그것은 결코 행복한 삶이 아닙니다. 행복은 결코 멀리 있는 것이 아닙니다. 행복은 바로 우리 옆에 있습니다. 사소한 일에서 사랑을 느끼고 만족을 느끼는 것, 이것이 바로 행복입니다.

2011학번 조남(赵楠)

그녀는 내 운명

　우리의 이 아름다운 인연은 처음에 텔레비전에서 그녀를 봤을 때이다. 이 인연을 잘 지키기 위해 나는 열심히 노력해 왔다. 그녀는 내 인생의 빛처럼 매일매일 나에게 따뜻함과 행복함을 가져온다. 새 친구를 만나는 행복, 꿈을 이루기 위해 노력하는 행복, 남을 도와주는 행복, 남한데 인정받는 행복, 그리고 미래의 진로를 향하는 행복, 나의 생활도 그 어마어마한 행복으로 가득 차 있다. 그녀를 만난 후에 내 세계에는 흐림이 없고 매일매일 맑고 따뜻한 그녀와의 만남만이 있다. 내 정신의 배터리 같은 그녀가 옆에 있다는 것을 생각하면 난 무지무지 행복하다.

　즐거움이나 괴로움을 나눠 주는 그녀. 나의 공부를 가르쳐 주는 그녀. 나를 도와주고 인생의 길을 인도해 주는 그녀.

　다시 출발하기 전에 나는 그녀를 다시 한번 쳐다 보았다. 귀여운 모습, 부드러운 목소리, 그리고 몸 속에 감추어져 있는 따뜻한 마음. 그녀는 나에게 행복을 준 친한 친구이고 내 인생을 결정한 운명이다.

　그녀는 바로 한…국…어…

2008학번 손정(孙静)

第2课　写作前的准备工作
제2과　글쓰기의 사전준비

<원래의 글>

미래의 배우자

　나이에 따라 다르지만 사람들의 각자 마음 속에 각자 이상적인 배우자가 있다고 생각한다. 어렸을 때 나는 공주처럼 예쁜 드레스를 입고 멋있는 왕자와 결혼하며 행복하게 살아 올 꿈을 꾸고 있다. 그런데 나이가 들면서 나는 이런 이야기가 동화 속에 있을 수 밖에 없다는 것을 점점 알게 되었다. 이제 나는 미래의 배우자가 다음과 같은 조건을 가지기를 바란다.

　우선, 그는 따뜻한 가정 환경에서 자랐다. 이렇게 하면 그는 마음이 착하고 심리가 건강한 남자로 성장할 수 있다. 그 남자는 나를 사랑하는 것이 제일 중요하다. 두 번째, 나는 책임감이 있는 남자를 좋아한다. 왜냐하면 이런 남자는 자기가 하는 일을 책임질 수 있어서 믿음직한 사람이다. 세 번째, 배우자의 학력이 나에 비해 낮아도 괜찮지만 꼭 능력이 있어야 한다. 학력보다 우리 사회는 능력을 더 중시한다. 그래서 경쟁력이 강한 사회에 잘 생존하고 싶으면 뛰어난 능력이 필요하다. 그리고 배우자의 얼굴이 너무 멋있으면 안 된다. 만약 남편은 잘 생기면 아내로써 안전감이 없거든요. 하지만 3개 조건을 다 갖는 동시 얼굴도 멋있는 남자이면 더할 나위 없이 좋다.

<수정한 글>

미래의 배우자

　나이에 따라 다르지만 사람들의 마음 속엔 자신만의 이상적인 배우자가 있다고 생각한다. 어렸을 때 나는 공주처럼 예쁜 드레스를 입고 멋있는 왕자를 만나 행복한 결혼 생활의 꿈을 가지고 있었다. 그런데 나이가 들면서 나의 이런 이야기가 아직도 동화 속에서 갇혀 있다는 것을 점점 알게 되었다. 이제 나는 미래의 배우자가 다음과 같은 조건을 가지기를 바란다.

　우선, 그는 따뜻한 가정 환경에서 성장했어야 한다. 따뜻한 환경에서 자랐다는 것은 마음이 착하고 심리가 건강한 남자로 성장할 수 있는 출발이기 때문이다. 두 번째로 그는 책임감이 있는 남자여야 한다. 책임감이 있는 남자는 자기가 하는 일에도 책임을 질 수 있는 믿음직한 남자이기 때문이다. 세 번째로 배우자의 학력이 나에 비해 낮아도 상관없지만 적어도 능력은 있어야 한다. 우리가 살고 있는 사회는 학력보다 능력을 더 중시한다. 경쟁력이 강한 사회에서 생존하고 싶다면 뛰어난 능력이 필요하기 때문이다. 마지막으로 배우자의 얼굴이 너

39

무 멋있으면 안 된다고 생각한다. 너무 잘 생긴 남편을 만난다면 아내로서 불안감을 느낄 수 있기 때문이다. 하지만 앞서 말한 조건에 외모도 멋진 남자이면 더할 나위 없이 좋은 게 솔직한 심정이다.

연습문제 10

다음의 제목으로 문단을 완성하시오.

1) 지루한 강의 듣기
2) 처음으로 재미있고 흥미로운 것을 경험한 것
3) 경기에서 이기거나 패한 경우
4) 어떤 사건의 목격
5) 자신의 성숙함이나 미성숙함을 경험했을 때

연습문제 11

다음 주어진 제목을 가지고 글을 완성하라.

1) 나의 친구 묘사하기
2) 좋은 친구란 어떤 친구인가
3) 나의 아르바이트 경험
4) 대학생이 차를 갖는 것에 관하여
5) 내 고향의 풍경

연습문제 12

제시된 사물들을 이용하여 글쓰기 연습해 봅시다.

컴퓨터	이 기계는 놀라운 힘을 가지고 있나 봅니다. 우리는 그 힘에 이끌려 한없이 빠져들기도 합니다. 이것은 제대로 이용하면 보물 창고지만 제멋대로 이용하면 쓰레기통일 뿐입니다.
자동차	내 품 안에 들어와 포근히 안긴 당신이 무척 행복해 보여요. 그러나 그 행복은 멈추어야 할 때가 언제인가를 알고 실천할 때에만 지켜집니다. 행복은 지킬 것을 지킬 때 지켜집니다.
휴대전화	내 안에 당신의 모든 것이 있습니다. 언제나 나를 애지중지 어루만져 주고 속삭여 주는 당신이 마냥 귀엽고 사랑스럽기만 합니다. 내게 감미로운 목소리로 영원히 속삭여 주세요.

MP3 플레이어	이것은 당신의 영혼을 편안하게 만들어 줄 수 있습니다. 이것에 매혹된 당신은 오직 아름다운 소리에만 귀 기울입니다. 이제 세상에 귀를 닫아도 되는 당신이 무척 행복해 보입니다.
신용카드	나는 당신이 원하는 것을 가져다 주는 동반자이지만 내 힘을 남용하면 나는 언제든지 당신을 버릴 것입니다. 모두가 나를 즐겨 쓰지만 나는 잘 쓰면 약이 되고 잘못 쓰면 독이 됩니다.

2) 归纳文章　글을 요약하는 훈련

요약하기는 독해 능력을 키우기에 매우 중요한 방법이다. 다양한 독서를 통해 얻은 결과를 지식으로 만들기 위해서는 글의 핵심을 정리할 줄 알아야 한다. 독서 활동에서 요약하기를 하면 필요한 지식을 쉽게 기억할 수 있으며, 글을 쓸 때 쉽게 꺼내 활용할 수 있다.

책에 대한 언급보다는, 책을 읽은 '자신'에 대한 고백이 주를 이룬다. 글 종류를 구분하자면 서평이라기보다는 독후감에 가깝다. 쓰는 사람(필자) 위주의 글이 독후감이라면 서평은 읽는 사람(독자) 중심의 글이다. 독후감은 에세이(essay), 서평은 저널리즘(journalism)글쓰기라 볼 수 있다.

독후감을 이루는 요소로는

▲읽은 계기 ▲줄거리 요약 ▲읽은 느낌 및 감상 ▲일화{에피소드 (episode)} 등을 꼽을 수 있다.

그렇다면, 서평은 어떤 내용으로 구성될까? 다음과 같은 점을 고려하면 좋다.

▲책 내용 ▲저자 소개 ▲집필 배경 및 의도 ▲시대 배경 (문학일 경우) ▲구성 ▲목차 (비문학일 경우) ▲발췌 ▲독자층 ▲판매량 ▲독자 반응 ▲서평자의 관점(평) 등이다.

서평에 이러한 요소가 들어가는 이유는 '안 읽은 독자'를 배려하기 때문이다. 서평은 책을 고르는 하나의 구매 기준이 될 수 있다. 일본의 저널리스트 다치바나 다카시(Tachibana Takashi, 1940~)는 저서 <나는 이런 책을 읽어왔다>(청어람미디어, 2001)에서 이런 정의를 내린 바 있다.

"나의 서평은 취미로 쓰는 것과는 전혀 다르다. 신변잡기적인 내용은 거의 없으며, 오로지 내가 권하는 책의 내용에 관한 정보만을 채워 넣는다. 그것도 될 수 있는 한 쓸데없는 것은 생략하고, 유효한 정보만을 압축하여 밀도 있게 채워 넣는다.

　정보의 중심은 그 책이 읽을 만한 가치가 있는가 없는가, 읽을 가치가 있다면 어떤 점에서 가치가 있는가 하는 점이다. 나는 그것을 가능한 한 요약과 인용을 통해 책 자체로 말하는 스타일을 취하고 있다. 이렇게 글을 쓰는 목표는 책을 읽는 사람에게 그 책을 읽고 싶다는 기분이 들게 하여, 서점의 판매대에서 그 책을 발견하였을 때 펼쳐 보도록 하는 데 있다."

　지금 내가 쓰고 있는 글은 독후감인가 서평인가? 나만 좋은 글을 쓰는가? 읽는 사람을 배려하는 글을 쓰는가? 자문해 볼 일이다. 그렇다고, 독후감은 부족한 글. 서평은 뛰어난 글이라는 이분법적 사고는 곤란하다. 형태가 다른 글일 뿐이다. 느낌을 많이 풀어내고 싶은 사람이라면 독후감을, 논리적·객관적 글을 쓰고 싶다면 서평을 쓰면 된다. 물론 '글을 잘 쓰려면 어떤 연습이 더 좋을까요?'라고 묻는다면 당연히 '서평'이다. 글쓰기는 '독자'를 중심으로 완성되어야 하기 때문이다.

<단편소설 요약하기>

　단편소설 요약을 통해 어떤 이야기의 줄거리를 보여 주거나 그 이야기에서 일어났던 사건을 간결하게 기술하는 능력을 기르는 데 있다.

<유의사항>

① 개인적인 논평은 하지 않는다.
② 문단의 분량은 너무 많거나 적어서도 안되며 같은 내용을 반복하지 않아야 한다.
③ 이야기의 기본적인 개요만을 논의한다.
④ 부수적 배경이나 비본질적 관점, 인물 등은 생략한다.
⑤ 전체적으로 정확하게 기술한다.
⑥ 현재 시제로 작성한다.
⑦ 원문의 내용을 그대로 인용하는 것은 가급적 피하고 자신의 말로 이야기를 요약하도록 한다.

제2과 글쓰기의 사전준비

<실제 학생 참조 예시글>

사랑 손님과 어머니

나는 옥희가 참 좋다. 달걀을 좋아하고 엄마의 "달걀을 먹는 사람이 없다"는 말을 거짓말로 생각하는 옥희. 사랑방 아저씨에게 "난 아저씨가 우리 아빠라면 좋겠다."라고 말하는 옥희. 예배당에서 성냈던 엄마에게 앙갚음을 하고자 벽장 속에 숨어버리는 옥희. 유치원의 꽃을 가져다가 엄마에게 주면서 사랑 아저씨가 엄마에게 갖다 주라고 준 꽃이라고 말하는 옥희. 엄마가 또 울까 봐 겁이 나서 두 팔을 짝짝 벌리고 난 엄마를 이만큼 좋아한다고 말하는 옥희가 참 좋다. 엄마는 유치원 선생님보다도 풍금을 더 잘 치며 목소리도 훨씬 더 곱고 예뻐서 노래를 훨씬 더 잘 부른다고 생각하는 옥희…

2007학번 무건우(武建宇)

<신사임당> 독후감

이 문장은 한 현명한 여자에 대한 이야기입니다. 그 여자의 이름은 신사임당이라고 합니다. 신사임당은 현모양처의 대명사로 불리고 있습니다. 우선 신사임당의 삶을 가만히 들여다 봅시다.

어릴 적 사임당의 이름은 인선입니다. 그림을 잘 그린다는 뜻입니다. 어머니는 총명한 딸이 대견스러웠습니다. 조선 시대 여성은 아무리 재주가 뛰어나다 해도 자신의 재주나 생각을 드러내서는 안 되었습니다. 늘 남성의 그늘 아래에서 그들의 뜻을 따라야 했습니다. 인선이는 자상한 부모님 밑에서 자신의 재주를 마음껏 키우며 자랄 수 있었습니다. 후에 이원수와 결혼을 했습니다.

신사임당은 조선 사회에서 바라는 성품이 온화하고 현숙한 여인입니다. 신사임당은 여성이 재간과 능력도 있고 진정한 현모양처가 되려면 여성 스스로 자신의 모습을 완성해 가야 한다는 것을 자신의 삶으로 보여 주었습니다.

2011학번 고군박(高群博)

<원래의 글>

톨스토이의 <가난한 사람>을 읽고

초등학교부터 대학까지 많은 작가들의 유명한 작품을 읽었다. 그 중에 러시아 작가 레오 톨스토이의 작품은 제일 기억에 남았다. 그의 대표 작품은 <전쟁과 평화>, <안나카레니나> 등 있지만 초등학교 때 읽었던 <가난한 사람>을 아직도 잊지 못한다.

　　단편소설 <가난한 사람>은 아주 감동적인 스토리를 얘기해준다. 어부와 아내는 아이 5명이 있고 매일매일 일해도 가난하게 살고 있다. 큰 비가 오는 날에 아내가 방에서 물고기를 잡으러 바다를 나가는 남편을 기다린다. 걱정돼서 밖에 나가는데 병에 걸린 이웃 생각이 난다. 과부인 이웃의 문을 열고 이미 죽은 이웃은 침대에 눕고 옆에 아직 어린 아이 2명이 자고 있다. 아이들이 걱정된 아내가 이웃의 아이를 안고 자기 집에 데려 왔다. 집에 온 후에 아내는 아내는 생각한다. "남편은 이 일을 어떻게 생각할까? 이미 아이 5명이 있는데도 살림이 힘든데 2명 더 키우면 어떡하지" 어부가 집에 들어 온 후에 아내가 이웃이 죽은 일에 대해 이야기해 준다. 어부가 이웃의 아이를 같이 키우자고 아내에게 말한다. 이때 아내가 발을 열고 침대에 눕고 있는 아이를 보여 준다.

　　이 소설 중에 가장 기억에 남는 아내가 한 말은 "자기도 왜 이렇게 하는지 모르지만 꼭 이렇게 해야 한다고 생각한다." 또한 어부도 이런 감동적인 말을 한다. "우리 집에 데려 와야지, 죽은 사람과 같이 있으면 어떡해." 이런 말이 간단하게 들릴 모르지만 아내와 어부의 착한 본성이 없다면

　　어부와 아내는 비록 가난하게 살고 있지만 착한 마음을 가지고 있다. 우리는 어부와 아내처럼 다른 사람의 도움이 필요하다면 도와주어야 한다.

　　현대사회의 많은 사람들은 자신의 일에만 신경 쓰고 남의 일에 대해는 관심이 전혀 없다. 사회가 발전하지만 이 세상은 더 차가워진다. 가까이에 있는 사람끼리는 서로 더 알아보고 친해지면 어떨까? 가끔 빠른 생활 박자를 멈추고 주위 사람에게 관심을 주는 것도 괜찮다. 그래야 우리가 살고 있는 세상이 더 아름다워지지 않을까.

2012학번 우이정(牛怡情)

<수정한 글>

　　　　　　톨스토이의 <가난한 사람>을 읽고

　　초등학교 때부터 지금까지 읽었던 작품 중 러시아 작가 레오 톨스토이의 작품은 제일 기억에 남는다 그의 대표 작품은 <전쟁과 평화>, <안나카레니나> 등이 있지만 초등학교 때 읽었던 <가난한 사람>을 아직도 잊지 못한다.

　　단편소설 <가난한 사람>은 아주 감동적인 스토리를 얘기해준다. 어부와 아내는 아이 5명이 있고 매일매일 일해도 가난하게 살고 있다. 큰 비가 오는 날에

아내가 방에서 물고기를 잡으러 바다를 나가는 남편을 기다린다. 걱정돼서 밖에 나가는데 병에 걸린 이웃 생각이 난다. 아내는 이웃의 집을 방문하여 문을 열어보았는데 병에 걸린 이웃은 이미 죽은 뒤였다. 그런데 그 옆에 이웃의 아이 2명이 잠을 자고 있었다. 아이들이 걱정된 아내가 이웃의 아이를 안고 자기 집에 데려 왔다. 집에 온 후에 아내는 아내는 생각한다. "남편은 이 일을 어떻게 생각할까? 이미 아이 5명이 있는데도 살림이 힘든데 2명 더 키우면 어떡하지" 어부가 집에 들어 온 후에 아내가 이웃이 죽은 일에 대해 이야기해 준다. 어부가 이웃의 아이를 같이 키우자고 아내에게 말한다. 이때 아내가 방을 열고 침대에 누워 있는 아이를 보여 준다.

이 소설 중에 가장 기억에 남는 아내가 한 말은 "자기도 왜 이렇게 하는지 모르지만 꼭 이렇게 해야 한다고 생각한다." 또한 어부도 이런 감동적인 말을 한다. "우리 집에 데려 와야지, 죽은 사람과 같이 있으면 어떡해." 이런 말이 간단하게 들릴 모르지만 아내와 어부의 착한 본성이 없다면 …

어부와 아내는 비록 가난하게 살고 있지만 착한 마음을 가지고 있다. 우리는 어부와 아내처럼 다른 사람의 도움이 필요하다면 도와주어야 한다.

현대사회의 많은 사람들은 자신의 일에만 신경 쓰고 남의 일에 대해서는 관심이 전혀 없다. 사회는 점점 더 발전하고 있지만 세상은 점점 더 차가워지고 있다. 가까이에 있는 사람끼리는 서로 더 알아보고 친해지면 어떨까? 가끔 빠른 생활 박자를 멈추고 주위 사람에게 관심을 주는 것도 괜찮다. 그래야 우리가 살고 있는 세상이 더 아름다워지지 않을까.

2012학번 우이정(牛怡情)

☐ 연습문제 13

최근에 읽은 단편소설들을 요약하시오.

7 熟悉了短文,现向你推荐3种阅读法
단문에 익숙한 당신에게 추천하는 3가지 독서법

스마트폰, 트위터, 페이스북, 카카오톡, 위챗 등이 일상화되면서 단문 형식의 글쓰기와 읽기가 일반화되었다. 심지어 요즘엔 텍스트 중심의 읽기문화도 큼직한 이미지 중심으로 변하고 있다고도 말한다. 단문 읽기와 이미지중심의 읽기가 일반화되면서 점점 더 많은 사람들은 긴 호흡을 필요로 하는 아날로그 방식의 책 읽기를 어려워하게 되었다. 즉 쉬운 글을 편하게 선택하고 즐기는 사람들이 늘어난 것이다. 이런 특성이 있는 사람들은 결국 책도 오락·정보용인 쉽고 가벼운 책만 고를 수밖에 없게 되었다. 단문 읽기와 이미지중심 읽기에 길들여진 당신에게 추천하는 독서법을 소개하고자 한다.

1) 归纳阅读　요약독서

　　텍스트를 읽는 것도 귀찮다는 귀차니즘(귀찮다+-ism)은 예전의 독서 방법으로 의미를 곱씹으며 오랜 지구력이 있어야 하는 책보다는 '만화책'이나 '생활정보' 등 읽기 편한 책들에만 집착하게 된다. 읽는 것에 귀찮음을 느끼는 사람들은 심지어 SNS 상에 올라오는 글을 읽는 것마저도 귀찮아하는 경우가 대부분이다. 한눈에 의미가 전달되는 것에 익숙해졌기 때문에 긴 글을 읽는 것에 귀찮음을 느끼는 당신에게 적합한 독서법은 요약독서이다.

　　단문 읽기에 익숙해진 사람들이 처음부터 긴 글을 꾸준히 읽기란 쉬운 일이 아니다. 때문에 한 번에 긴 책을 다 읽으려는 욕심보다는 점차 읽는 양을 늘려가는 방법을 택하는 것이 좋다. 그래서 추천하는 방법이 바로 요약독서이다.

　　요약독서란 책의 중심내용을 살펴볼 수 있는 책 추천서, 혹은 작가의 말 등을 먼저 살펴보는 것이다. 또 다른 방법으로는 책을 소개해주는 책을 먼저 읽고, 읽으려 하는 책의 중심내용을 살펴보는 것이다. 이러한 독서방법은 처음부터 무리하게 독서를 시작해야 한다는 부담감을 줄일 수 있고, 읽으려고 하는 책의 흥미를 살펴볼 수 있다는 장점을 가지고 있다.

2) 垫脚石阅读　징검다리 독서

　　요약독서로 책을 파악했다면 징검다리 독서를 하자

　　요약독서로 책에 대한 중심내용과 흥미를 파악했다면, 이번엔 징검다리 독서를 시도해 볼 차례다. 독서를 꼭 A~Z까지 차례로만 읽어나가야 하는 걸까? 징검다리 독서는 이러한 고정관념을 깨는 독서 방법이다.

　　징검다리 독서 방법은 다음과 같다. ① 요약독서를 통해 내가 흥미 있어 할 책을 선정한다. ② 내가 보고 싶은 책의 목차를 살펴본다. ③ 목차에서 내가 보고 싶은 부분만 체크한다. ④ 먼저 체크한 부분의 내용들을 읽고, 후에 2순위로 흥미 있는 부분을 읽는다. ⑤ 반복하면서 책을 완독한다.

第2课　写作前的准备工作
제2과　글쓰기의 사전준비

3) 归纳日记写作　요약 다이어리 쓰기

　　징검다리 독서라는 재미있는 책 읽기 방법이 있기는 하지만 자칫 잘못하다가는 책의 내용이 뒤죽박죽 섞일 수 있다. 그렇게 되면 실컷 읽은 책의 내용을 제대로 소화하지도 못하고 독서가 끝날 경우가 있을 수 있다. 그래서 '징검다리 읽기'의 단점을 보완하는 '요약다이어리' 쓰기를 하면서 항상 필요한 것은 '내가 어떤 책을 읽었는가?'에 대한 기록이다. 요약다이어리 쓰는 방법은 다음과 같다.

　　① 요약독서로 책을 선정하면서 어떤 부분이 흥미로워 관심을 가지게 됐는지에 대한 계기를 작성한다.

　　② 몇 차례에 걸쳐서 책을 완독할 수 있었는지, 언제 책을 읽기 시작해서 언제 책을 완독했는지 기록한다.

　　③ 징검다리 독서를 통해 파악한 책의 중심 내용과 이야기를 정리해서 적어둔다.

　　독서가 좋다는 것은 누구나 다 알고 있다. 하지만 책을 읽고 핵심을 찾아 자신의 것으로 만들어 기억나게 하는 것이야 말로, 앞으로 우리가 독서를 통해 성장해야 할 방향이지 않을까? 이제 '책을 많이 읽자'는 외침 대신, 제대로 된 요약을 통해 기억에 남기고, 나아가 그 정보가 가치 있는 능력으로 바뀌는 독서를 시작할 때이다.

　　　　<기억나는 독서, 요약형 사고로부터>, 독서신문, 2012-04-09 재요약

8 | 写作实力是天生的吗？改写的奥秘
　　글쓰기 실력은 타고난 걸까? 고쳐 쓰기의 비밀

　　글쓰기 실력은 선천적으로 타고난 것일까? 아니면 후천적인 노력에 의해 만들어지는 것일까?

　　"초고는 가볍게 쓰되, 퇴고는 진중하게 하라. 위대한 글쓰기는 존재하지 않는다. 오직 위대한 고쳐쓰기만 존재할 미국의 뿐이다." 동화 작가 E.B 화이트(1899~1985)가 남긴 말이다. 그는 4천 5백 만 부 넘게 팔린 『샬롯의 거미줄(夏洛的网)』, 영화로 제작 되어 큰 인기를 누린 『스튜어트 리틀(精灵鼠小弟)』를 쓴 세계적인 작가다. 그가 '고쳐 쓰기'에 방점을 찍은 이유는 간단하다. 고치는 가운데 글의 완성도가 높아지기 때문이다. 문학적 재능, 타고난 영감을 믿기보다 고치는 노력을 중시한 작가다. 그는 시나리오 작가 스티븐 킹, 저널리스트 윌리엄 진서가 추천한 글쓰기 책 『The Elements of Style』을 쓰기도 했다.

I'm not a very good writer, but I'm an excellent rewriter.(나는 별로 좋은 작가가 아니다. 다만 남보다 자주 고쳐 쓸 뿐이다.) –미국 작가 미케너(James Michener, 1907~1997)

헤밍웨이 역시 "모든 초고는 걸레다!"라는 다소 과격한 말로 고쳐 쓰기를 강조했다. 작가에게 조차 초고는 형편없는 글이며, 이를 다듬는 퇴고 과정에서 좋은 글이 완성 된다는 뜻이다. 신문기자 출신인 헤밍웨이는 간결한 글쓰기를 중요하게 생각했다. 그는 『노인과 바다 (老人与海)』등을 통해 군더더기 없는 완벽한 문장을 보여줬다.

중국 작가 하진(哈金) 또한 고쳐 쓰기를 중시한다. 완벽한 영어 글쓰기를 구사하는 그는 소설 『기다림』『멋진 추락』에서 담백하면서도 서정적인 문장을 선보였다. 이 또한 100여 번에 걸친 고쳐 쓰기를 통해 완성한 결과물이다.

没有伟大的写作，只有伟大的修改。
위대한 글쓰기는 존재하지 않는다. 오직 위대한 고쳐쓰기만 존재할 뿐

이처럼 작가들의 문장은 수번의 퇴고 끝에 만들어진다. 이를 알고 나면 "작가들은 쉽게 글을 쓸 거야!" "타고난 재능이 있을 텐데 뭐!"라는 선입견은 깨진다. 초고는 가볍게 쓰되, 퇴고는 진중히 하는 것! 진정한 글쓰기의 자세다.

안타까운 점은 "글을 잘 쓰고 싶다!"는 사람조차 퇴고를 진중히하지 않는다는 사실이다. 단 번에 멋진 문장을 쓰려고 할 뿐, 퇴고를 소홀히 한다. <썼다 지웠다;쓰고 지우기>를 반복하며, 끙끙대면서도 한 번에 글을 완성하려 한다. 글 쓰는 데 시간이 오래 걸리는 건 당연한 일. 반대로 '어차피 고칠 글인데! 무엇이든 써보자!'라는 생각으로 시작하면 어떨까. 이런 사람일수록 퇴고 효과를 믿는다. 고치면서 좋은 문장으로 거듭날 수 있다는 희망 말이다. 첫 문장의 두려움이 사라질뿐 더러, 초고 쓰는 시간 역시 줄어든다. 대신, 고쳐 쓰는 노력이 필요하다.

第2课　写作前的准备工作
제2과 글쓰기의 사전준비

　　글 고치기가 우리에게 주는 좋은 점은 너무나 많다. 우선 좋은 글을 보는 시선을 갖게 된다. 문법, 문맥, 어휘, 문장, 단락, 띄어쓰기 맞춤법까지. 부자연스러운 부분을 찾아내는 눈이 생긴다. 자신의 글을 물론, 다른 사람의 글까지 첨삭하는 실력이 생긴다.
　　내가 쓴 글을 소리 내어 읽어 보자, 고칠 부분이 확실히 더 잘 보인다.
　　두 번째, 글쓰기가 훨씬 더 재미있어 진다. 쓰면서 고치는 일을 다른 말로 하면 '자기검열'이다. 글을 자신 있게 쓰려면 자기 검열에서 자유로워야 한다. 내면의 창작자를 죽이고, 상상력을 짓누르는 것 또한 자기검열이다. 퇴고를 즐기는 사람은, 자기검열에서 자유롭다. 고칠 수 있는 기회가 있기에, 완벽한 문장을 쓰지 않아도 된다는 자유로움. 그것이 글쓰기의 원동력이 된다.
　　세 번째, 글쓰기의 두려움이 사라진다. 글쓰기를 방해하는 적은 '스스로에 대한 불신'이다. "나는 문장력이 없어…" "문학적 재능도 없는 내가 무슨 글을 쓴다고…" 자책감에 시달리며, 많은 사람들은 글쓰기를 포기한다. 참으로 안타까운 일이다. 필요한 것은 멋진 문장을 쓰는 실력이 아닌, 자신의 글을 포기하지 않는 인내다. 단숨에 좋은 글을 쓸 수 없다는 겸손함, 고쳐 쓰기를 귀찮아하지 않는 노력만 있다면 누구나 잘 읽히는 글을 쓸 수 있다. 지금, 글쓰기를 포기하려는 그대여. 고쳐 쓸 시간은 얼마든지 있다. 그러니 일단, 무엇이든 써라.
　　- 김민영, 월간 대학저널 9월호, 글쓰기 실력 타고난 걸까? 고쳐 쓰기의 비밀, 재수정

第3课 自我推销的计划书(1):个人简介
제3과 나를 팔기 위한 마케팅 기획서(1):자기소개서

자기소개서란 취업하고자 하는 기업이나 진학하고자 하는 대학(대학원)에 자신의 성장 과정과 능력 등을 알리기 위해 작성한 글이다. 자기소개서는 면접 때 기초적인 질문 자료로 활용된다. 또한 지원자를 선발하는 데 결정적인 자료로 활용된다.

자기소개서에는 입사지원서만으로 알릴 수 없는 지원자의 지원 동기, 성장 배경, 성격과 가치관, 대인 관계 등을 포함하여야 한다. 면접관은 입사지원서와 자기소개서, 성적 증명서 등을 자료로 하여 지원자의  능력, 조직 적응력, 기본적인 의사 전달 능력 등을 확인하게 될 것이다.

지원자들은 자기소개서라는 제목에 이끌려 자신의 역사를 기술하는 것으로 오해하기 쉽다. 그러나 자기소개서는 자신이 지원한 기관에 입사하기 위한 강한 목적성을 지닌 글이므로 지원자 자신이 그 기관의 업무에 꼭 필요한 사람이며 적합한 능력을 지녔다는 점을 반드시 포함하여야 한다.

PR(피아르) : Public Relations 다른 사람에게 자신을 알리는 행위를 PR이라 한다. 피할 것(단점)은 피하고 알릴 것(장점)은 알리는 것

Role Model 롤 모델

자기소개서를 준비하는 과정을 살펴보자.

<자기소개서를 쓰는 절차>
자신이 입사할 회사의 자기소개서의 형식을 확인한다.

자기소개서를 읽을 예상 독자(인사담당자)를 분석한다.
업무에 적합한 능력을 하나의 주제로 한정한다.
자기소개서에 담을 내용을 생성한다.
자기소개서를 작성한다.
반드시 주변 사람과 돌려 읽기(review)를 한다.

1) 个人简介的写作要领 자기소개서 작성요령

인사 담당자들이 자기소개서를 읽을 때 주목해서 보는 몇 가지 것들이 있는데 그 내용은 다음과 같다.

성격은 어떻습니까?
전공은 무엇입니까?
전공 외에 관심을 두고 있는 것은 무엇입니까?
업무에 잘 적응할 수 있습니까?
특별한 비전(vision)이 있습니까?
조직과 잘 융화할 수 있는 사람입니까?
긍정적으로 세상을 바라봅니까?
뚜렷한 소신과 주관이 있습니까?

위의 내용을 바탕으로 좋은 자기소개서 쓰기의 요령에 대해 알아보자.

① 标上标题 헤드라인(headline)을 달아라 : 두괄식으로 쓰라.

자기소개서는 자기를 팔기 위해 자신이라는 상품을 홍보하는 것과 같다. 따라서 인사 담당자들의 관심을 끌기 위해서는 자신만의 특성을 한눈에 파악할 수 있도록 해야 한다. 자신만의 남다른 경험이나 경력이 있어도 아무런 특징이 없는 단순 나열식의 기술은 인사 담당자의 관심을 끌 수 없다. 신문 기사의 헤드라인처럼 자신의 능력과 경력, 자질 등을 인사 담당자가 한눈에 파악할 수 있도록 간략한 문장이나 재치 있는 단어를 사용하는 것이 효과적이다. 미국의 경우 미괄식으로 쓰는 글 자체가 거의 없다. 인사담당자가 당신의 자기소개서를 보는 시간은 20초도 안 된다. 나를 한 마디로 알릴 수 있는 두괄식으로 쓰라.

② 从新颖的语句开始 참신한 문구로 시작하라

인사 담당자가 자기소개서를 끝까지 읽어보고 싶다는 생각이 들 정도로 흥미를 유발시킬 수 있는 문장으로 시작해야 한다. 지원자가 가장 많이 사용하는 문

第3课　自我推销的计划书(1):个人简介
제3과　나를 팔기 위한 마케팅 기획서(1):자기소개서

구는 '저는 ○○에서 태어난 ○○입니다'와 같은 식의 식상한 문구이다. 인사담당자에게 있어서 지원자의 태생은 그저 참고 자료에 불과하다. 따라서 자신의 능력이나 특성을 대변할 수 있는 광고성 멘트 같은 것으로 첫 문장을 시작한다면 인사 담당자의 시선을 모을 수 있을 것이다.

　　First impressions are most lasting 첫 인상이 가장 오래 지속된다. 첫인상이 중요하다

③ 塑造自己的形象 자신만의 이미지를 만들어라

　한 가지의 주제를 잡아 그 주제에 맞게 자신을 기술함으로써 자기 자신의 독특한 이미지를 부각시키는 것이 유리하다. '무엇인가를 시작하면 반드시 성취해 내고 마는 사람'이라는 것에 초점을 맞추었다면 이러한 성격이 형성된 과정과 성장 시절, 이와 얽힌 에피소드, 경험담을 구체적으로 기술하는 것이 좋다.

④ 具体地阐明应聘的出发点 입사지원 동기를 구체적으로 밝혀라

　희망 회사의 업종이나 특성 등에 자신의 전공 또는 희망을 연관시켜 입사지원 동기를 구체적으로 말한다.

　　평범한 서술 방식:
　　저는 반기문 유엔 사무총장 같은 훌륭한 외교관이 되고 싶습니다. (△)
　　저는 동물을 좋아합니다. 입학해서 새의 생태를 연구하고 싶습니다. (△)

　　좀 더 나은 서술 방식 :
　　저는 안중근 의사가 이루고자 했던 동북아시아 평화 체제 구축에 기여하며 살고 싶습니다. 저의 전공인 정치외교학을 연구한 다음 외교관으로 활동하고 싶습니다. (○)
　　어릴 때부터 동물을 관찰하는 것을 좋아했습니다. 매주 주말이면 저는 ○○천이나 △△에서 철새의 개체수와 배설물, 그리고 이동 경로를 관찰해 오고 있습니다. (○)

　자신의 철학, 비전 등을 회사의 경영 철학, 인재상, 비전 등과 구체적으로 비교해 입사지원 동기를 밝힌다. 이를 위해서는 평소에 관심을 가지고 신문이나 사보 또는 인터넷을 통해 지원하고자 하는 기업에 대한 정보를 수집해 두는 것이 좋다.

⑤ 写具体的经验 구체적인 경험을 쓰라

인사담당자가 지원자의 자기소개서를 읽고 '이 지원자는 이러이러한 사람이구나'라는 느낌을 얻을 수 있도록 자신의 경험을 바탕으로 구체적으로 자신을 묘사해야 한다.

평범한 서술 방식:
저는 한국어를 좋아하고 어느 정도 기본적인 회화를 할 자신이 있습니다.

좀 더 나은 서술 방식:
저는 2015년 인천 아시안 게임에서 일주일간 한국어 통역 자원봉사자로 활동했습니다.

자신을 부각시킬 수 있는 에피소드나 가족에 얽힌 이야기, 자신의 인생에 있어서 전환점을 가져다 준 계기 등을 구체적으로 작성하고 각각의 사건들이 자신에게 어떠한 영향을 끼쳤는지 구체적으로 설명해 줘야 한다. 어떤 프로젝트에 참여했으며 내가 뭘 했고, 이 활동이 어떤 결과를 가져왔으며, 내가 이 활동을 통해 얻게 된 사실 등을 구체적으로 써야 한다. 인사담당자는 지원자의 구체적인 경험을 바탕으로 적은 자기소개서를 읽는 동안 지원자의 성격, 행동방식, 성향은 물론 지원자의 논리력과 사고방식도 파악할 수 있다.

⑥ 把自己的缺点变成优点 자신의 단점을 장점으로 만들어라

자신의 장점, 단점 그리고 특기 사항을 쓴다. 그러나 인사담당자는 단점을 많이 가진 사람보다는 장점이 많은 지원자를 선호한다. 따라서 자신의 단점은 솔직하게 적되 간단하게 적는 것이 좋다. 그리고 자신의 단점을 극복하기 위해 어떠한 노력을 해왔는지 그 결과 자신이 어떻게 변화했는지에 초점을 맞추어 작성한다. 이러한 방법은 '지원자 스스로 자신의 단점을 파악하고 자신을 개선해 나갈 줄 아는 인간형'임을 부각시킬 수 있어 오히려 자신의 단점을 장점으로 승화시킬 수 있다. 자신의 장점과 단점은 면접 시에 자주 나오는 질문이므로 <u>평소 자신의 장점과 단점을 철저히 분석해 두고 자신의 단점을 장점으로 끌어올릴 수 있는 방법을 연구해 두어야 한다.</u>

⑦ 强调自己是企业所需的合适人选 자신이 기업에서 필요로 하는 적임자임을 강조하라

최근 기업에서는 즉시 업무에 투입될 수 있는 인재를 선호하고 있다.

第3课　自我推销的计划书(1):个人简介
제3과　나를 팔기 위한 마케팅 기획서(1):자기소개서

　　OO에 지원하는 지원자가 자신의 자기소개서에 OO와 관계가 전혀 없는 △△을 내용으로 작성을 한다면 인사담당자는 다른 곳에 제출할 자기소개서를 잘못 제출한 것으로 판단할 수 있다. 따라서 AA에 지원하면 AA에 관련된 내용을 부각되게 써야 한다. AA에 지원하면서 BB 같은 내용을 쓴다면 인사담당자는 "얘는 관련 전공에 관한 사항은 별 볼일 없군", "우리 기업이 아닌 다른 기업에 지원하는 애가 왜 우리 기업에 지원원서를 제출했지?", "너는 AA에 지원한다면서 AA와 관련 활동이 하나도 없는 데 그런 너를 누가 뽑겠니?"라는 인식을 심어 주게 된다.

　　지원자는 자신이 해당 업무에 최적의 사람임을 강조해야 한다. 아무리 많은 스펙(specification,경력과 자격증)을 지니고 있더라도 지원하는 기업의 업무와 관련이 없으면 무용지물이 될수 있다. 자신이 지원하는 업무와 관련 있는 자격증이나 경력을 부각시켜야 한다. 지원하는 기업의 홈페이지를 참조하거나 지원하고자 하는 기업의 지인을 통해 해당 업무에 필요한 경력이나 자격증이 무엇인지 어떤 일을 하게 되는지 물어보는 것이 좋다. 해당 기업 홈페이지의 게시판을 통해 문의를 하거나 담당자에게 전화로 문의함으로써 해당 업무에 대한 자신의 열의를 비추는 것도 좋다. 자신이 기업에서 필요로 하는 바로 '그 사람 적임자'임을 인식시킴으로써 인사담장자가 자신을 선택할 수 있도록 만들어야 한다.

　　⑧ 提出自己的抱负和长远规划 자신의 포부와 비전을 제시하라

　　희망 회사에 입사했다고 생각하고 목표와 자기 발전을 위해 어떤 계획과 생각을 갖고 일을 할 것인가를 구체적으로 말하는 것이 좋다. 뚜렷한 목표의식이 없는 지원자는 단순히 취업을 위해 지원했다는 인상을 주기 쉽다. 따라서 평소 5년 후의 모습이나 10년 후의 자신의 모습 등을 나름대로 설계해 현실성 있는 목표를 잡고 그 목표를 수행하기 위한 실행 전략 등도 세워 둔다면 자기소개서를 작성하는데 있어 자신의 비전을 명확하게 제시할 수 있을 것이다.

　　⑨ 有工作经验的情况下要强调自己的业务 경력자인 경우 자신의 수행 업무를 강조하라

　　경력자의 경우 그 동안 자신의 경력을 바탕으로 이전 직장에서 수행했던 업무에 대해 강조할 필요가 있다. 특히 예전 직장에서 수행한 업무들이 지원하는 직장의 업무에 어떤 도움이 되는지를 집중적으로 부각시켜야 한다. 과거 자신이 수행했던 프로젝트나 포트폴리오가 있다면 참고 자료로 함께 첨부하거나 자신의 홈페이지 주소를 적어 놓는 것도 자신의 업무 수행 능력을 적극 홍보할 수

있는 방법이다. 지원한 분야의 업무에 관련된 수상 경력이나 자격증도 가산점을 받을 수 있다.

⑩ 利用充足的时间将个人简介做得干净利落 시간적 여유를 갖고 깨끗하게 작성하라

충분한 시간을 두고 작성한다. 띄어쓰기와 맞춤법에 주의하는 것도 잊지 말자. 오자나 탈자가 없도록 한다. 지원자는 사소한 실수라고 생각하지만 인사담당자는 이런 작은 일도 제대로 못하는 지원자를 높게 평가하지 않는다. 만약 자기소개서에 아주 작은 오류나 실수가 있다면 수정액으로 지우거나 고쳐 쓰는 것보다는 깨끗하게 다시 쓴다.

2) 确认个人简介的形式   자기소개서의 형식 확인하기

인터넷으로 입사지원서나 자기소개서를 접수하게 되면서, 기업에서는 알고 싶은 내용을 질문 형식으로 담아 자기소개서의 틀을 정해주는 경우가 증가하고 있다. 이런 경우라면 지원자는 그 틀에 맞추어서 내용을 작성하면 된다. 반면에 자기소개서의 형식이 자유로운 경우에는, 지원자가 아래의 내용을 참고하여 자기소개서에 필요한 내용을 에세이 형식으로 쓰면 된다.

<자기소개서 유형 1>

| 자기소개
성격 및 장단점
지원 동기
입사 후 포부 | 지원 목적
학력 및 경력 사항
특기 사항
요약 |

| 자신의 성장 과정
성격의 장단점
대학생활 및 교내외 활동
지원 동기
입사 후 포부 | 출생 가정환경 성격
학창 생활 성장 환경 생활 태도
주요 경력
특기 및 취미, 장래 포부 |

第3课 自我推销的计划书(1):个人简介
제3과 나를 팔기 위한 마케팅 기획서(1):자기소개서

<자기소개서 유형 2> ◇◇◇대학교 입학전형
<△△△ 공통문항>

1. ○○○학교 재학기간 중 학업에 기울인 노력과 학습 경험에 대해 배우고 느낀 점을 중심으로 기술해 주시기 바랍니다. (1,000자 이내)

2. ○○○학교 재학기간 중 본인이 의미를 두고 노력했던 교내 활동을 배우고 느낀 점을 중심으로 3개 이내로 기술해 주시기 바랍니다. 단, 교외 활동 중 학교장의 허락을 받고 참여한 활동은 포함됩니다. (1,000자 이내)

3. 학교 생활 중 배려, 나눔, 협력, 갈등, 관리 등을 실천한 사례를 들고 그 과정을 배우고 느낀 점을 중심으로 기술해 주시기 바랍니다. (1,000자 이내)

<□□□ 추가문항>

4. ◇◇◇대학교에 지원하게 된 동기와 대학 입학 후 학업계획 및 향후 진로계획에 대해 기술해 주세요. (1,000자 이내)

<자기소개서 유형 3>

1. 지원하신 직무에 지원하게 되신 동기를 간략하게 밝히고, 본인이 잘 수행할 수 있다고 생각하는 이유를 구체적으로 기술해 주십시오.

2. 학교생활 동안 남들과 다른 특별한 경험을 함으로써 얻게 된 성취감이 있으면 기재하여 주고(신입 사원), 자신의 전 직장 경험 중에서 가장 성취감을 느꼈던 사항을 상세히 기재하여 주십시오.(경력 사원)

3. 지원하신 회사, 직무, 근무지와 관련하여 특별히 희망하는 점이 있으면 알려주고, 회사에서 이루고 싶은 자신의 포부를 밝혀주십시오.

※ 이상의 기술한 내용 외에 추가적인 사항이 있다면 MS-Word(1장 이내)로 추가하실 내용을 아래의 란에 기입하여 주시기 바랍니다. (자유 기술 형태)

3) 掌握要应聘部门的性质和业务　지원할 기관의 성격과 업무 파악하기

자기소개서를 쓰기 전에 지원자는 지망하는 업무를 수행하는 데 있어 기업이 요구하는 능력이 무엇인가를 가능한 구체적으로 예상해야 한다. 그리고 지원할 기업의 사훈, 경영이념은 물론 회사 조직 내에서 가장 중시하는 정신적 이념이 무엇인가도 조사해야 한다.

4) 要避讳的个人简介类型　피해야 할 자기소개서 유형

① 스테레오 타입형 stereo type

저는 중국 천진시 하서구에서 1998년 3월에 2남 1녀 중 막내딸로 태어났습니다. 정직과 엄격함으로 늘 자녀를 대해 주신 아버지와 항상 자상함과 따뜻한 애정으로 가족들을 돌보시는 어머니의 사랑 속에 저희는 자라왔습니다.

② 감정 오버형 over type

비록 지금은 능력도 없고 자격도 없지만 제가 만약 이 회사에 입사하게 된다면 저는 이것을 저의 숙명이라고 여기고 어떠한 일이라도 최선을 다하겠습니다.

③ 경력 나열형

대학에서 경험했던 과외활동으로는 벤처 창업 동아리, 여행 동아리와 영어회화 동아리 활동, 그리고 학생회활동을 하였습니다. 봉사활동으로는 ○○ 봉사회, △△ 봉사회 등에서 활동하였습니다. 이와 같은 다양한 동아리 활동을 통해서 얻은 지식과 경험은 지금도 대학시절의 가장 큰 추억으로 남아있습니다.

④ 역사교과서 부록형

저는 2010년 한국고등학교에 입학하였으며, 2013년 6월 한국고등학교를 졸업하였습니다. 동년 9월에는 한국대학교 한국어학과에 입학하였습니다. 2017년 2월 한국대학교 한국어학과를 졸업할 예정입니다.

⑤ 사소한 실수형

아주 사소한 오·탈자

누구든지 이해할 수 있는 숫자의 오류

첨부하지 못한 제출서류

마감시간을 넘긴 자기소개서

第3课　自我推销的计划书(1):个人简介
제3과　나를 팔기 위한 마케팅 기획서(1):자기소개서

5) 内容的生成和拟写　내용 생성 및 작성하기

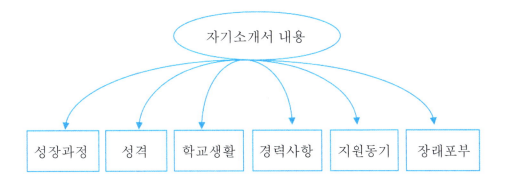

① 성장과정

<1> (소제목) 부모님을 통해 가치관을 정립한 어린 시절

저의 인생의 든든한 지원자이신 부모님을 먼저 소개하겠습니다. 예순이 넘은 연세에도 불구하고 꾸준히 컴퓨터를 배우시는 아버지, 매사에 신중한 결정을 내리시어 '지혜'를 일깨워 주시는 어머니. 저는 진로에 고민이 많았던 시기마다 두 분을 통해 감정에 휩쓸리지 않고 올바른 결정을 내릴 수 있었습니다.

자신감과 열정, 더 큰 가능성을 키워주신 부모님이 계셨기에 저는 탄탄한 내적 기반을 다질 수 있었습니다. 이제는 두 분께 저의 실력을 보여드리고 싶습니다.

<2> 저는 어렸을 때부터 호기심이 많은 아이였습니다. 부모님 몰래 이것저것을 가지고 놀다가 어머니의 화장품을 망가뜨려 야단을 맞은 적이 많았습니다. 그런데 아버지께서는 허허 웃으시며, "우리 딸이 커서 예술가가 되려나 보다."라며 제게 꿈을 심어 주셨습니다. 그때부터 저는 사람들에게 걸맞는 디자인은 무엇일까 생각해 보고, 디자인에 대한 공부를 시작했습니다. 제 인생에 있어서 디자인에 대한 첫 작품은 고등학생 때 제가 손수 꾸며 본 학교 홈페이지였습니다. 학교를 대표하여 홍보하는 홈페이지를 구성하고 디자인하는 과정에서, 저는 컴퓨터 그래픽 디자이너는 단순히 예술적 재능의 소유자가 아닌 관찰력과 정확성, 신중함을 겸비한 사람이어야 한다는 사실을 깨닫게 되었습니다.

<3> 마음을 읽는 사람이 되라고 늘 말씀하신 아버지께서는 한의원 원장으로 의술보다는 인술을 펼치시고자 노력하시는 분입니다. 어릴 적부터 최고보다는 최선을, 결과보다는 과정을 중시하셨습니다. 그런 아버지의 교육철학덕분에 무엇이든 시작할 때는 망설이는 법이 없었으며, 그런 과정에서 항상 장애물보다

는 가능성을 보는 긍정적이고 적극적인 성격을 가지게 되었습니다. 중학교 시절 학부모회장을 하실 정도로 열정적이신 어머니로부터는 여자로서 하나의 사회 구성원으로 자리매김하는 당당함을 배웠습니다.

② 성격과 특기, 생활 태도

지원자들은 장점을 기술할 때에 '적극적이다', '성실하다', '리더십이 있다'와 같은 직접적인 표현을 쓴다. 그러나 인사담당자의 눈에는 적극적으로 보이려고 하는 사람, 성실하게 보이려고 급급해 하는 사람으로 비치기 쉽다. 적극성, 성실성, 리더십은 모두 본인이 평가할 수 있는 것이 아니라 타인이 평가할 수 있는 특성이기 때문이다. 따라서 자신의 성격을 기술할 때에는 자신의 성격을 보여 줄만한 구체적인 사례를 쓰는 것이 좋다. 또한 단점을 기술해야 할 경우에는 단점을 어떻게 극복하려고 노력하는가도 함께 기술하는 것이 좋다.

생활 태도를 서술하는 데 있어서도 성격을 나타내는 것과 마찬가지로 상투적이거나 과장된 표현에 주의해야 한다. '대인관계가 원만하다', '성실하다'와 같은 단정적인 문구는 피하고 문장 속에서 자연스럽게 표현 의도가 드러나도록 구성하는 것이 좋다. 생활 태도는 성격과 더불어 지극히 개인적인 서술이 되므로 이 부분에서 참신함이나 독특함이 드러나도록 써야 한다.

<1> (소제목) 남녀노소 누구와도 소통할 수 있는 준비된 마케터(marketer)

저는 또래 친구뿐만 아니라 다양한 세대의 친구가 있습니다. 학창시절부터 아르바이트나 여행을 통해 많은 사람들을 접하고 갖가지 경험을 거치면서 여러 사람과 쉽게 소통할 수 있는 저의 능력을 발견했습니다. 이러한 능력이 앞으로 전문 마케터로 성장하는 데 발판이 될 것입니다.

또한 주위에서 '눈치가 빠르다'라는 말을 많이 들어왔을만큼 주위의 변화에 민감합니다. 외적인 변화에는 다소 둔감한 편이지만 심리적인 변화에는 관심이 많은 편으로 직면하는 문제를 분석하여 새로운 해결책을 찾는데 탁월한 능력이 있습니다.

어쩌면 외적으로 무심하다는 저의 단점이 심적으로 세심하다는 장점을 더 부각시켜 준 것이라고 생각합니다. 하지만 마케터는 소비자의 심리 변화뿐만 아니라 외적인 변화에도 민감하게 반응해야 하므로 겉으로 보여지는 변화에도 관심을 가지도록 노력하고 있습니다.

<2> 나는 체력이 약했다. 그래서 감기에 자주 걸렸는데, 감기약을 달고 다닐

第3课　自我推销的计划书(1):个人简介
제3과　나를 팔기 위한 마케팅 기획서(1):자기소개서

정도였다. 부모님께서 한약을 자주 지어 주셔서 복용했지만 효과가 별로 없었다. 어느 날 체육 선생님께서도 감기 때문에 고생했는데 새벽 운동으로 고쳤다고 말씀하셨다. 나도 새벽 운동을 하기로 결심했다. 마침 우리 집 뒤에는 약수터가 있어서 운동하기 안성맞춤이었다. 매일 새벽 5시에 일어나 1시간 동안 운동을 한 뒤 밥을 먹고 등교했다. 운동을 마친 후라 그런지 밥맛도 좋았다. 비가 오나 눈이 오나 하루도 빠뜨리지 않고 운동을 했다. 1년 뒤 나는 아주 건강해졌고 그 이후로 거의 감기를 앓은 적이 없다. 나는 꼭 마음먹은 것은 실행한다.
– 박진욱·김동기,「우리 말 글살이를 가꾸는 평범한 글쓰기」,『우리교육』, 2004, 201쪽. 재수정

③ 학교 생활과 경력 사항

기업은 학교 생활과 경력 사항을 통해 조직에서의 적응력과 대인 관계 등을 파악하고자 한다. 연대기 순으로 적기보다는 <u>업무와 직접적인 관련을 맺는 대학 생활을 중심으로 기술하는 것이 효과적이다</u>. 전공이나 활동했던 분야를 지원 업무와 관련해 구체적으로 서술한다면, 기업의 입장에서는 가장 빠르게 업무에 대한 적합성 여부를 판단하는 자료가 된다. 수업 외의 시간에 시간 관리를 어떻게 했으며, 관심 있는 분야에 쏟았던 열정 등을 패기 있게 표현하는 것도 좋다. 관심 분야나 활동 분야는 졸업 후 직업과 직결되는 경우가 많으므로 구체적이고 심도 있게 다루는 배려가 필요하다.

<1> (소제목)　마케팅학과로의 진학, 실전 경험, 자격증 취득 등 역량 강화
'나의 인생 중 가장 행복하고 소중한 시기다'는 것을 매 순간 생각하며 학창시절을 더욱 즐겁고 행복하게 보내기 위해 많은 추억을 만들었습니다. 친구들을 유독 좋아했지만 그것이 서로에게 해가 될 수도 있다는 생각에 함께 학업계획도 짜고 도움을 주고 받으며 진로를 의논했습니다. 그래서인지 힘든 대입준비 시절이 오히려 어느 때보다 활력이 넘치고 뜻 깊은 나날들이었습니다. 원하는 학과에서 공부할 수 있게 된 것도 학창시절에 만난 소중한 인연이 있었기 때문입니다.

학창시절 제가 가진 장점인 통찰력, 설득능력을 활용할 수 있는 것이 무엇일까 생각하고 많은 조언을 구한 끝에 마케팅학과를 선택했고, 마케팅 이론과 실습을 거치면서 '마케터가 내 길이다'라는 생각을 굳혔습니다.

너무나 매력적이고 너무나 흥미진진한 마케팅의 세계! 저는 전문 마케터가 되기 위해 사회에 뛰어들고자 대학 3학년 1년간 IT회사의 기획/마케팅 팀

에서 사무 보조를 하였습니다. 회사에서 실전 경험을 익히는 동안 저는 마케팅이란 이론과 실제가 항상 같을 수 없음도 깨달았고, 이론을 버릴 때 비로소 고객의 입장이 되어 진정한 마케팅을 할 수 있음을 배웠습니다. 또한 이론은 현상 분석을 위한 지식으로 사용하고 중대한 프로모션을 수행할 때는 이론을 과감히 던져 고객의 생각이 되리라 다짐했습니다.

이 밖에도 아르바이트와 공부를 병행하여 평소 배우고 싶었던 중국어 학원도 7개월 간 빠짐없이 다니고 업무에 유용하게 쓰일 MOS 자격증을 취득하였습니다.

<2> 2002년 월드컵 기간에는 시청에 나가 중국에서 가져온 응원 용품을 팔았습니다. 수량을 많이 준비하지 않았기 때문에 큰 이윤을 남기지는 못했지만, 두 나라에서 물건을 사고 판 경험은 저에게 활력이 되었습니다. 판매 계획, 물건 구입 경로, 홍보 전략 등을 고민하면서 강의실에서 배운 무역 이론이 실제 로 어떻게 적용되는지를 확인하는 시간이었습니다.

④ 지원 동기와 장래 포부

지원 동기와 장래 포부 항목은 기업이 실제적으로 관심을 보이는 핵심 부분이다. 그래서 지원동기 부분에서는 자신의 적성과 능력이 지원 분야와 얼마나 적합한가를 제시해야 한다. 취업하고자 하는 기업의 사훈, 경영 이념과 성격 등을 확인하고, 기업의 특성에 맞는 지원 동기를 기술하는 것이 좋다.

장래 포부는 자기소개서의 마지막 부분에 해당한다. 따라서 장래 포부는 지원자가 인사담당자에게 마지막으로 인상적인 메시지를 남길 수 있는 기회이다. 그럼에도 불구하고 많은 지원자들은 "뽑아 주신다면 열심히 일하겠습니다." 등의 상투적인 표현을 쓰고 만다. 이와 유사한 문구가 적힌 수백 개의 자기소개서를 봐야 하는 인사담당자에게 '열심히', '적극적'이란 문구는 더 이상 신선하지도 인상적이지도 않다. 장래 포부를 쓸 때에도 직접적인 표현보다는 업무에 대한 목표 성취나 자기 개발을 위해 어떤 계획을 가지고 있는가를 구체적으로 쓰는 것이 효과적이다.

<1> (소제목) 인생의 목표, '전문 마케터'

단순히 정규 과정을 거쳐 취직하고, 결혼하는 전형적인 수순을 밟고 싶지는 않습니다. 가장 잘 할 수 있는 일을 하고 싶고, 저는 그것이 무엇인지 정확히 알고 있습니다. 언제나 '인생의 목표'에 대해 고민했으며 그것이 '전문적

第3课　自我推销的计划书(1):个人简介
제3과　나를 팔기 위한 마케팅 기획서(1):자기소개서

인 마케터'라고 결론지었습니다. 그리고 그 목표를 위해 다짐한 것을 실천하여 성과를 얻었고, 외국어 공부나 자격증 취득 등을 하면서 스스로를 다듬었습니다. 이 모든 것이 전문 마케터로서 활약하기 위한 준비 과정이었습니다.

'이 길이 가고자 하는 길이 맞는가?' 지금 이 순간에도 저는 제 자신을 관찰하고, 자문합니다. 저의 대답은 망설임 없이 'YES'입니다. 이 대답이 바로 귀사의 마케팅 부서에 지원하고자 하는 이유입니다.

<2> 저는 평소 저의 첼로 연주가 인간의 목소리가 가진 표현 능력에 근접해야 한다고 생각해 왔습니다. 저의 이런 믿음을 바탕으로 연마해온 노력을 이제 현장에서 응용하고 싶습니다. 제가 평소에 지녀 온 신념을 이제 현실에 적용해 보고, 다시 현실에서 나타난 문제를 해결하는 새로운 대안을 찾아내, 먼 훗날 '첼로의 대중화에 함께 참여 했노라'고 회상하고 싶습니다. 이러한 저의 의지와 목표가 이제 창단된 ○○교향악단의 문을 두드리게 했습니다. 무엇보다 인간애를 바탕으로 한 실험정신으로 클래식 음악의 대중화에 기여하겠다는 ○○교향악단의 창단 목표에 더욱 공감했습니다. 특히 ○○교향악단의 젊고 패기에 찬 의욕 역시 제게 희망을 주었습니다.

저는 젊습니다. ○○교향악단에서 제 능력을 쏟고 싶습니다. 교향악단의 발전은 단원 모두의 발전이라는 논리를 저는 확신합니다. 저는 ○○교향악단의 발전을 통해 제 자신이 발전하기를 원합니다.

스스로가 유용한 인재라는 자신감만큼 사람에게 유익한 것은 없다. A.카네기

6) 和周围的人相互传阅　주변 사람들과 돌려 읽기

누구나 자신이 작성한 글에 대해서는 부끄러워한다. 이런 이유로 자기소개서처럼 취업의 관문이 되는 중요한 글을 아무에게도 보여주지 않고 제출하는 사람들이 많다. 자기소개서와 같은 개인적인 글은 읽는 사람이 오해를 하거나, 이해하지 못하는 내용이 있을 수 있다. 따라서 주변 사람들과 돌려 읽으면서 되풀이해서 다듬는 과정을 거쳐야 한다. 주변 사람들과 돌려 읽기를 하면 자기소개서의 내용은 물론 문장의 호응관계나 맞춤법까지도 쉽게 수정할 수 있다. 그리고 자신이 지원할 기업의 인사 담당자와 같은 연령대나 사회적 경험이 있는 사람에게 보이는 것도 좋은 방법이다. 인사 담당자의 시각에서 내용을 수정할 수 있는 효과를 거둘 수 있기 때문이다.

> 보기 좋은 자기소개서가 인사담당자의 시선을 잡는다.
> - 간결하고 명확한 문장을 사용한다. : 추상적이거나 상투적인 표현, 지나친 수식어 등을 배제한다.
> - 통신 용어를 사용하지 않는다. : 한 기업의 발표에 따르면, 20% 정도의 자기소개서에서 통신 용어를 사용하였다고 한다. 인사 담당자는 40대 초중반의 남자일 가능성이 높다. 그들에게 통신 용어는 거부감을 줄 수 있다.
> - 핵심어나 중요한 부분은 진하게 작성한다. : 인사 담당자가 한눈에 볼 수 있도록 배려하는 것이 좋다. 연관성이 있는 핵심어를 진하게 함으로써 자기소개서의 전체를 읽지 않아도 내용을 예상할 수 있게 해 준다.

□ 연습문제 14

1. 자신의 전공과 관련한 주제를 선정한 후, 자기소개서에 담을 내용을 핵심어로 써 보자.(단, 주제의 일관성을 유지할 것)

- 주 제 : _____
- 성장과정 : _____
- 성 격 : _____
- 특기분야 : _____
- 지원동기 : _____

2. 자신이 입사하고 싶은 회사나 진학하고자 하는 대학원의 자기소개서를 구하여 작성해 보자.

<실제 학생의 자기소개서 예 1>

★여기에 소개된 자기소개서 전문 또는 일부는 모두 실제 수업 시간에 학생들이 직접 작성한 글이다. <원래의 글>은 실제 학생의 글을 원안에 가깝게 그대로 옮긴 것이다. <고친 글>은 학생의 글을 교사의 지도와 피드백에 따라 완성한 글이다. 피드백의 횟수와 학생의 글쓰기 수준에 따라 약간의 차이가 발생할 수 있다.

第3课　自我推销的计划书(1):个人简介
제3과　나를 팔기 위한 마케팅 기획서(1):자기소개서

<원래의 글>

자기소개서

성장과정

　　언제나 성실하시고 일하기가 꼼꼼하시는 아버지는 자식에게 도덕교육이 무엇보다 중요하다고 여기십니다. 알뜰하시며 동네 사람과 잘 지내시는 어머니는 늘 가족에게 따뜻한 사랑을 품어 미소를 띠고 계십니다. 장난꾸러기이지만 효심이 많은 남동생은 다른 사람을 잘 배려해 줄 수 있습니다. 비록 넉넉한 가정은 아니지만 확목한 분위기에서 서로 이해해주고 서로 지켜해주면서 저는 행복하게 자랐습니다.

　　저는 장녀로 어린 시절부터 부모님의 농사일을 도와 드리고 성실하고 당당하게 인생을 직면한다는 가훈을 들어왔습니다. 부모님은 항상 열심히 생활하는 모습을 보여주기 덕분에 저는 아무 어려움이 있더라도 목표를 세워 취선을 다 할 수 있는 끈기가 양성했습니다. 시골에서 자연과 친하게 지내 자라면서 낙관적이고 너그러운 마음을 키웠습니다.

학교생활과 격려사항

　　선생님의 격려 덕분에 저는 초등학교부터 시골에서 떠나서 더 넓은 세계를 체험하겠다는 마음을 다짐했습니다. 열심히 공부함으로써 저는 고향에 제일 좋은 고등학교를 붙었습니다. 동네에서 저와 같이 진학하는 친구가 한명 박에 없었습니다. 대학을 다닐 때 고향에서 먼 곳인 천진에 갔습니다. 고향 분위기 완전 다른 도시를 체험하여 낯선 생활을 도전하고 싶었기 때문입니다.

　　대학생활을 적극적으로 진행하면서 선생님으로부터 침착하고 일하기가 꼼꼼하다는 친찬을 자주 들었습니다. 저는 1학년 때 한국어 발음이 엉망이기 때문에 선생님과 친구들에게 자주 헛갈려 줬습니다. 저는 큰 마음을 먹어 꼭 발음이 올바르게 할 것이라는 결심을 내렸습니다. 매일 교과서를 읽는 소리를 녹음하고 표준 한국어 CD와 대조하여 반복하게 연습했습니다. 선갱님한테 발음이 뚜렷하게 잘 들을 수 있다는 평가를 받을 때까지 열심히 했습니다. 전공공부에 대해 제 작은 노력은 2011년에 저는 선후로 '중국 절강 월수외국어대학교와 한국 대진대학교에서 공동으로 주최한2011' 전 중국 대학생 한국어 말하기 대회'와 '제6회 금호 아시아배 전국 대학생 말하기 대회 천진지역 예선'에 참가하여 모두 우수상을 따냈습니다. 2012년에 천진 한인회 주최 청소년 페스티발 백일장 2등을 수상하였습니다. 이런 경험을 통해 자신의 시야를 더 넓힌 뿐만 아니라 많은 새로운 친구들을 사귀어 되었습니다. 한국어와 한국문화에 대해 더 깊이 이해해지면서 그의 매력도 심층히 느꼈습니다.

2학년부터 한구어 자료실 관리자를 맡겨 와서 책임심의 중용성을 잘 알게 되었으며 평소에 "짱마루"라는 한국 천소년 활동 중심에서 봉사활동을 함으로써 나눔과 배려심이 얼마나 소중하는지 배웠습니다.

성격과 특기

저는 중학교부터 기숙사 생활이 시작하기 때문에 독립하는 편입니다. 친구에게서 얼굴 친화력이 있으며 마음이 강하다는 평가를 자주 들었습니다. 저는 일하기가 좀 느립니다. 좀 과감하지 않게 보이면서도 일하기가 빈틈없이 꼼꼼하고 계획도 잘 짤 수 있습니다.

고향은 차향이기 때문에 저는 어린 시절 부터 차의 향기를 알차게 느끼며 차도를 배워왔습니다. 차를 우릴때마다 차의 은은한 향기는 마음을 비어주고 친착하게 해 줄 수 있습니다. 저는 어떤 좌절에 부닥치거나 마음이 편하지 않을 때 차을 우려 격려을 받으며 마음을 진정하게 될 수 있습니다.

지원동기와 포부

이제 대학 졸업식이 닥칠 시간인데 저는 진로에 재해 명확한 그림이 있습니다. 한국에 유학 가서 계속 공부할 것입니다. 나중에 한국어 교사가 되고 싶습니다. 한국어를 배울수록 부족한 점이 더 많지만 한국어의 매력이 더 느끼고 더 재미있다고 생학합니다. 열정이 가득하게 수업을 하는 선생님의 모습을 볼 때마다 저도 그자리에 한국어의 아름다움을 알려주고 싶다는 생각이 떠올랐습니다.

한국어 교사가 되려면 한국어 잘 말해야 할 뿐만 아니라 한국 문화, 경제, 정치, 사회, 교육 등을 피부에 느껴야 학생들에게 생생하게 한국어를 보여줄 수 있다고 여깁니다. 한국학중앙연구원 한국학 대학원은 한국과 관련된 인문•사회과학 분야의 연구 중심 대학원으로 한국학의 내실화와 세계화에 기여해 왔습니다. 1980년 설립 이래 한국학 인재들이 배출하여 졸업생들은 학문적 우수성의 인정을 받았습니다. 한국학 중앙연구원은 바로 제꿈이 향하는 곳입니다.

한국학중앙연구원은 제 꿈의 스타트 라인이 되기를 바랍니다. 저는 착실하게 한발 한발 제 꿈을 향할 것입니다.

2009학번 범혜한(范慧娴)

第3课 自我推销的计划书(1):个人简介
제3과 나를 팔기 위한 마케팅 기획서(1):자기소개서

<고친 글>

자기소개서

성장과정

꼼꼼하고 성실하게 맡은 일을 하시는 아버지는 자녀 교육에 있어서는 도덕교육을 무엇보다 강조하고 중요하다고 여기십니다. 알뜰하신 어머니는 동네 사람 누구와도 잘 지내시며 가족에게는 따뜻한 사랑과 미소를 잃지 않으신 분이십니다. 장난꾸러기인 남동생은 효심이 많고 다른 사람을 잘 배려하는 마음을 가졌습니다. 비록 넉넉한 가정은 아니지만 화목한 분위기에서 서로를 이해해주고 의지하면서 행복하게 어린 시절을 보냈습니다.

집안의 장녀인 저는 어린 시절부터 부모님의 농사일을 도와 드리면서 성실하게 그리고 당당하게 인생을 살고 계시는 부모님을 볼 수 있었습니다. 자신의 삶에 만족하시며 열심히 생활하는 모습을 보여주신 부모님 덕분에 저는 어떤 어려움이 있더라도 최선을 다 할 수 있는 끈기를 배울 수 있었습니다. 시골에서 자연과 친하게 지내며 자라온 터라 낙관적이고 너그러운 마음을 가질 수 있었습니다.

학교생활과 경력사항

시골이 고향이 제가 더 넓은 세계를 체험하겠다는 마음과 큰 꿈을 가질 수 있었던 것은 선생님의 격려와 응원 덕분이었습니다. 그래서 고향에서 제일 좋은 고등학교를 저와 친구 단 두 명이 진학을 할 수 있었습니다. 고향에서 더 먼 천진으로 대학을 다니면서 저는 고향 분위기와 전혀 다른 큰 도시를 체험하고 낯선 환경에 적응할 수 있었습니다. 부모님의 삶을 직접 보고 자라 온 저였기에 대학생활 내내 주위 사람으로부터 침착하고 일을 꼼꼼하게 한다는 칭찬을 자주 들을 수 있었습니다.

한국어가 전공인 저는 대학 1학년 때 한국어 발음도 엉망이었습니다. 저는 큰 마음을 먹고 꼭 한국어 발음을 올바르게 하겠다고 다짐했습니다. 매일 교과서를 읽고, 소리를 녹음하고 표준 한국어 CD와 대조하고 반복하여 연습했습니다. 전공 공부에 대한 저의 작은 노력은 2011년 <중국 절강 월수외대 한국어 말하기대회>와 <제6회 금호아시아나 중국 대학생 말하기 천진대회>에 참가하여 우수상을 받는 성과를 이루었습니다. 2012년에는 천진 한인회 주최 백일장대회에는 2등을 수상하였습니다. 비록 입상은 하지 못했지만 한중수교 20주년을 맞

이하여 참가한 <제3회 중국 대학생 경제논문대회>는 저에게는 새로운 도전이었습니다. 이런 경험을 통해 저의 시야와 안목을 넓힐 수 있었으며, 많은 친구들을 사귈 수 있는 계기가 되었습니다. 물론 한국어와 한국문화에 대해 더 깊이 이해할 수 있었고 그의 매력도 느낄 수 있었습니다. 대학2학년부터 <학과 자료실> 관리자를 맡아 오면서 저는 책임감의 중요성을 알게 되었습니다. 저의 이런 책임감과 성실함을 보신 선생님께서는 중국어 푸다오 선생으로 저를 추천해 주시는 계기가 되었습니다. 평소에 <짱마루>라는 한국 청소년 상담센터의 봉사활동을 함으로써 나눔과 배려심이 얼마나 소중한지를 배울 수 있었습니다.

성격과 특기

농촌에서 자라온 경험과 중학교부터 시작한 기숙사 생활은 저를 성실하고 독립심이 강한 사람으로 성장하는 환경을 마련해 주었습니다. 친화력이 강하신 어머니 덕분인지 몰라도 저는 기숙사 내에서도 친화력이 있으며 마음이 따뜻하다는 평가를 받고 있습니다. 저는 일을 하는 데 있어서 조금 느린 편입니다. 그래서 주위 사람으로부터 일을 느리게 하지 않느냐는 말을 듣기도 합니다. 이것은 차(茶)로 유명한 저의 고향 복건성의 차향(茶香) 때문일 것입니다. 어린 시절부터 차의 향기를 알차게 느끼며 다도(茶道)를 배워 왔기에 차를 우릴 때마다 차의 은은한 향기와 마음을 비어주는 침착함을 배울 수 있었습니다. 그래서일까 저는 어떤 좌절에 부딪치거나 마음이 편하지 않을 때 차를 우려 내 격려와 위안을 받으며 마음을 진정합니다. 일을 처리하는 데 있어 과감하게 보이지는 않지만 빈틈없이 꼼꼼하고 계획적으로 처리하기에 좋은 평을 받고 있습니다.

지원동기와 포부

졸업이 가까워지는 지금 저는 진로에 대해 명확한 그림이 있습니다. 한국에 유학을 가서 공부를 계속할 것입니다. 저의 최종 목표는 한국어 교사가 되는 것입니다. 한국어를 배우면 배울수록 저의 부족한 점을 많이 느끼지만, 한국어의 매력이 더 느끼고 더 재미있다고 생각합니다. 열정을 가지고 수업을 하시는 선생님의 모습을 볼 때마다 저도 그 자리에서 한국어의 아름다움을 알려주고 싶다는 생각이 떠올랐습니다. 한국학중앙연구원은 한국학 인재들이 모이는 곳으로 학문적 우수성의 인정을 받고 있는 곳입니다. 이곳이 바로 제 꿈이 향하는 곳입

第3课　自我推销的计划书(1):个人简介
제3과　나를 팔기 위한 마케팅 기획서(1):자기소개서

니다. 제 꿈의 스타트 라인이 되기를 바랍니다. 저는 착실하게 한 발 한 발 제 꿈을 향할 것입니다.

2009학번 범혜한(范慧娴)

<실제 학생의 자기소개서 예 2>
<원래의 글>

자 기 소 개 서

성장과정

(부제목)

'많이 웃어라, 방법은 언제나 고난보다 많다' 이 문구는 제가 항상 마음에 담아주고 어렸을 때부터 귀에 익어갑니다. 어려움이 있더라도 불평하거나 좌절하지 않는 긍정적인 사고방식은 부모님의 교육 덕분입니다. 항상 당당한 모습을 보여주시고 최신 스마트폰, 새로 생긴 신조어까지 공급하시는 아버지, 따뜻한 손길이 되어주시고 여가시간에 현대 춤에 대한 열정이 넘치는 어머니, 그리고 저. 비록 여유 있는 가정은 아니지만 항상 서로를 이해해주는 화목한 분위기와 부모님의 사랑과 격려 덕분에 저는 행복한 어린 시절을 보낼 수 있었습니다.

저는 부모님들로부터 항상 예절을 중요하게 교육받아 왔고 '최선을 다해야 진정한 인생의 맛을 알 수 있다'는 말씀을 듣고 자랐습니다. 늘 가정에 충실하시고 자녀의 교육에 남다른 열정과 관심을 갖고 계시는 부모님의 배려와 훈육으로 힘입어 저는 언제나 목표를 향하여 최선을 다해 살아가고 있습니다.

성격과 특기

도전을 즐기는 낙천파

'우울한 얼굴에는 더 우울해지고 미소를 띠는 얼굴에 운이 찾아 온다'는 말을 어렸을 때부터 들어왔던지라 귀에 많이 익어있습다. 항상 밝게 웃는 모습이 너무 보기 좋다는 칭찬도 많이 받았습니다. 웃는 것을 좋아하고 웃음을 나누며 즐기는 사람입니다. 웃음은 인간이 가진 것 중 가장 아름답고 가치 있는 것이라 생각합니다. 저는 한국 오락프로그램 '무한도전'과 '개그콘서트'를 즐겨봅니다. 그래서 일상생활에서도 주변 사람들을 즐겁게 하고 어디가든 웃음을 가져다 줄 수 있는 사람이 되려고 노력합니다. 그래서인지 친구들은 저보고 '분위기 메이커'라는 애칭을 부릅니다.

<도전하지 않으면 기회도 주어지지 않는다 > 는 말은 제가 제일 좋아하는 글귀입니다. 어려움을 부딪 힐 때에 늘 희망을 포기하지 않고 긍정적인 사고방식으로 마음을 정리하고 다시 도전하곤 합니다. 저는 도전하는 것을 좋아하며 고난을 이겨내는 과정을 즐기는 '오뚝이 인간' 입니다. 초등학교부터 대학교 과정을 지내면서 학생임원으로 어려움 없이 활동할 수 있었던 것은 낙천적이고 적극적인 성격과 유머감이라 생각합니다. 덕분에 인간관계의 소중함을 배울 수 있었고 폭넓게 친구들을 사귈 수 있었습니다.

인간관계
'인기와의 비결'

《논어》의 〈술이편(述而篇)〉에 나오는 말이 있습니다. "세 사람이 길을 같이 걸어가면 반드시 내 스승이 있다. 좋은 것은 본받고 나쁜 것은 살펴 스스로 고쳐야 한다<三人行必有我師焉 擇其善者而從之 其不善者而改之>." 삼인행필유아사는 좋은 것은 좇고 나쁜 것은 고치니 좋은 것도 나의 스승이 될 수 있고, 나쁜 것도 나의 스승이 될 수 있다는 뜻이 저는 또래 친구뿐만 아니라 다양한 세대의 친구가 있습니다. 제2부모인 것같은 교수님들, 아르바이트집 사장님부터 학교 동아리 운영하면서 만나던 다양한 친구들까지, 잦가지 경험을 거치면서 사람과 쉽게 소통할 수 있는 저의 능력을 발견했습니다. 상대방의 입장에서 서보고 정성껏 존경하여 대회하면 누구나다 소통잘 되는 좋은 친구가 될 것입니다. 다양한 사람들과 함께 노력하여 힘을 모아 일을 해내는 과정을 즐깁니다. 사랑과 배려로 품어 가는 따뜻한 인간이 되고 싶고 ,이런한 능력이 앞으로 인예의예지(仁義禮智)를 갖춘 책임있는 젊은이가 성장하는 데 발찬이 될 것입니다.

학교생활과 경력사항
노력은 나를 만든다/勤勉 과 感恩

저는 '미쳐야 미친다' 는 말을 좋아합니다. 어떤 일을 할 때 미치도록 열심히 해야 목표에 다다를 수 있다는 뜻이기 때문이다.

지난 1년 교환학생으로 다녀왔던 한국은 저에게 굉장히 특별한 경험입니다. 한국어실력이 비약적으로 발전할 뿐더러 꿈을 행해 과감하게 나아갈 수 있는 용기도 주어집니다. 숭실대학교 유학생 대표로 중앙민속박물관에서 열리는 <외국인을 위한 한국어 말하기 대회> 에 참가할 당시 한국에 온지 3개월 밖에 안 되

第3课　自我推销的计划书(1):个人简介
제3과　나를 팔기 위한 마케팅 기획서(1):자기소개서

어 많이 부족한 한국어 실력에 수줍어서 얼굴까지 붉어졌었지만 그럼에도 불구하고 심사위원 분들과 교수님들의 너그러운 마음에 용기를 얻어 대회를 잘 끝맞힐수 있었습니다. 무사히 끝난 대회에 감동을 받고 한국인의 따뜻한 마음의 정(情)을 느꼈습니다.

　아직은 많은 게 부족하고 더 많은 공부를 해야 하겠지만 전공과목을 공부하면서 한국학에 대한 나름대로의 인식을 키울 수 있었습니다. 전공 공부에 대한 저의 작은 노력들로 3년 연속 1,2등 장학금을 수상하였고 한국어 TOPIK 6급(듣기 부분 93/100점)을 취득할 수 있었습니다. 2012년 10월 학교 대표로 대회 출전 선수에 선정 되었고 <중국 대학생 한글 말하기 대회>에서 은상을 수상하였고, 같은 해에 천진한국인상회 주최<한국어 백일장>에서 우수상을 수상하였습니다. 2013년 <성균 한글 백일장>대회에도 학교 대표로 출전하며 참가 작문을 다시 쓰는 것은 천진사범대학교 한국어학과 창립 10주년 기념 우수작문선집 <천사의 마음>에 실려 있습니다.

　대회를 나가서 좋은 결과를 얻는 것도 몰론 중요하지만 저는 이 지도 교수님들과 친구들이 저와 함께 힘든 시기를 이겨내고 같이 노력하는 과정을 더 소중하게 생각하고 평생 잊을 수 없을 정도로 아름다운 추억과 따뜻한 정(情)을 더욱 더 값지게 여기게되었습니다. 또한 좋은 경험을 통해서 새로운 자신을 만나고 자신의 부족함을 알아내고 그 부족함을 채우기 위해 더욱더 열심히 뛰어나가는 것은 저에게 소중한 보물이라고 생각합니다.

　한국어는 하나의 언어를 떠나서 저에게 힘을 주고 꿈을 주는 삶의 충전소이라고 생각합니다. 한국어 공부를 통해서 새로운 세계를 열고 새로운 자신을 만나며 한국에 있었던 지난 1년 동안 한국의 문화와 예술, 그리고 경제, 정치, 사회를 보면서 더 큰 도전과 꿈을 가지게 되었습니다.

지원동기와 장래포부

The only , The best!

이제 대학생활의 마침표를 찍어야합니다. 하지만 제가 가지고 있는 <한국에 대한 꿈>아직 끝나지 않았습니다.

　누구나 다 그런 것은 아니지만 저는 공부하는 것이 좋습니다. 하나하나 배우고 아는 것이 재미있습니다. 무엇보다도 한국의 문화와 역사, 그리고 경제에 대한 관심과 열정이 많이 있다고 자부합니다. 처음에는 모르고 지나쳤던 것들의 숨겨진 원리와 의미를 발견하면 더 큰 기쁨을 누릴 수 있습니다. 그것이 저를 끊임없이 공부를 하게 만들었습니다. 한국은 찬란한 문화유산을 간직하고 있는 매력적인 나라입니다. 저는 훌륭한 한국문학과 경제을 연구하고 전파하는 사자(使者)가 되고 싶습니다. 한중교류가 더욱 빈번해지는 요즘 한국문화와 무역시장에 대한 관심과 연구가 갈수록 많아지고 있습니다. 이 역사적인 시기에 저는 한국경제무역에 대한 정확한 연구와 올바른 홍보와 교류가 필요하다가 생각합니다. 그것이 내가 할 수 있는 일, 내가 잘 할 수 있는 일이라 생각합니다. <성균관대학원 무역학과>는 바로 제 꿈을 실현하기에 필요한 곳이며, 한국경영 교육의 중심이라 생각합니다.

　　한국대학의 발원지, 민족교육의 산실, 국가발전의 요람인 성균관대학교, 시대와 사회를 이끌어온 600년 전통의 명문대, 저는 이곳에서 공부하고 싶습니다. 한국 최일류 교수님들 밑에서 세게 여러 나라의 인재들과 경쟁하면서 공부를 하면 얼마나 즐거울까 생각합니다.

　　금해 6월에 중국 북경시에서 열린 <성균 한글 백일장>에서 안타깝게 성대와 스쳐가지만 성균관대학에 유학하고 싶은 마음의 씨앗은 더욱더 깊이 뿌려 잡았습니다. 그래서 제가 망설이지 않고 바로 <성균관대학원>지원합니다.

　　올해 스물 두 살인 저는 인생의 최종 목표까지 많은 길이 남아있다는 것을 알고 있습니다. 하지만 제가 좋아하는 길에 꼭 끝까지 가겠다고 다짐합니다. <성균관대학원>은 내 꿈의 출발점이며 내가 반드시 가야할 곳이라 확신합니다. 이곳에 한발을 내딛을 수 있었던 오늘이었기에 나는 너무나도 행복합니다. 그리고 내일도 한 발 한 발 내딛을 것입니다.

　　끝까지 읽어주셔서 감사합니다.
　　2013년 10월　지원자　왕사혜　드림.

2009학번 왕사혜(王思慧)

<고친 글>

자기소개서

　　성장과정: 많이 웃어라, 방법은 언제나 고난보다 많다
　　<많이 웃어라, 방법은 언제나 고난보다 많다> 이 문구는 제가 항상 마음에 담고 힘들 때마다 되새겨 보는 인생의 지침서입니다. 어려움이 있더라도 불평하거나 좌절하지 않고 웃음으로 극복하려는 사고방식은 아마 부모님의 교육 덕분

第3课　自我推销的计划书(1):个人简介
제3과　나를 팔기 위한 마케팅 기획서(1):자기소개서

입니다. 최신 스마트폰에 카톡으로 신조어까지 아낌 없이 공급하시는 아버지, 여가시간이면 열정적인 춤을 당신의 딸에게 몸소 가르쳐 주신 어머니. 비록 여유 있는 가정은 아니지만 항상 웃음이 넘치는 가정, 서로를 이해해 주는 화목한 분위기, 사랑과 격려 덕분에 저는 행복한 어린 시절을 보낼 수 있었습니다.

예절을 중요시 하시는 가르침 또한 지금의 저를 만드는 데 중요한 주춧돌이었다는 사실에 감사를 드립니다. <최선을 다해야 진정한 인생의 맛을 알 수 있다>는 아버지의 말씀은 요즘 그 의미를 다시 한번 경험하는 중요한 시간이라 말할 수 있습니다. 자녀의 교육에 남다른 열정과 관심을 갖고 계시는 부모님의 배려와 훈육에 힘입어 저는 목표를 향하여 최선을 다해 오늘도 살아가고 있습니다.

성격과 특기 : 자랑스런 특기 웃음- 도전을 즐기는 원동력
' 우울한 얼굴에는 더 우울해지고 미소를 띠는 얼굴에는 행운이 찾아 온다'는

말처럼 항상 밝게 웃는 제 모습을 보면 정말로 행운이 찾아왔다는 말을 주위 사람들은 종종 하시곤 합니다. 제가 자신 있게 말할 수 있는 자랑스런 특기는 웃는 것을 좋아하고 웃음을 나누며 즐기는 탁월한 능력입니다. 웃음은 인간이 가진 것 중 가장 아름답고 가치 있는 것입니다. 웃음이라는 위대한 선물을 남겨 주신 부모님, 그리고 '무한도전'이나 '개그콘서트'라는 한국의 유명하고 인기 있는 오락프로그램은 저의 특기를 만드는데 공헌한 일등공신입니다. 그래서인지 몰라도 주변 사람들을 즐겁게 만들고 어디를 가든지 웃음을 가져다 준다는 친구들은 저를 <트러블 메이커>가 아닌 <분위기 메이커>라는 멋진 애칭을 선물로 주었습니다.

<도전하지 않으면 기회도 주어지지 않는다>는 말은 제가 좋아하는 글귀 중 하나입니다. 어려움에 부딪혔을 때 늘 희망을 포기하지 않고 긍정적인 사고방식으로 마음을 정리하고 다시 도전하곤 합니다. 도전을 즐기는 원동력을 저의 자랑스러운 특기인 웃음이 원동력이라 말할 수 있습니다. 도전하는 것을 좋아하며 고난을 이겨내는 과정을 즐기는 저는 '웃음이 매력적인 오뚝이 인간' 입니다.

초등학교 때부터 대학교 과정에서 학생임원으로서 어려움 없이 활동할 수 있었던 것은 낙천적이고 적극적인 성격과 유머감이라 생각합니다. 덕분에 인간관

계의 소중함을 배울 수 있었고 폭넓게 친구들을 사귈 수 있었습니다.

　　인간관계 : 인간관계(친화력)의 비결-사랑과 배려, 그리고 웃음
　《논어》에 나오는 말처럼 세 사람이 길을 가다 보면 그곳에는 반드시 나의 스승이 있으며 좋은 것은 본받고 나쁜 것은 나를 살펴 고쳐야 한다고 했습니다. 이제 막 대학을 졸업한 저에게 인생의 경험이 더 많이 필요하겠지만 그 동안 저는 짧다면 짧고 길다면 긴 저의 인생에서 좋은 것은 좇고 나쁜 것은 나를 반성하고 고쳤더니 저의 인생의 스승이 될 수 있었습니다. 나쁜 것 또한 저의 스승이 될 수 있었습니다. 저는 또래 친구뿐만 아니라 다양한 세대의 친구가 있습니다. 제2의 부모인 교수님들, 그리고 아르바이트 집 사장님부터 학교동아리 활동을 하면서 만났던 다양한 친구들까지. 저는 거기에서 사람들과의 소통에서 저의 또 다른 능력인 친화력을 발견했습니다. 저의 인간관계(친화력)의 비결은 사랑과 배려, 그리고 웃음이라 할 수 있습니다. 상대방의 입장에서 서 보고 정성껏 존경하여 대화를 하다 보면 누구나 다 소통 잘 되는 좋은 친구가 될 것입니다. 다양한 사람들과 함께 노력하여 힘을 모아 멋진 일을 해내고 싶습니다. 사랑과 배려를 품은 따뜻한 인간이 되고 싶고, 이러한 능력이 앞으로 인의예지(仁義禮智)를 고루 갖춘 책임 있는 젊은이로 성장하는 밑기름이 되었으면 합니다.

　　학교생활과 경력사항 : 한국어 – 힘을 주고 꿈을 주는 삶의 충전소
　한국으로 교환학생을 다녀왔던 지난1년의 짧은 시간은 제 인생에 있어 굉장히 특별한 경험이었습니다. 한국어 실력이 비약적으로 발전했을 뿐만 아니라 꿈을 향해 더 가까이 나아갈 수 있는 용기라는 선물을 얻었기 때문입니다. 숭실대 유학생 대표로 <한국어 말하기 대회>의 경험이 바로 그것입니다. 한국에 온 지 3개월 밖에 안된 저는 부족한 한국어 실력에 수줍어서 얼굴까지 붉어져 멍하니 자리만 지키고 서 있었습니다. 다행히 심사위원과 교수님들의 너그러운 마음에 용기를 얻고 대회를 잘 마칠 수 있었습니다. 무사히 끝난 대회에서 대회의 결과보다는 한국인의 따뜻한 마음의 정(情)과 저의 부족함을 느낄 수 있었습니다. 아직도 많은 게 부족하고 더 많은 공부를 해야 한다는 자아인식, 그리고 더 큰 곳으로의 도전의식, 대학원 진학이라는 저의 꿈을 발견하고 확고하게 준비하게 된 계기였습니다.
　전공과목을 공부하면서 한국학에 대한 나름대로의 인식을 키울 수 있었습니

第3课　自我推销的计划书(1):个人简介
제3과　나를 팔기 위한 마케팅 기획서(1):자기소개서

다. 전공 공부에 대한 저의 작은 노력들은 3년 연속 장학금을 수상하였고 한국어 TOPIK 6급, 특히 듣기 부분에서 93/100점이라는 놀라운 결과를 얻을 수 있었습니다. 2012년 10월에는 학교 대표로 <중국 대학생 한글 말하기 대회>에서 2등상을 수상하였고, 같은 해에 천진한국인상회 주최 <한국어 백일장>에서 우수상을 수상하였습니다. 2013년 <성균 한글 백일장>대회에도 학교 대표로 출전하였고 학과 창립 10주년이었던 10월에는 천진사범대학교 한국어학과 기념 우수작문선집 <천사의 마음>에 저의 글이 실리기도 했습니다.

여러 번의 대회 입상 경험에서 저는 또 하나의 소중한 보물을 얻게 되었습니다. 대회에서 좋은 결과를 얻는 것도 당연히 중요하겠지만 대회를 준비하면서 지도 교수님들과 친구들과 함께 힘든 시기를 이겨내고 같이 노력하는 과정에서 더욱 값지고 소중한 보화를 얻게 되었습니다. 대회에서 받은 상장들은 시간이 지나면 언젠가는 낡아 없어지거나 사라지겠지만 선생님들과 친구들과의 아름다운 추억과 따뜻한 정(情)은 영원히 가슴 속에 남아 있을 것입니다.

한국어는 하나의 언어를 떠나서 저에게 <힘을 주고 꿈을 주는 삶의 충전소>라고 생각합니다. 한국어 공부를 통해서 새로운 세계를 열고 새로운 나를 만났으며 한국에 있었던 지난 1년은 한국의 문화와 예술, 그리고 경제, 정치, 사회를 보면서 더 큰 도전과 꿈을 가지게 되었습니다.

지원동기와 장래포부 : The only , The best!

대학을 졸업하고 사회라는 더 큰 바다로 첫발을 내민 요즘 하지만 제가 가지고 있는 <한국에 대한 꿈>은 아직 끝나지 않았습니다. 저에게 힘을 주고 꿈을 주었던 삶의 충전소, 한국어. 한국어 공부를 통해서 새로운 세계의 문을 열었고 새로운 나를 만났으며 한국에 있었던 지난 1년은 더 큰 도전과 꿈을 가지게 되었습니다.

그것은 바로 한국학과 경제를 연구하고 전파하는 사자(使者)가 되는 길입니다. 한국문화와 무역시장에 대한 관심과 연구가 많아지고 있는 역사적인 시기에 저는 한국경제무역에 대한 정확한 연구와 올바른 홍보와 교류가 필요하다가 생각합니다. 그것이 바로 제가 할 수 있는 일, 제가 잘 할 수 있는 일이라 생각합니다. <성균관 대학원 무역학과>는 바로 제 꿈을 실현하기에 필요한 곳이며 제가 반드시 가야 할 곳이라 생각합니다.

한국대학 교육의 발원지이며 600년 전통의 명문대인 이곳에서 공부를 해야 합니다. 그것은 성균관대학과 저의 안타까운 인연이 남아 있는 곳이기도 하며 저의 도전과 꿈이 있는 곳이기 때문입니다. 올해6월 북경에서 개최된 <성균 한글 백일장>의 참가 경험은 저의 자존심과 성균관대학에 유학하고 싶은 마음의 씨앗을 더욱 튼실하게 한 사건입니다. 그래서 저는 망설이지 않고 바로 <성균관대학원>에 지원하게 된 것입니다. 한국 최일류 교수님들의 지도 아래 세계 여러 나라의 인재들과 경쟁하면서 공부를 한다는 것은 정말로 흥분되는 일입니다. 저의 자만심을 무너뜨리고 겸손함과 과 공부에 정진해야 함을 깨닫게 한 성균 백일장이 저에게 있었기에 저의 가슴을 뛰게 합니다.

　올해 스물 두 살인 저는 인생의 최종 목표까지 가야 할 길이 멀고 힘들다는 것을 알고 있습니다. 반대로 말하면 젊고 건강하며 쉽게 포기하지 않는 나이라는 것입니다. 자신의 잘 할 수 있고 좋아하는 일을 찾아 도전한다는 것은 인생의 큰 기쁨이라고 생각합니다. 그래서 저는 내가 좋아하는 일, 잘 할 수 있는 이 일, 이 일을 위해 도전과 노력을 끝까지 최선을 다하겠다고 다짐합니다. <성균관대학원>은 제 꿈의 출발점이며 반드시 가야 할 곳이라고 확신합니다. 이곳에 한발을 다가갈 수 있었던 오늘이 있다는 것에 감사하고 행복합니다. 그리고 저에게는 한 발 한 발 나아갈 수 있는 내일이 있기에 더욱 더 감사하고 행복합니다.

2009학번 왕사혜(王思慧)

<실제 학생의 자기소개서 예 3>
<원래의 글>
　저는 제 친구나 주위 사람들에게 "자신은 어떤 유형의 사람입니까?"라는 질문을 받으면 주저 없이 '오뚝이 인간'이라고 말합니다.

　초등학교 때 저는 학교를 대표하는 육상선수였습니다. 4학년 때까지 공부와 운동을 병행하면서 잘 지냈는데 5학년에 올라와서는 공부가 어려워져서 포기해 버렸습니다. 담임선생님께서 저에게 학급임원이면서 성적이 바닥이라고 꾸중을 자주 하셨는데 저는 그때마다 그 말씀을 무시하고 운동만 더욱 열심히 했습니다.

　그런데 큰 시련이 닥쳤습니다. 전국대회 출전권이 걸린 큰 대회에서 제 실수로 우리 학교가 전국 진출권을 놓치게 되어버린 것입니다. 저를 담당하신 체육 선생님은 운동을 그만두라고 하셨고, 그렇게 저는 공부도 운동도 못하는 사람

第3课　自我推销的计划书(1):个人简介
제3과　나를 팔기 위한 마케팅 기획서(1):자기소개서

이 되어 하루하루 버티기 힘들었습니다.

그렇게 5학년을 보내고 6학년에 올라가게 되었는데 학기 초에 새 담임선생님과 상담을 하게 되었습니다. 그때 선생님께서 "네가 운동할 때의 끈기와 열정을 공부에 쏟으면 무엇을 하든 성공할 것이다. 10년 뒤를 생각하고 시작해보자."라는 말씀이 지금도 생생합니다. 저는 그때부터 다시 시작하게 되었습니다. 그때의 습관이 지금도 계속되어 저는 공부도 열심히 하고 운동도 규칙적으로 즐기는 학생이 되었습니다. 어려울 때 오뚝이처럼 다시 일어난 그 때를 생각하면서 저는 제 자신을 서슴없이 '오뚝이 인간'이라고 말합니다.

저는 또한 남들을 놀라게 하는 의외성도 가지고 있습니다. 고등학교 2학년 초 학생회장 선거에 출마했을 때 친구들은 "공부만 하는 애인 줄 알았는데" 하고 전부 놀랐다고 합니다. 그리고 예상을 깨고 부회장이 되어서 친구들을 또 다시 놀라게 했습니다. 대학에 들어와서도 동아리 축제 장기자랑 때 제가 춤을 가르쳤는데 저의 안무에 모두들 놀랐다고 말합니다.

세상에는 '준비된 사람'과 '준비되지 못한 사람'이 있다고 생각합니다. 저는 어릴 적부터 쌓아온 일에 대한 끈기와 노력, 그리고 남을 놀라게 하는 숨은 면을 자랑스럽게 생각합니다. 또 사회에 진출할 밑거름을 갖추고 있다고 생각해서 제 자신을 '준비된 오뚝이'라고 표현하고 싶습니다.

한국 동신대학교 사회체육학과 여학생의 글

<고친 글>

친구나 주위 사람들에게 "당신은 어떤 유형의 사람입니까?"라는 질문을 받으면 저는 주저 없이 '오뚝이 인간'이라고 말합니다.

초등학교 때 저는 학교를 대표하는 육상선수였습니다. 4학년 때까지 공부와 운동을 병행하면서 잘 지냈는데 5학년이 되어서는 공부가 어려워져서 포기해 버렸습니다. 담임선생님께서는 저에게 학급임원이면서도 성적이 바닥이라고 꾸중을 자주 하셨습니다. 저는 그때마다 그 말씀을 무시하고 운동만 열심히 했습니다.

그러던 어느 날 저에게 큰 시련이 닥쳤습니다. 전국대회 출전권이 걸린 큰 대회에서 제 실수로 인해 우리 학교가 전국 진출권을 놓치게 되어버린 것입니다. 저를 담당하신 체육 선생님은 운동을 그만두라고 하셨고, 그렇게 저는 공부도 운동도 잘 못하는 사람이 되었습니다.

그렇게 5학년을 보내고 6학년에 올라가게 되었는데 학기 초에 새 담임선생님과 상담을 하게 되었습니다. 그때 선생님께서 "너는 운동할 때의 끈기와 열정을 공부에 쏟으면 무엇을 하든 성공할 것이다. 10년 뒤를 생각하고 다시 시작해 보자."라는 말씀이 지금도 생생합니다. 저는 그때부터 공부를 다시 시작하게 되었습니다. 그때의 습관이 지금도 계속되어 저는 공부도 열심히 하고 운동도 규칙적으로 즐기는 학생이 되었습니다. 어려울 때 오뚝이처럼 다시 일어난 그 때를 생각하면서 저는 제 자신을 서슴없이 '오뚝이 인간'이라고 말합니다.

　　저는 또한 남들을 놀라게 하는 의외성도 가지고 있습니다. 고등학교 2학년 초 학생회장 선거에 출마했을 때 친구들은 "공부만 할 줄 하는 애인 줄만 알았는데" 하고 전부 놀랐다고 합니다. 그리고 예상을 깨고 부회장이 되어서 친구들을 또 한번 놀라게 했습니다. 대학에 들어와서도 동아리 축제 장기자랑 때는 제가 직접 춤을 가르쳤는데 저의 안무 솜씨에 모두를 놀라게 했습니다.

　　세상에는 '준비된 사람'과 '준비되지 못한 사람'이 있습니다. 저는 어릴 적부터 쌓아온 일에 대한 끈기와 노력, 그리고 남을 놀라게 하는 숨은 면을 자랑스럽게 생각합니다. 또 사회에 진출할 밑거름을 갖추고 있다고 생각해서 제 자신을 '준비된 오뚝이'라고 표현하고 싶습니다.

한국 동신대학교 사회체육학과 여학생의 글

<실제 학생 자기소개서 예 4>

성격과 특기

　　'그 부모에 그 자녀라고 했습니다.' 저의 성격을 말할 때 가장 적절한 단어는 <낙천적>입니다. 아버지의 '낙천성'을 물려 받아서 그래서인지 적극적으로 생각하고 긍정적으로 사는 것 같습니다. 책임감과 착실한 태도는 사람의 중요한 덕목의 하나라고 생각합니다. 작은 일에도 최선을 다하고 꾸준히 노력하고, 일을 질서 정연하게 처리하시는 어머니의 그 모습이 그분의 딸에게도 발견할 수 있었습니다.

　　"자신감을 가져라. 그러나 결코 오만하지는 말아라. 겸손함과 너그러움을 가져라. 이것이 딸에게 바라는 엄마, 아빠의 마음이다" 대학생활을 마무리하는 지금이 되어서야 이 말씀이 생각납니다. 그 말씀을 기억하고, 그 말씀처럼 살아가는 게 저의 좌우명이 되었습니다.

　　초등학교 6학년부터 중학교 2학년까지 3년 동안 바이올린을 배운 적이 있었

第3课　自我推销的计划书(1):个人简介
제3과　나를 팔기 위한 마케팅 기획서(1):자기소개서

습니다. 음악은 저에게 기쁨과 의미를 데려다 가져다 준 선물이었습니다. 악기를 연주할 때 느끼는 손 끝의 희열과 귓가로 전해지는 음률들은 생활의 아름다움을 전해주기에 충분했습니다. 바이올린 연주에서 얻었던 감수성은 어느새 책 읽기와 글쓰기로 이어졌습니다. 좋아하는 책을 읽고 그 감동을 글로 남기는 것도 유쾌한 일입니다. 신문에 발표된 글을 볼 때면 이게 나의 행복과 기쁨이 아닐까 생각합니다.

2011학번 장우양

<실제 학생의 자기소개서 예 5>

자기 소개서

성장 과정:

어린 시절부터 지금까지 부모님께서는 항상 예절을 중요하게 생각하였습니다. '공부는 하루는 쉴 수 있지만 인사는 단 하루도 하지 않고는 살 수 없다'는 가르침입니다. 설령 잘 모르는 사람을 만나더라도 웃어른을 만나면 꼭 정중하게 인사하라고 가르치셨습니다. 제가 다른 사람의 눈치를 보며 은근 슬쩍 인사를 하지 않거나 건성으로 인사를 한다면 부모님께서는 늘 그렇듯 크게 혼내시며 '인사는 그 사람의 얼굴이니 반드시 공손하게 해야 한다'고 하셨습니다. 이제는 자연스럽게 인사하는 즐거움을 알게 되었고, 모든 인간관계의 시작이 인사라는 것을 알게 되었습니다.

취미 및 성격:

늘 어른들을 보면 꼬박꼬박 인사를 했고 동네에서 '인사 잘하는 아이'라는 말을 듣게 되었습니다. 먼저 인사하는 것, 정중하게 인사를 하는 것이 별로 중요하지 않을 것이라 생각했는데, 인사를 하는 것이 저를 적극적이고 활달한 성격으로 바꾸어 놓았습니다. 그것이 바로 사람의 첫인상을 좌우한다는 사실도 알게 되었습니다. 항상 먼저 친구들에게 다가가 인사를 하니 믿음이 가는 친구라는 인식을 얻게 되었으며, 잘 모르는 사람이나 친구들과도 인사를 하니 제 자신에 대한 무한한 가능성과 무엇이든지 해 낼 수 있는 자신감과 확신을 얻게 되었습니다.

저는 볼링을 좋아합니다. 볼링은 예절 운동이어서 더욱 좋습니다. 상대방과 경쟁하기보다는 친목과 예절을 우선으로 하는 운동이기에 그렇습니다. 볼링은 배려의 운동입니다. 옆 라인에 먼저 공을 던지려는 사람이 있다면 양쪽 주위의 사람들은 그 사람을 응원하거나 그 사람의 차례가 끝나기를 기다립니다. 그 사람의 차례가 끝나면 그 사람은 가볍게 눈인사로 고마움을 표시합니다. 실수를 할 때도 주위 사람은 그 사람을 질책하지 않고 응원해 줍니다. 볼링에 '스트라이크'가 있습니다. 핀을 한번에 모두 쓰러뜨리면 볼링장 안의 모든 사람이 그 사람을 축하해 줍니다. 축하를 받은 사람도 모든 사람에게 감사의 인사를 합니다. 볼링을 통해 저는 '최고보다 최선'이라는 말을 생각하며 모든 일에 최선을 다하고 있습니다. 매사에 자신감을 갖고 최선을 다해 노력하는 것이 중요하다 생각하고 모든 일에 최선을 다할 때 그에 따른 결과 역시 만족하고 보람을 느낄 수 있습니다.

2007학번 장효령(张晓玲)

<실제 학생의 자기소개서 예 6>

성격과 특기

저는 낙천적이고 적극적인 성격입니다. 웃는 것을 좋아하고 웃음을 나누며 즐기는 사람입니다. 웃음은 인간이 가진 것 중 가장 아름답고 가치 있는 것이라 생각합니다. 초등학교부터 대학교 과정을 지내면서 줄곧 학생임원으로 어려움 없이 활동할 수 있었던 것은 낙천적이고 적극적인 성격과 유머감이라 생각합니다. 덕분에 인간관계의 소중함을 배울 수 있었고 폭넓게 친구들을 사귈 수 있었습니다.

저는 노래 부르기를 좋아합니다. 초등학교 5학년부터 시작한 <중국민속 노래 부르기>는 나중에 제 인생에 있어서 가장 친한 친구가 되었습니다. 저에게 견디기 힘든 어려움이 있을 때마다 마음을 정리하고 다시 적극적으로 도전하게 만드는 원동력은 바로 노래 부르기였습니다.

낙천적이고 적극적인 성격, 웃는 것을 좋아하고 노래 부르기를 좋아하는 것, 긍정적인 사고 방식은 인생에 대한 생각의 폭을 넓혔으며 더 넓은 세계에 도전하고 싶은 의욕을 가지게 했습니다.

지원동기와 장래포부

이제 대학생활의 마침표를 찍어야 할 시절인데 제가 가지고 있는 <한국문화에 대한 꿈>은 아직 끝나지 않습니다.

누구나 다 그런 것은 아니지만 저는 공부하는 것이 좋습니다. 하나하나 배우

第3课　自我推销的计划书(1):个人简介
제3과　나를 팔기 위한 마케팅 기획서(1):자기소개서

고 아는 것이 재미있습니다. 무엇보다도 한국의 문화와 역사에 대한 관심과 열정이 많이 있다고 자부합니다. 처음에는 모르고 지나쳤던 것들의 숨겨진 원리와 의미를 발견하면 더 큰 기쁨을 누릴 수 있습니다. 그것이 저를 끊임없이 공부를 하게 만들었습니다. 한국은 찬란한 문화 유산을 간직하고 있는 매력적인 나라입니다. 저는 훌륭한 한국문화를 연구하고 전파하는 사자(使者)가 되고 싶습니다. 한중교류가 더욱 빈번해지는 요즘 한국문화 특히 한국학에 대한 관심과 연구가 갈수록 많아지고 있습니다. 이 역사적인 시기에 저는 한국학에 대한 정확한 연구와 올바른 홍보와 교류가 필요하다가 생각합니다. 그것이 내가 할 수 있는 일, 내가 잘 할 수 있는 일이라 생각합니다. <○○○연구원>은 바로 제 꿈을 실현하기에 필요한 곳이며, 한국학 연구의 중심이라 생각합니다.

　오래 스물 두 살인 저는 인생의 최종 목표까지 아직 먼 길을 걸어 가야 할 나이라는 것을 알고 있습니다. 하지만 한국문화의 길에 꼭 끝까지 가겠다고 다짐합니다. <○○○연구원>은 제 꿈의 출발점이며 내가 반드시 가야 할 곳이라 확신합니다. 이곳에 한발을 내딛을 수 있었던 오늘이었기에 나는 행복합니다. 그리고 내일도 또 한 발 한 발 내딛을 것입니다.

2009학번 호정

<실제 학생의 자기소개서 예 7>

성격의 장, 단점 : 경쟁보다 협력, 그리고 공생

　열정이 있으면 일을 할 때 낙관적인 태도로 그 일을 발전시킬 수 있다는 게 저의 깨달음입니다. 이 작은 믿음은 자기도 모르는 사이 다른 사람에게 영향을 줍니다. 낙관적인 태도는 성공에 있어 중요한 마음가짐입니다.

　저는 추구라는 단어를 좋아합니다. 추구라는 단어는 '목표를 이루기 위해 열심을 다함'을 뜻합니다. 그리고 '근본을 깊이 캐어 들어가 연구한다'는 의미입니다. 학자의 길을 가겠다는 꿈을 가지고 있는 저에게 있어 이 단어가 마음에 듭니다. 어떠한 것을 만들기 위해 힘을 합하는 것이 협력입니다. 모든 일에 있어서 협력이라는 게 중요하다고 생각합니다. 경쟁사회인 지금. 많은 사람들은 자기의 이익과 꿈을 이루기 위해 경쟁합니다. 남을 누르고 눈앞의 이익을 추구하는 경쟁보다는 공생하는 자세. 협력의 자세가 공부를 하는 학자에게도 필요한 자질이며 덕목이라 생각합니다. 팀 스포츠에 있어 서로 협력하지 않으면 아무리 개인 능력이 뛰어난 선수가 있다 하더라도 그 팀은 경기에 이기지 못 합니다. 협력, 공생이라는 말을 한중 번역 일에 재미를 느끼는 요즘 절실히 느끼고 있습니다. 대학 4학년 때부터 해 온 번역 아르바이트를 통해 협력과 공생을 배울 수 있었습니다. 번역 일을 함께 해 오면서 일은 한 사람이 완성하는 게 아니라 내가 할 수 있는 일에 최선을 다하고 팀원 간의 배려와 믿음이 있어야 비로소 완성할 수 있다는 사실을 알게 되었습니다. 대학원의 작은 번역팀의 활동을 통해 자신감과 최선을 다해 노력하는 것이 중요하다는 것을 알게 되었고, 모든 일에 최선을 다하면서 다른 사람과 함께 협력하는 즐거움도 느낄 수 있습니다.

2008학번 정이붕(郑怡鹏)

<실제 학생의 자기소개서 예 8>

* Please type or print clearly within 1 page using black ink. (in Korean or in English)
  请在一页纸内用韩文或英文填写
* Your course of life, your view of life, study background, your hopes & wishes, etc

　　톈진사범대학교 한국어학과의 졸업을 앞두고 있는 저는 한국어와 한국학이 전공이긴 하지만 자의 반 타의 반 한국어를 선택했었습니다. 그러나 무심코 선택하게 된 한국어 전공이 이제는 새로운 도전과 희망의 연결고리가 되었습니다. 평소 우리 생활의 기본이며 떼려야 뗄 수 없는 커뮤니케이션에 대한 관심을 가지고 있었기 때문에 의사소통이나 신문, 방송, 광고와 관련된 학과를 전공으로 삼고자 했습니다. 하지만 사람의 일이 말처럼 그렇게 쉽게 이루어지지만은 않았던 것 같습니다. 자의 반 타의 반 한국어학과로 결정하게 된 저는 당연히 전공인 한국어에 대한 흥미가 없었습니다. 그래도 저의 자존심이나 최선을 다하지 않고 포기하는 것은 없다는 신념은 저를 단련시키고 성장하기에 충분했습니다. 처음 1년 동안은 저는 지금도 빼놓지 않고 시청하는 <무한도전>을 통해 그나마 위안을 삼을 수 있었습니다. 프로그램에 등장하는 사람들이 한국어로 뭐라고 말하는데 처음에는 도저히 무슨 말인지 몰랐습니다. 중국어 자막을 통해 그 말이 무슨 뜻이며 중국인의 마음, 아니 세계인의 마음까지도 사로잡는 매력을 알고 싶었습니다. 저의 오기와 끈기는 공부로 이어졌고 한국어와 한국학을 이제는 조금 알 것도 같았습니다. 그냥 편하게 졸업장을 따자는 생각이 이제는 제 전공을 통해 방송과 광고, 언론에 대한 열정 등을 재확인하고 그 일을 할 수 있다는 꿈과 도전을 갖게 했습니다. 방송, 광고에 대한 열정과 관심이 저를 한국어

第3课　自我推销的计划书(1):个人简介
제3과　나를 팔기 위한 마케팅 기획서(1):자기소개서

를 배우게 했고 오늘은 대학원으로의 진로를 정하게 된 계기였는가 봅니다.

　제가 어떤 사람이냐고 묻는다면 아주 우수하다고 할 수가 없지만 성실하고 단단한 사람이라고 말하고 싶습니다. 왜냐하면 저는 평소에 재미있는 사람이고 친구들과 서로 사랑을 나누는 사람이기 때문입니다. 그리고 강건한 몸과 의지, 그리고 꿈이 있고 그 꿈을 실천하고자 지금도 노력사람이기 때문입니다. 건강한 몸, 의지, 꿈, 실천, 노력이 있기에 저는 지금보다 더 큰 세상으로 나가고자 합니다. 그 길은 바로 제 전공을 살리고, 제 꿈을 실천하여 사회적으로 필요한 사람이 되는 것이며 그 첫 출발은 언론정보대학원에서 공부하는 것입니다.

2011학번 진건(陈健)

面试时要铭记!　면접 시 행동 이것만 기억하자!

　야후 미국판에 실린 면접 행동 강령을 정리하면 다음과 같다.

　1. 웃어라. 웃음은 지원자의 자신감과 에너지를 증폭시키며, 면접 시작을 눈웃음으로 시작할 수 있다면 절반은 성공한 것이다.

　2. 면접관의 질문에 답을 못할 경우 진솔하게 모른다고 말을 하거나 역으로 면접관에게 질문하라. 면접관이 지원자의 질문에 답을 하고 있는 동안 지원자는 그들이 원하는 것이 무엇인지 다시 생각해 볼 수 있다.

　3. 답변할 때 면접관이 지루해 한다면? 답을 멈추고 면접관이 알고자 하는 것을 다시 물어보라. 지원자가 먼저 면접관에게 질문의 요지를 다시 물어볼 수 있는 용기가 있어야 한다.

　4. 면접관이 지원자의 능력, 태도에 대해 미심쩍어하는 인상을 받게 된다면? 즉시 면접관이 우려하고 있는 사항에 대해 지원자가 명확하게 정리해서 답변해 주는 것이 필요하다.

　5. 먼저 면접관에게 지원한 회사에 좋은 인상을 전하자. 회사의 위치나 창 밖의 풍경에 대해 받은 좋은 인상을 말해 본다. 그러나 면접관의 헤어스타일, 옷차림 등 지극히 개인적인 칭찬은 분위기를 오히려 어색하게 만들 수 있으므로 피한다.

　6. 면접관의 기분에 너무 신경 쓰지 마라. 면접관의 기분에 너무 신경 쓰거나 눈치를 보는 것처럼 보일 때 지원자는 자신감이 없어 보인다.

　7. 이력서와 자기소개서를 꼭 가져가라. 면접대기시간 동안 마음이 초조하다. 이때 준비한 이력서와 자기 소개서를 한 번 더 읽어보면 마음의 평정을 찾

는 데 도움이 된다. 실제 면접 때 질문은 자기소개서에 기입된 내용에 근거한 경우가 많다.

    8. 면접 이틀 전에 회사 조사를 마치고 중요한 사항은 기억하라. 면접은 준비한만큼 자신감을 갖게 한다. 면접 예상 질문과 답변까지 완벽하게 준비하라.
(한국일보, 2003. 7. 28 재수정)

第4课 自我推销的计划书(2):简历
제4과 나를 팔기 위한 마케팅 기획서(2):이력서

이력서도 자기소개서와 함께 서류전형에서 첫인상을 결정짓는 서류이다. 그러므로 이력서 작성은 자기소개서 못지않게 중요하다. 이력서는 자신의 이력, 즉 학력이나 경력 등을 정해진 양식에 맞추어 적은 글을 말한다. 이력서 양식은 문구점에서 판매하는 이력서와 컴퓨터로 작성한 이력서를 이용하면 무난하다. 컴퓨터에 의한 이력서 작성은 규격을 맞추는 것이 문제이다. 그러나 경우에 따라서 자기만의 독특한 개성을 위해 격식에서 벗어나 작성할 수 있다.

이력서 내용 가운데 출신 학교, 학점, 외국어 능력 등이 당락의 60~80%를 결정한다. 하지만 이력서의 완성도와 기재 방식에서 나머지 점수를 얼마든지 얻을 수 있으므로 이력서의 공란을 가능한 한 다 메울 필요가 있다. 여백을 남기면 쓸 게 없어 남긴 인상을 준다. 그래서 이력서에 들어갈 내용을 미리 시간적 여유

를 가지고 준비하고 작성해야 한다. 이력서를 어떻게 쓰느냐 보다는 실제 어떤 능력이나 경력을 가지고 있는가가 좋은 이력서의 기본 요건이다. 좋은 이력서는 결코 하루 아침에 만들어지지 않는다. 이력서의 공란을 하나하나 채워갈 경력은 많은 시간과 노력을 요구한다.

준비하는 삶이 좋은 이력서를 쓸 수 있는 지름길임을 잊지 말아야 한다.

1) 简历的类型   이력서의 유형

이력서의 유형은 용도에 따라 다음 세 가지로 분류할 수 있다. 이 중 어떤 형식의 이력서를 사용할 것인가는 본인의 자유 선택에 따라 작성할 수 있지만 어떠한 이력서가 현재의 자신을 가장 잘 부각시킬 수 있을 것인가에 대해서 신중

히 고려하여 자신의 처지에 맞게 작성하는 것이 유리하다.

① 以学历为中心的简历 학력 중심의 이력서

처음 취직할 때나 경험이 많지 않을 때 적합한 이력서 형식으로 최근 것부터 과거로 거슬러 올라가게 서술한다.

② 以经历为中心的简历 경력 중심의 이력서

경력이 많은 경우, 특히 이전 회사의 지명도가 높거나 작성자 자신이 비교적 상급자인 경우에 적합하다. 응시하는 회사에 따라 현재부터 과거로 거슬러 올라갈 수 있기도 하고, 과거로부터 현재로 내려쓸 수도 있다.

③ 以业务为中心的简历 업무 중심의 이력서

중간에 경력이 끊겼거나 직장을 여러 번 옮긴 사람에게 적합한 이력서이다. 근무 시점과는 관계없이 특정 업무를 중심으로 서술하는 이력서이다. 희망하는 직책에 부합되는 전문지식, 능력, 실적 등을 중점적으로 집약해서 작성함으로써 자신의 강점을 돋보이게 할 수 있다.

최근의 경우 무선 인터넷의 보급과 스마트폰이 일상화되어 지원하고자 하는 기업의 사이트에서 이력서 양식을 다운받거나 직접 입력하는 것이 보편적인 방식이 되었다. 동영상과 음성, 포트폴리오까지 곁들인 '디지털 이력서'도 유행하고 있다.

2) 初次看简历的时间不超过 30 秒 : 简历的条件
이력서를 처음 보는 시간은 30초 이내이다: 이력서의 요건

실제로 헤드헌터(head Hunter)나 인사 담당자들이 지원자의 이력서를 처음 보게 되는 시간은 30초 이내다. 그 사이에 지원자의 업무 분야와 정확한 목표를 알 수 없으면 그 이력서는 곧바로 쓰레기통으로 향한다.

이것은 지원자의 인간성이 좋지 않아서가 아니라, 주제가 없는 이력서를 보고 있을 만한 시간적 여유가 없기 때문이다.

이력서를 구체적으로 작성할 때는 다음 세 가지를 항상 명심하고 작성해야 한다.

-적당한 이력서의 길이
-명쾌한 구조
-질적 우수성

第4课　自我推销的计划书(2)：简历
제4과　나를 팔기 위한 마케팅 기획서(2):이력서

(1) 简历的长度 이력서의 길이

한 장의 한 면! 한 장의 한 면 이력서는 이력서의 기준 모델이다. 하지만 지원자가 더 말하고픈 내용이 있다면 한 장에는 기준 형식으로 작성하고 같은 형식으로 한 장을 더하여 이해를 돕도록 하는 것이 좋다.

(2) 照顾到人事负责人的结构 인사 담당자를 배려한 구조

지원자의 정보를 인사 담당자가 쉽게 구별하도록 각각의 내용을 분리시키는 방법에 주의한다. 또한 빈칸 사이와 여백을 이력서의 전체적인 표현에서 적절한 스타일을 만들고 인사 담당자가 읽기 쉽게 하는 것도 전략적이다.

(3) 区别于其他竞争者的优越性 다른 경쟁자와 차별화된 질적 우수성

① 한중영(韓中英) 혼용으로 작성하자

하나의 언어로 작성하는 것보다 인사담당자의 이해를 돕거나 자신의 언어 구사 능력, 지적 능력을 간접적으로 가늠할 수 있도록 한중영 혼용하는 것이 좋다. 자신의 필력을 표현하기 위해 자필로 작성하는 경우 반드시 흑색 필기구로 쓴다. 서체는 명조체로 또박또박 깨끗하게 써야 하며, 오자나 탈자가 없도록 주의해야 한다.

② PC로 작성하고 프린터로 출력하여 제출하자

특별한 요구가 있을 경우를 제외하고 손으로 쓰는 것을 피하고 PC를 이용하여 작성하고 프린터로 출력하여 사용한다. 또한 지원자의 서명을 모든 이력서에 적는 것을 잊지 말아야 한다.

③ 종이의 색상도 중요하다

인사 담당자는 결코 내용만을 평가하지 않는다. 비슷비슷한 학력과 경력의 소유자가 있다면 인사 담당자는 조금이라도 흥미로운 이력서를 찾으려고 할 것이다. 인사 담당자의 눈에 띄는 방법으로는 이력서 종이의 색깔에서 차별을 두는 것도 한 방법이다. 부드러운 노란색이나 베이지색, 회색 또는 유사한 다른 색 등으로 이력서를 작성하여 다른 지원자들과 차별을 두어 인사 담당자가 기억하게 만든다.

④ 사진은 당신의 이미지를 업 UP 시키는 숨은 조력자이다

사진은 지원자의 외모에서 나타나는 분위기가 회사의 이미지와 부합하는지를 평가한다. 사진은 될 수 있으면 최근 3개월 이내에 촬영한 사진을 붙이되, 이력서의 작은 사진 부착 난에 연연해 사진을 손상시켜서는 안 된다. 이력서 규격란을 넘치게 부착하더라도 인물의 원형이 가급적 파손되지 않도록 사진을 붙여

야 한다. 즉석사진처럼 급하게 촬영하여 표정 관리가 제대로 되지 않은 사진은 피해야 한다. 지나친 포토샵이나 수정은 피해야 한다.

3) 制作要领 작성요령

① 성명 및 생년월일 : 성명을 한글과 한자, 영문을 모두 적고, 성명 뒤에는 도장을 찍는다. 호적에 기재된 생년월일은 서기로 적는다. 나이는 만 나이로 기재한다.

② 연락처, 응시부문 : 연락이 가능한 전화번호를 쓴다. 직접 연락이 가능한 전화번호와 응시부문을 기재한다. 휴대폰 등 비상연락처도 함께 기재한다. 연락처는 지역번호를 포함하여 적는다.

③ 현주소 : 주소는 지금 살고 있는 주소를 쓴다. 지원한 회사에서 문서를 보낼 수 있으므로 면접 전에는 자신의 거주지를 옮기지 않는다.

④ 학력 : 보통 고등학교 때부터 적는 것이 일반적이며 졸업 날짜는 관계 서류를 찾아 정확히 기재하는 성의가 필요하다. 지원한 회사에 따라 초등학교부터 적는 경우도 있다.

⑤ 경력사항 : 업무와 관련된 경력 위주로 최근 것부터 기재한다. 기간과 관계 기관명 등도 명기한다. 업무에 관련된 교육 및 훈련 사항이 있으면 기재한다. 신입직인 경우 취업 분야와 관련된 과외 활동이나 아르바이트 등이 있다면 꼼꼼히 적는다. 경력자는 어떤 부서에서 어떤 일을 했는지 구체적인 실적 중심으로 적되 실적을 수치화해서 표현하면 인사담당자에게 좋은 인상을 얻을 수 있다.

실적을 수치화하면? 문서 사용능력이나 경제, 통계, 수치 능력을 간접적으로 보여 준다.

⑥ 자격 및 특기 사항 : 특기사항은 자신의 발전 가능성을 제시할 수 있는 중요한 항목이다. 연수를 받은 경험, 자격증, 수상 또는 포상 경력, 외국어 시험 성적 등은 객관적이고 신뢰할 만한 잣대가 된다. 경우에 따라서는 미미한 수상경력이라도 지원회사의 업종과 연관성을 가진다면 뜻밖의 좋은 결과를 볼 수도 있으므로 수상경력을 그때그때 융통성 있게 기재하는 재치도 필요하다. 취미의 경우 '음악감상' 처럼 막연하게 쓰는 것보다는 '뉴에이지 감상', '힙합 감상' 등 구체적으로 쓰는 게 좋다.

⑦ 사진 : 3개월 이내에 촬영한 것으로 단정하고 밝은 인상을 주는 사진을 붙인다. 즉석사진이나 스냅 사진을 잘라 붙이는 것은 삼간다. 포토샵을 통한 사진 수정은 가급적 피한다.

⑧ 마지막에 '위와 같이 틀림없음' 등을 쓴 다음 날짜와 이름을 쓰고 도장이나 자필 서명을 한다.

⑨ 이력서 오른쪽 위에 '지원 부문'과 '연락이 가능한 전화번호'를 적는다.

⑩ 한국어와 한자, 영어를 같이 쓰는 것이 좋다.

⑪ 수기의 경우 검은색 펜으로 깔끔하게 쓴다.

⑫ 오자, 탈자가 없는지 최종 확인한다.

4) 韩语简历实例　　한국어 이력서 작성하기 실례

이력서

<기초자료>

3X4cm 최근3개월내 컬러사진	성 명	이수호 (李修鎬)	영문	Lee Soo Ho
	생 년 월 일	1990년 5월 1일생 (만 22세)	성별	남
	신분증번호	123456789020804		
	전 화 번 호	02-810-1234	휴대폰	011-123-4567
	주 소	천진시 남개구 OO로 123		
E-mail	Lsh010501@hotmail.com			

<학력사항>

년/월/일	학교명	학과	비고
2000. 09. 02.	중국 천진 제10학교		졸업
2000. 09. 07.	천진사범대학교 외국어학원	한국어학과	졸업
2000. 02. 16	한국어학과 대학원	한국학과 석사과정	재학중

<경력사항>

기 간	관 련 내 용	비 고
2000. 03. ~ 2000. 06.	민족잡지사, 사무보조(결산서류정리, 기장대리 등)	민족잡지사
2000. 07. ~ 2000. 02.	천진무역회사, 한국어 통번역 및 사무보조(서류정리)	천진무역회사

<자격증 및 특기사항>

취득 년월일	관 련 내 용	비 고
2000. 02. 11.	한국어능력시험(TOPIK) 6급	한국교육과정평가원
2000. 12. 02.	레크레이션 강사 2급	문화관광부

위의 내용은 사실과 틀림없습니다.

작성일 20 ○○년 2월 20일   이 수 호 (印)이수호

5) 制作简历时切记   이력서 작성 시 이 점은 잊지 말자

사소한 실수를 하지 마라 사소한 실수가 아니라 나의 실력이다

이력서도 공문서이므로 약어(略語)나 속어, 인터넷 용어, 이모티콘, 방언 등을 사용하지 않는다.

한 페이지가 넘어가면 반드시 페이지 번호를 남겨라

학력이든 경력이든 가장 최근에 있었던 일부터 기록하라

여백을 남기지 마라. 여백을 남기면 쓸게 없어 남긴 인상 준다.

자격증 사본은 제출할 일이 많으므로 한군데 모아두라

봉사활동과 관련된 서류는 해당기관에서 확인서를 미리 받아둔다

《纽约时报》告诉我们的面试要领   뉴욕타임즈에서 알려 주는 면접 요령

뉴욕타임즈는 뉴욕 맨해튼 소재 헤드헌팅 회사와 벤처기업, 홍보대행사 면접관들의 풍부한 경험을 인용, 경기 침체와 고실업률의 어려운 시기에 구직자들이 지켜야 할 12가지 면접 요령을 정리했다.

1. 不接电话 휴대폰을 받지 않는다

-하지 말아야 할 것 1순위는 휴대전화 통화이다. 헤드헌팅 회사 프로젝트 솔버스의 안네 맥스필드 사장은 경력 간부 채용 면접에서 한 지원자가 큰 소리로 몇 분간 통화를 한 일화를 소개했다. 물론 통화가 끝나면서 구직 기회도 함께 날아갔다. 휴대폰을 무음이나 진동 상태로 해 놓는 것보다 면접 전에 미리 휴대폰 전원을 꺼 놓는 게 최상의 선택이다.

2. 不碰触面试官的物品 면접관의 물건에 손대지 않는다

-면접 장소에 있는 물건에 임의로 손대지 말 것. 면접관은 입사도 하기 전에

第4课　自我推销的计划书(2):简历
제4과　나를 팔기 위한 마케팅 기획서(2):이력서

회사 물건을 맘대로 만지는 지원자를 용납하지 않는다.

3. 被问之前不讲话 묻기 전에 말하지 않는다

–밀우드의 한 벤처캐피털 업체 회장은 먼저 떠드는 사람은 채용은커녕 '곁에 있기 조차도 싫은 인물'이라고 꼬집었다.

4. 合适的着装 적절한 옷차림

–로펌에 지원하는데 캐주얼은 곤란하다.

5. 会挑选食物 음식을 잘 고를 것

–리더스 다이제스트의 마크 시로타 부사장은 한 구직자와 식사하는데 초콜릿 크림이 바닥에 쏟아져 범벅이 되면서 식탁이 엉망이 돼버린 에피소드를 그다지 좋지 않은 기억으로 갖고 있다.

6. 不要说谎 거짓말을 하지 말라

7. 请注意裤子的拉链有没有拉上 지퍼가 내려가지 않았나 유의하라

8. 注意避讳容易和上司传出丑闻的行为 상사와 스캔들을 일으킬 것처럼 오해를 살만한 행동은 피하라

9. 寄和求职有关的书信时要注意细心检查有没有小失误 구직 관련 서신을 보낼 때 사소한 실수가 없는지 꼼꼼히 챙겨보라

10. 提前了解要应聘的企业 해당 기업에 대해 미리 공부하라

11. 倾听对方的话 상대방의 말에 귀를 기울여라

12. 正确地把握应聘的职业性质 지원한 직종의 성격을 정확히 파악해라

第5课 报告书
제5과 보고서

　　보고서는 현재 진행되고 있는 사실이나 과거에 있었던 사실을 특정 대상자에게 알리는 것을 목적으로 작성한 글이다. 보고서는 문자 그대로 보고하기 위한 글이기 때문에 그 범위가 상당히 넓고 방대하다. 어떤 분야를 조사한 후 쓰는 보고서나 답사나 관측, 실험을 한 후 그 내용과 결과를 보고하는 글도 보고서에 해당된다. 보고서는 경우에 따라 보고자의 의견이나 주장이 첨가되는 경우도 있다.

1) 报告书的写作要领　보고서 작성요령
　① 보고서의 목적을 정확하게 밝힌다.
　② 보고하는 대상을 분명히 밝힌다.
　③ 시간, 장소, 날짜 등을 정확하게 제시한다.
　④ 목적과 임무에 이외의 것은 과감하게 생략한다.
　⑤ 보고자의 건의 사항, 처리결과, 장래 계획 등이 드러나게 한다.

2) 不同种类报告书的写作要领　보고서의 종류별 작성요령
　- 관찰보고서 작성요령
　① 관찰은 어디서나 할 수 있다. 대상을 관찰하고 관찰활동을 통해서 어떤 지식을 얻을 수 있는가를 곰곰이 생각하고 판단하는 절차가 관찰의 필수 요건이다.
　② 관찰하려고 하는 관찰 대상이 정해지면 '<u>어떤 방법으로, 어떻게 관찰을 할 것인가</u>'에 대한 계획을 구체적으로 세운다. 세부적인 계획을 세워 자세하게 관찰하는 것이 관찰에서 가장 주의해야 할 사항이다. 관찰을 시작하면 관찰 대상을 꼼꼼하게 살펴보는 것이 중요하다.
　　관찰 대상자는 관찰자가 자신을 관찰하고 있다는 생각보다는 감시하고 있다는 생각을 가지고 있다.

③ 관찰은 지속성이 있어야 한다. 하루나 이틀 정도의 비교적 짧은 시간부터 10년, 20년의 긴 세월을 요구하는 경우도 있다. 관찰은 시간과 장소의 변화나 조건의 차이에 의해 모습을 달리하는 경우가 많기 때문에 특별히 끈기가 요구된다.

④ 정확하게 관찰하는 눈을 길러야 한다. 관찰은 새로운 세계를 만나는 것이므로 막연히 알고 있는 지식을 기억해서 관찰하거나 자기의 주관적인 판단이 들어가면 자기도 모르는 사이에 부정확한 관찰을 하게 될 우려가 있기 때문이다. 관찰을 할 때에는 언제나 정확한 눈으로 객관적인 자세를 유지해야 한다.

⑤ 관찰한 사실은 정확하게 적어야 한다. 정확한 기록은 관찰 보고서의 생명이다. 또한 관찰한 결과를 기록할 때 그림과 도표를 충분히 활용하는 것도 관찰의 신뢰도를 높이는 효과를 가져온다. 관찰한 내용을 기록하다 보면 글로는 설명이 잘 안 되는 부분도 있는데, 이럴 때, 관찰하는 것을 그림으로 표현한다면 한층 생생한 관찰 보고서가 될 것이다.

– 실험보고서 작성요령

주로 자연과학 분야에서 실험을 하고 그 결과를 보고하는 목적으로 쓰는 글이다.

① 실험을 할 때에는 미리 실험 방법과 절차에 대해 충분한 사전 조사를 해야 하고, 준비물과 실험 장소를 마련해 두어야 한다. 또한 실험을 하는 도중 예기치 못한 사고를 당할 수도 있으므로 안전사고에 특별히 주의한다.

② 실험 방법을 자세하게 써야 한다. 실험에서는 실험의 방법이 중요하다. 절차가 바뀌면 완전히 다른 결과가 나올 수도 있으므로 실험에 대한 사전 조사를 충분히 해야 한다. 또한 실패한 실험에 대해서도 자세히 기록하고, 왜 실패했는지도 찾아 적어준다면 보고서를 읽게 될 다른 사람들에게 큰 도움이 될 것이다.

③ 실험 보고서에는 실험한 결과만 적는 것이 아니라, 결과를 해석하고 결과로부터 과학적인 결론을 이끌어낼 수 있어야 실험보고서의 목적을 이룰 수 있다. 수치로 나타난 측정치는 표로 만들거나 그래프를 그려 알아보기 쉽게 제시하는 것이 좋다.

第5课 报告书
제5과 보고서

- 조사보고서 작성요령

① 조사 보고서는 주제를 정해서 주제에 맞게 조사 일정과 방법을 정한 후 실제로 사람들을 찾아가거나 자료를 조사한 후 그 결과를 쓰는 보고서이다.

② 주제와 목적을 분명히 제시해야 한다. 주제를 정한 후에는 어떤 방법으로 조사할 것인가를 생각해야 한다.

③ 조사기간을 정해야 한다. 조사 기간을 정했으면 그 기간 동안 효율적으로 조사를 할 수 있는 방법을 찾아야 한다. 조사 기간을 정해 놓으면 기간 내에 조사를 마쳐야 하기 때문에 더욱 효율적으로 조사를 할 수 있는 장점이 있다. 조사 기간은 너무 짧아도 안 되고 너무 길어도 안 된다. 적절한 조사 기간을 정하는 것도 지혜가 필요한 부분이다.

④ 합리적인 조사 방법을 선택하여야 한다. 조사하려는 목적에 맞는 방법을 선택하여 조사하려는 것을 여러 분야로 세분화한 후 각 분야별로 알맞게 선택하는 자세가 필요하다.

- 견학보고서 작성요령

① 견학보고서는 산업현장이나 박물관 등과 같은 어떤 현장을 다녀온 후에 그곳에서 보고 느꼈던 것 그리고 견학을 통해서 알게 된 사실 등을 적는 보고서이다.

② 견학의 목적이 보고서에 드러나야 한다. 이번 견학을 왜 하는지 그리고 이번 견학에서 얻고 싶은 것이 있다면 어떤 것인지를 보고서 앞머리에 미리 밝힌다.

③ 견학한 내용을 순서대로 자세하게 적어야 한다. 견학 목적이 분명히 들어갔다 하더라도 어떤 것을 견학했는지 보고서에 잘 드러나지 않는다면 그 보고서는 잘 쓴 견학보고서라고 할 수 없다. 견학한 내용을 자세하게 쓰기 위해서는 견학하는 도중 수시로 필요한 사항을 메모해야 한다.

④ 견학을 통해 알게 된 사실을 정확하게 적어야 한다. 견학 현장에서 보고 들은 것과 이미 알고 있던 지식을 서로 구별해서 써야 한다. 특히 이 둘을 비교해서 쓰면 좋은 견학보고서가 될 것이다.

<예문 1>
커피전문점 관찰조사 보고서

관찰자 : ○○○, 광고학 전공 4학년
관찰장소 : 천진시 시대오성 ○○커피전문점
조사시간 : 2015년 5월 10일 오후 2~6시

1. 관찰방법
매장관찰 – 전체구조, 분위기, 서비스 제공 요소
소비자관찰 – 연령대, 남녀비율, 머무는 시간
참여관찰 – 친절도, 손님들의 동선, 커피 나오는 데 걸리는 시간

2. 관찰내용
매장관찰 – 전체구조
　　　　　　분위기 (음악, 조명)
　　　　　　서비스 제공요소
… (약) …
3. 마케팅 제언
공간의 효율성을 극대화하라.
LED TV를 이용하자.

<예문 2>
<2014년 11월 월간업무 보고서>
1. 개황
　지난 11월의 월간 매출액은 32680만원이며, 작년 동월 대비 9% 증가, 전월 대비 4.8% 증가하였습니다. 이는 계절이 바뀌면서 수요가 활발해진 점과 더불어 대형 양판점에서 적극적 판매홍보를 강화한 결과 매출이 두드러진 것입니다.
　2. 대책 및 전망
　대형 양판점에 대한 판매 홍보 전략을 더욱 적극적으로 실시하여 효율적인 매출 증가를 도모하고자 합니다. 또한 소규모 점포에서의 매출 상황에 대한 상황을 세밀히 조사하여 그 실태를 파악하고서 그에 따른 적절한 상품개발과 판매전략을 수립하여 상품보급을 하려고 합니다. 따라서 12월의 매출 목표액에 대하여 3% 대의 증가를 가져오리라 예상합니다.

3. 기타 의견

　거래처 소매점의 매출 실태를 상품별 월차별 지역별로 파악하여 그에 따른 다양하고 적절한 상품공급을 철저히 했으면 합니다.

　대형 양판점의 규모확대 및 홍보 아이디어 개발 등에 관련 부서의 협조가 있었으면 합니다.

2014년 12월 1일
영업부 부장 이대로

<예문 3>

출장보고서

보고자 : 영업부 김○○ 과장

　지난 2월 5~7일까지 경기 지역의 매장 상황을 점검하기 위해 출장을 다녀왔습니다. 아래와 같이 보고 드립니다.

-아래-

1. 각 매장의 상황

○○점 _ 매장 거래 종료 상품 반품 작업 진행
　　　 _ 매장 도서 진열 상태 전면 진열 변경 작업 진행
　　　 _ 베스트 도서 만화 재고 충분히 진열 교육
　　　 _ 유아 도서 판매 미진 도서 반품 작업

○○점 _ 서가 1권 진열 상태 변경 2권 진열 [판매 저하 상품 반품]
　　　 _ 신학기 행사 진열 점검
　　　 _ 무빙워크 중간층 이용 신학기 문제집 진열, 효과 좋음
　　　 _ 베스트 집기 계산대 옆 진열 예정

○○점 _ 균일가 상품 진열 변경 작업
　　　 _ 음반 집기 이용 베스트 진열 예정

○○점 _ 매장 신학기 행사 진열
　　　 _ 별도 균일가 도서 진열 완료

2. 소감

　소주제별 분류 진열이 잘 되어야 하겠고, 도서 진열 공간의 확대가 절실함.

2011년 2월 10일

□ 연습문제 15

1. 모둠별로 보고할 내용을 준비해 보자.

    (1) 다음 항목들 중에서 보고할 주제를 골라 보자.

    > □ 우리 지역의 상징물(꽃, 나무, 새 등)
    > □ 우리 지역의 관광 명소, 박물관, 유적지 등
    > □ 우리 지역의 특산물, 축제 등
    > □ 우리 지역에 전해지는 설화나 민요 등
    > □ 우리 지역의 위인, 땅 이름 유래 등

    (2) (1)에서 정한 주제에 대하여 자료를 수집하려고 한다. 수집할 자료와 자료의 형태, 자료 수집 방법을 아래 표에 정리해 보자.

수집할 자료	자료의 형태	자료 수집 방법
예) 전래 민요	음성 자료	민담과 녹음

    (3) (2)에서 정리한 내용을 바탕으로 자료를 수집하고, 보고하는 말하기의 주제와 목적을 고려하여 수집한 자료들을 선별해 보자.

    (4) (3)에서 선별한 자료를 바탕으로 보고할 내용을 다음 표에 정리해 보자.

	반 모둠 이름	
보고주제		
보고목적		
보고대상		
조사방법	자료 조사	
	현지 조사	

第5课　报告书
제5과 보고서

조사 결과	
예상 질문과 이에 대한 답변	

<활동 1>을 바탕으로 보고하는 말하기를 해 보자.

(1) 청중의 수준을 고려할 때, 더 필요한 자료는 없는지 생각해 보자. 필요한 자료가 있다면 더 조사하여 내용을 첨가해 보자.

(2) (1)을 바탕으로 반 친구들에게 보고해 보자. 보고를 듣는 학생들은 아래 기준에 따라 보고자의 말하기가 적절한지 평가해 보자.

평가 기준　평가 결과

보고하기의 형식에 맞게 말하였는가?

청중의 구성, 배경 지식, 관심 정도 등을 고려하여 말하였는가?

보고 내용에 대해 충분히 이해하고 있는가?

보고 내용 및 청중의 이해 정도를 고려하여 적절하게 자료를 선택했는가?

시청각 보조 자료를 적절하게 활용하고 있는가?

평가 기준	평가 결과
보고하기의 형식에 맞게 말하였는가?	
청중의 구성, 배경 지식, 관심 정도 등을 고려하여 말하였는가?	
보고 내용에 대해 충분히 이해하고 있는가?	
보고 내용 및 청중의 이해 정도를 고려하여 적절하게 자료를 선택했는가?	
시청각 보조 자료를 적절하게 활용하고 있는가?	

(3) (2)의 보고 내용을 '우리 지역 알리기' 인터넷 홈페이지에 동영상 형태로 보고하는 말하기를 할 때, 보고 내용이나 전달 방식이 어떻게 달라질지 생각해 보자.

第6课 广告

제6과 광고문

광고는 가장 상업적인 전달 수단이며 대중적인 문화 텍스트인 동시에 목적이 분명한 경제적인 글이라 할 수 있다. 광고문안 즉 카피(copy, 广告稿)를 잘 쓰기 위해서는 전략이 필요하다.

카피라이터(copywriter, 广告撰稿人)는 순간의 착상을 놓치면 평생 후회한다는 점을 마음에 새겨야 한다.

광고는

알리는 것이 아니라, 공감시키는 것이다.

广告 不是要告诉人们什么, 而是要引起人们的共鸣。

우리가족은 칫솔통에서만 만납니다!

1) **制作要领** 작성요령

① 무엇이든 메모하는 습관을 가진다. 메모하는 습관이 나의 미래를 바꿀 수 있다.

② 화려한 문장만이 좋은 것은 아니다. 때로는 일상적인 삶 속의 평범한 언어에서 기발한 카피 문구를 발견할 수 있다.

③ 문어체가 아닌 구어체를 주로 사용하라.

④ 재미있는 드라마처럼 반전기법을 사용하라.

⑤ 반복하는 것도 하나의 방법이다.

Never be without great coffee. We promise.
항상 최고의 커피를 드릴 것을 약속합니다.   <스타O스>

남자는 여자하기 나름이에요.   <삼O전자>

아픈데왜	엄마아파
멀리가나	유전자도
쾌적환경	외모에다
물리치료	마음까지
엎어지면	노력하면

2) **有效地书写标题** 헤드라인을 효과적으로 쓰는 법

– 카피라이터 데이비드 오길비(David Ogilvy, 1911~1999) : 나는 광고로 세상을 움직였다.

[광고불변의 법칙 Ogilvy on Adertising]

"성공의 99%는 비범함이 아니라 기본이다"

"시속 60마일로 달리는 신형 롤O로이스에서 나는 가장 큰 소음은 바로 전자시계 소리 뿐"

① 가장 효과적인 헤드라인은 소비자에게 이익을 약속하는 것이다.

② 뉴스성 헤드라인도 성공할 확률이 높다.

③ 만족시켜드립니다. 소개합니다. 이제 …, 드디어 …로 시작하라.

④ 헤드라인 속에 반드시 브랜드를 넣어라. 크O넥스로 닦을 수 없는 그리움

이 있다 (크O넥스)

⑤ 특정 계층의 사람들에게 팔 물건이라면 "20세 이상 여성" 같은 문구를 넣어라.

⑥ 짧은 헤드라인이 덜 잘 읽힌다. 그러나 긴 헤드라인이 필요한 경우에는 주저하지 말고 길게 써라.

⑦ 구체적인 수치가 있으면 밝혀라.

⑧ 헤드라인 속에 인용부호를 넣으면 기억률이 평균 28% 높아진다.

⑨ 지방매체일 경우에는 그 지역 명칭을 꼭 넣어라.

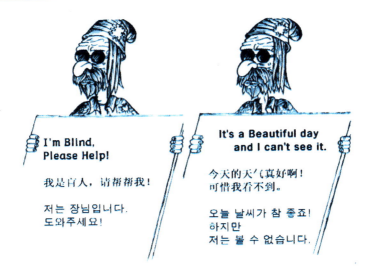

뚱뚱하고 못생긴데 지치셨나요? 이제 못생기기만 하세요!!! <다이어트 헬스 광고>

아저씨, 이 차 횡성 가요?
친환경기업도시 수도권 횡성
횡재할 수 있습니다.
성공할 수 있습니다

◆ 5I 법칙

5I 법칙이란 효과적인 광고 카피 작성에 필요한 다섯 가지 원리이다.

• Idea(아이디어) : 카피의 호소력은 아이디어에 따라 결정되는 경우가 많다.

• Immediate impact(직접적인 충격) : 카피는 박력이 있어야 한다. 광고 도입부에 눈을 이끄는 힘, 자극하는 힘이 없으면 광고의 호소 효과도 그만큼 감소한다.

• Incessant interest(끊임 없는 흥미) : 카피는 처음부터 끝까지 흥미를 일으키도록 구성되어야 한다.

• Information(필요한 정보) : 광고는 소비자들이 원하는 정보를 제공해야 한다.

• Impulsion(행동의 유도) : 소비자가 광고 상품을 구입할 수 있도록 동기를 부여하고 충격을 주어야 한다.

◆ AIDMA의 법칙

AIDMA의 법칙이란 소비자가 광고 상품에 우선적으로 흥미를 갖게 하도록 욕망을 불러 일으킨 뒤, 기억에 남게 된 광고 상품을 구매 행동으로 이끌어야 한다는 이론이다.

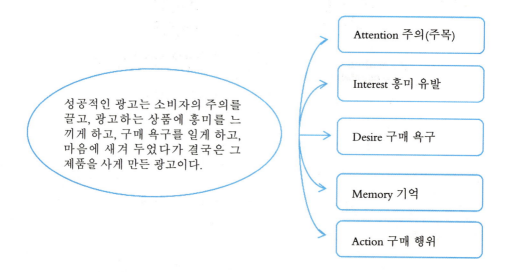

성공적인 광고는 소비자의 주의를 끌고, 광고하는 상품에 흥미를 느끼게 하고, 구매 욕구를 일게 하고, 마음에 새겨 두었다가 결국은 그 제품을 사게 만든 광고이다.

- Attention 주의(주목)
- Interest 흥미 유발
- Desire 구매 욕구
- Memory 기억
- Action 구매 행위

효과적인 광고 카피 작성 요령
• 적절한 표현 방식을 선택한다.
• 광고의 주제를 잘 선정한다.
• 리듬을 가진 카피로 작성한다.
• 다시 쓰기를 한다.

第6课　广告
제6과　광고문

▶ 광고문의 문체

1) 직설적 광고문 : 헤드라인이나 일러스트레이션을 자세히 부연·설명하여 전개해 나가는 매우 사실적인 스타일의 광고문이다.

2) 이야기형 광고문 : 기, 승, 전, 결의 방식으로 문제점을 제기하고 제품의 특성을 이야기하며 해결책을 제시하는 방법이다.

3) '당신'과 '나' 식의 광고문 : 세일즈맨처럼 생산자가 소비자에게 접근하듯이 설명하는 방식이다.

4) 상상적인 광고문 : 소비자의 상상력을 자극하여 제품을 갖고 싶어 하도록 흥미를 돋운다.

5) 사실적인 광고문 : 제품의 정보가 많은 광고일수록 높은 판매율을 기록한다.

6) 솔직한 광고문 : 제품의 장점뿐만 아니라 약점이 있다는 것을 인정함으로써 신빙성을 높일 수 있다.

7) 유머 광고문 : 유머나 개그 등을 활용한 방식이다.

8) 티저(teaser)식 광고문 : 제품의 궁금증을 유발하는 방식이다.

9) 비교 광고문 : 자사 제품과 경쟁사의 제품을 비교하는 방식이다.

▶ 광고의 3B

3B는 미녀, 아기(baby), 귀여운 동물(beast)을 가리킨다. 이 3가지 요소를 활용한 광고는 주목률과 친숙도가 높여 주어 광고에 실패할 확률을 줄여 준다.

광고에 미녀(beauty)가 등장하는 경우는 흔히 화장품이나 의류, 미용 등의 가치 지향적 제품부터 먹는 음식이나 아파트, 가전 등 그 종류와 관계없이 일반적이다. 소비자들에게 친숙도와 주목률을 높여 주는 방식으로서 최근 건설사들이 유명 여배우들을 광고에 등장시켜 딱딱하고 건조한 건축물을 아름답게 꾸미고 있는 형식이 대표적 사례이다.

아기(baby)를 광고에 활용하는 경우는 주로 모성애를 자극하는 분유, 기저귀, 아동 용품 등의 제품들이다. 아기의 예쁘고 천진한 모습을 통해 제품에 대한 친숙도나 구매 의도를 높이려는 의도가 담겨 있다고 하겠다.

또한 광고업계에서는 강아지와 고양이 등과 같은 귀여운 동물(beast)을 등장시켜 기업이나 제품의 이미지를 다정하고 친근하게 나타내기도 하는데, 이는 소비자들과 가까운 애완동물을 통해 편안한 분위기를 심어주기 위한 것으로 최근 애완동물을 키우는 계층이 증가하는 추세와 맞물려 효과를 높이고 있다.

□ 연습문제 16
다음의 주제로 광고문안을 작성하시오.
- 식품광고
- 학교광고

<예문 1>

행복化

하루 종일, OO화학 속에 살면 작은 미소도 큰 행복이 됩니다.
인테리어 자재에서 컨설팅까지 생활의 편안함을 드립니다.
웃음이 넘쳐나는 아름다운 집에서 행복을 누리며 사는 일-
LG화학의 기술로 꿈꾸어 가는 아름다운 세상입니다.
바닥재, 창호, 벽지 등 고품격 장식자재에서
토털 인테리어 서비스까지 OO화학은
우리와 늘 함께 호흡하는 생활 속의 친구입니다.
인테리어 솔루션 파트너, OO화학- 늘 당신 곁에 가까이 있습니다.
OO화학

<예문 2>
파O바게뜨 (1997, 웰컴)

> 박수를 보냅니다
> 1위로 가는 길
> 오는 손님 계속 오고, 오는 손님 자주 오고,
> 안 오는 손님 오게 하고, 지나가다 들르게 하고,
> 와서는 많이 사게 하고, 선물도 빵으로 하게 하고

第6课　广告
제6과　광고문

<예문 3> 오뚜O 스넥형 라면 '뿌셔뿌셔' (1999, 웰컴)

> 태생은 '라면'
> 먹는 상황은 '스넥'
> 색다른 운명의 라면
> 라면 면발은 물론 스프까지 끓이지 않고
> 그냥 먹는 기존의 상식을 깬 라면

<예문 4>
커피의 신선함이 살아 있는 시간은 18분!
던O 도너츠 커피는 그 신선함을 위하여
18분이 지난 커피는 판매하지 않습니다.

Coffee and Donuts

你值得拥有 : 당신은 가질 만한 가치가 있습니다. 당신은 소유할 만한 가치가 있습니다.

你值得拥有: "你值得拥有"是欧莱雅化妆品的创意广告词,先后有巩俐、张梓琳、李冰冰、范冰冰、李嘉欣、杨紫琼等重量级明星为欧莱雅产品做代言,她们说的广告词的最后一句都是"你值得拥有"。

"당신은 가질 만한 가치가 있다" 란 말이 화장품 로레알의 창의적인 광고 문구다. 궁리(巩俐), 장즈린(张梓琳), 리빙빙(李冰冰), 판빙빙(范冰冰), 리자신(李嘉欣), 양자경(杨紫琼) 등 중량급 스타들이 선후하여 로레알의 모델로 활동하였다. 그녀들이 말한 광고 문구의 마지막 말이 모두 다 "당신은 가질 말한 가치가 있다"란 말이다.

你是我的优乐美 : 당신은 나의 优乐美 우락미

你是我的优乐美:是周杰伦拍的优乐美奶茶的广告。(广告词)女:我是你的什么? 男:你是我的优乐美啊! 女:原来我是奶茶啊! 男:这样我就可以把你捧在手心。

"당신은 나의 우락미다"란 말이 주결륜(周杰伦)이 찍은 우락미 밀크 티 광고

다. 광고 문구는 다음과 같다. 여자: 나는 당신의 무엇이에요? 남자: 당신은 나의 우락미예요! 여자: 나는 밀크 티였군요. 남자: 이렇게 하면 난 당신을 두 손바닥으로 받칠 수 있어요.

这是你的益达: 이것은 당신의 이다(益达) (Extra)

这是你的益达: 女孩买了益达后,男孩说这个对牙好,女孩就多买了一个。女孩走时只拿了一个,留了一个给男孩,而男孩以为是女孩买了没拿,所以叫她拿"你(她)的益达",而女孩告诉男孩是送给他的,所以是"你(他)的益达"。

여자가 이다(益达)를 산 후에 남자는 이것이 치아에 좋다고 말하였다. 여자는 하나 더 사서 갈 때 하나만 가지고 갔고 하나가 남자에게 남겨 주었다. 남자는 여자가 잊고 안 가져갔다고 생각하여 여자를 불러서 "당신의 이다(益达)이다"고 말하였다. 여자는 남자에게 선물한 것이라서 "당신의 이다(益达)이다"고 말하였다.

광고 카피 COPY 모음

행복을 이어주는 사람들 (한국도로공사)
담장 밖의 세상은 어려워도 고향집 웃음소리는 늘 넉넉합니다 (LG 생활건강)
당신의 일상에는 쉼표가 필요합니다 (싱카폴 에어라인)
내일은 상상하는 모든 것이 이루어집니다 (LS)
마음은 뜨겁지만, 생각은 차가워야 했다 (The new BMW 7 Series)
지루하게 사는 것은 젊음에 대한 죄다 (SM3 르노삼성자동차)
지금하고 싶은 것, 지금 하세요 (LG카드)
새로운 것에 흔들리는 건 죄가 아니다 (KT 네스팟 스윙)
자연을 샀습니다. 부러움을 샀습니다 (쌍용아파트)
꽃이 향기로운 건 겨울을 품어냈기 때문입니다.
사람이 아름다운 건 상처를 이겨냈기 때문입니다 (박노해 시집, 겨울이 꽃핀다)
여보, 아버님 댁에 보일러 놓아드려야겠어요 (경동보일러)
사랑이라 부르면 무겁고, 좋아한다 말하면 가볍다 (하이트 맥주)
가슴의 반은 늘 열어 놓는다 그리움의 반은 늘 닫아 놓는다 (동서식품 맥심)
그녀가 아름다운 건 내게서 조금 떨어져 있기 때문이다 (레쓰비 캔커피)

第6课　广告
제6과　광고문

　　크리넥스로 닦을 수 없는 그리움이 있다 (크리넥스)

　　내가 좋아하는 사람은 나이를 먹지 않았으면 좋겠다 (아모레 선물세트)

　　술도 인생도 진한 것이 좋다 (대선주조)

　　고객이 문을 열면 저희는 마음을 엽니다 (대한보증보험)

　　마음을 나누어요, 情(정) (오리온 초코파이)

　　오늘 먹을 치킨을 내일로 미루지 말자/ 경희야, 넌 먹을 때가 젤 이뻐/ 다이어트는 포샵으로(배달의 민족)

　　今天的炸鸡不要拖到明天才吃/菁喜,你吃东西时最漂亮啦！减肥就交给美图吧。(送餐民族)

　　진짜 소중한 사진의 대부분은 지나가던 누군가가 찍게 된다. 누가 찍어도, 진짜에겐 진짜를(캐논 카메라)

　　最珍贵的照片通常是路人拍到的。不论谁拍,将真实呈现给真实。(佳能照相机)

　　경제의 반대말은 커피다. 경제엔 거품이 적을수록 좋다. 커피엔 거품이 많을수록 좋다.(맥심 카푸치노)

　　经济的反义词是咖啡！经济是泡沫越少越好,咖啡却是泡沫越多越好。(麦馨卡布奇诺)

　　주소록을 없애 주세요. 사랑하는 친구의 번호 쯤은 욀 수 있도록 카메라를 없애 주세요. 사랑하는 아이의 얼굴을 두 눈에 담도록 문자 기능을 없애 주세요. 사랑하는 사람들이 다시 긴 연애편지를 쓰도록 기술을 언제나 사람에게 지고 맙니다(SKT)

　　删掉通信录吧！让我们记住好朋友的号码。扔掉相机吧！让我们用双眼记住孩子的脸庞。删掉短信功能吧！让相爱的人重新写出长长的情书。技术永远是为人类服务的。(SKT)

第7课 产品使用说明书
제7과 제품 사용 설명서: 매뉴얼

> 삼O 블로그 '삼O투모로우'에 올라온 제품 주의사항 게시물

여느 우수한 기업의 블로그와 마찬가지로 S전자의 공식 블로그에서도 자사의 신제품, 수상 소식, 사회적 책임 활동을 부각시키는 다양한 홍보 내용을 담고 있다.

최근 한국의 어느 기업이 자사의 간판급 신제품 '갤O시 탭 S'와 남아공 법인이 선보인 전자제품 폐기물 재활용 프로그램에 대한 홍보물을 게시했다. 그런데 이 홍보물들과 나란한 위치에(동일한 비중으로), 자사 '냉장고 사용설명서에 담긴 주의사항'을 함께 실었다. 그리고 이 기업은 자사 제품의 주의사항을 소개하면서 이와 같은 주의사항은 소비자의 안전을 위한 것이라고 설명하고 있다.

예를 들어, 냉장고 신제품에 대해서 "냉장고는 실내 환경에서 음식을 보관하기 위한 용도로 사용되는 제품"이라고 정의하면서 서두를 꺼낸다. 그리고 나서 소비자들에게 "어린이가 냉장고 안으로 들어가지 못하게 하세요. 냉장고에 갇힐 수 있습니다"라고 경고하고 "냉장고 내부를 건조시키기 위해 헤어 드라이기를 사용하지 마세요"라는 주의문구를 제시했다.

노트북 제품에 대한 내용도 포함됐는데, 욕실에서 노트북을 사용하지 말라거나 제품 위에 양초를 올려놓지 말라는 황당한 문구가 담겨져 있다.

이 같은 내용을 게재하는 속내는 뭘까?

기업의 표현대로라면 소비자를 위한 서비스 안내 차원이라는 설명이다.

기업은 이 블로그 게시물의 목적이 "제품 사용설명서에 포함된 주의사항에 대한 소비자의 인식을 제고하기 위한 것으로, 소비자들이 주의사항을 간과하거나 주의 깊게 읽지 않는 경우가 있기 때문"이라고 밝혔다. 하지만 이런 황당한 문구들은 앞으로 언젠가는 벌어질 수 있는 황당한 일을 벌인 고객과의 소송을 대비한 장치라는 것이다.

1) 使用说明书   매뉴얼

어떤 제품을 구입하든지 그 속에는 제품에 관한 설명서가 첨부되어 있다. 잘 알고 있는 제품이라면 설명서가 불필요하겠지만, 그렇지 않다면 사용 설명서의 도움이 필수적이다. 또 이미 잘 알고 있던 제품이라 해도 기술 문명의 발달로 인해 신제품 출시 속도가 빨라지다 보니 새로운 기능을 익히기 위해서 사용 설명서를 펴 볼 수밖에 없다.

하지만 설명서의 내용이 너무 어렵고 어휘나 문맥도 정확하지 않아 아무리 읽어 보아도 무슨 의미인지 이해하기 어려운 경우가 많다. 내용을 잘못 이해하여 제품에 손상이 생기는 경우도 발생한다. 제품의 성능과 디자인은 좋은데 설명서 내용이 제대로 되어 있지 않아 제품의 가치가 빛을 발휘하지 못하는 것이다.

제품 사용 설명서에 대한 불신은 곧 해당 제품을 만들어 낸 기업에 대한 불신으로 이어진다. 설명서 하나 제대로 쓰지 못하는 기업의 제품이 좋을 것이라는 확신이 들지 않기 때문이다. 이로 인해 이 회사에서 생산한 다른 제품을 구입하는 일도 망설여진다.

> 第7课　产品使用说明书
> 제7과　제품 사용 설명서: 매뉴얼

　　이처럼 제품 사용 설명서는 해당 기업의 제품에 대한 구매력과 직결될 정도로 큰 영향력을 지니고 있다. 하지만 그간 기업에서는 제품 사용 설명서 쓰기를 별로 중요하게 생각하지 않았다. 전담 부서를 두고 제품 설명서 쓰기에 주력한 외국의 선진 기업과 달리, 제품 사용 설명서란 제품 설계자나 개발자가 제품을 출시하기 전 마지못해 작성하는 어렵고 귀찮은 일이라는 인식이 팽배했다.

　　그런데 이러한 인식은 중국(1993), 일본(1995), 한국(2002. 7)에서 '제조물 책임법(Product Liability:PL법)'이 발효되고 이후 크게 바뀌게 되었다. 소비자가 사용 설명서를 제대로 이해하지 못해 발생한 손해를 제조 회사가 책임을 지도록 법제화해 놓았다.

　　예를 들면 <냉장고 병꽂이 사건> 같은 것이다. 냉장고 병꽂이에 문제가 있어 토닉워터병이 바닥에 떨어져 깨졌고, 깨진 유리조각이 눈에 튀어 부상을 입는 사건이 발생했다. 이에 법원에서는 "냉장고의 병꽂이 선반에는 주로 유리제품인 병이 놓여진다. 불의의 사고가 발생하여 병꽂이 선반이 냉장고에서 이탈되는 경우 병이 깨어져 사용자에게 손해를 끼칠 수 있다. 이러한 사실을 예견하고 병꽂이 선반을 냉장고에서 불의에 이탈되지 않도록 안전하게 설계 조립하여야 할 업무상의 주의 의무가 있다. 그러나 제조사는 이를 위반하였고 고객의 부상을 초래하였다"고 보고 제조자의 불법행위책임을 인정하였다. 즉 소비자에게 사전에 사고 가능성에 대한 <정확한 고지-글쓰기> 의무를 위반했다는 것이다.

2) 使用说明书的重要性　매뉴얼의 중요성

　　여러분은 혹시 전자제품의 사용설명서를 자세히 읽어본 적이 있는가? 그렇다면 그 속에 적혀 있는 내용 중 황당한 문구를 본 적이 있는가?

　　"에어컨에서 나오는 물을 마시지 마세요."라는 황당한 문구가 있다. 최근 전자제품 사용설명서에는 너무 당연하여 장난처럼 여겨지는 경고 문구들이 실리는 사례가 많아지고 있다. 희한한 사고를 우려한 기업의 '과대망상증'이거나 웃고 넘길 일이라 생각할 수 있지만 속사정은 다르다.

　　과거엔 예사로 넘길 만한 사안이지만 PL법(제조물책임법)이 시행된 이후 기업들은 소송 대응 차원에서 이처럼 황당한 경고문구를 사용설명서에 첨가하고 있다.

　　한국 내 3대 전자회사인 S전자, L전자, D기업은 2002년 7월 PL법이 시행된 이

후 소비자들과의 분쟁 및 소송에 대응하기 위한 차원에서 제품설명서의 경고 및 주의 사항을 강화하고 있다.

S전자의 경우 '에어컨 배출수 식음 금지' 문구 외에도 '세탁기에 동물을 넣지 마세요', '알레르기 체질은 반드시 의사와 상담 후 휴대전화를 사용하세요'와 같은 이색적이고 황당한 경고 문구나 주의사항을 제품 사용설명서에 표기하고 있다.

D기업은 '김치냉장고에 학술자료를 보관하지 마세요', '전자레인지에 생물을 넣고 작동하지 마세요', '진공청소기를 사용 중에는 손발 등을 흡입구에 넣지 마세요'와 같은 생뚱한 경고문구를 쓰고 있다. L전자도 '휴대전화를 난로나 전자레인지에 넣지 마세요'와 같은 경고문구로 만약의 소송에 대비하고 있다. 이것은 소비자의 사용환경이 다양해지고 불특정 소비자들의 성향을 정밀 분석해 데이터베이스를 구축하고 만일에 발생할지 모르는 사고를 사전에 예방하기 위한 대비책이며, 그에 따른 소송과 분쟁에 대한 기업의 대비책이다.

다만 PL법 도입 후 법규를 악용해 부당이득을 챙기려는 얌체소비자들도 증가하고 있는 추세여서 기업차원의 대비책 마련도 절실하다. 경고 문구를 너무 구체적으로 묘사할 경우 충동적으로 이 같은 행동을 따라 하는 등 부작용이 우려되는만큼 기업이나 매뉴얼 제작자의 신중한 표현이 필요하다.

PL法诉讼实例 실제 PL법 소송사례

① 냉장고 병꽂이 사건(대전지법 1987. 9. 17. 85가합828)

이 사건은 토닉워터 1병을 냉장고문 안쪽 병꽂이 선반에 넣는 순간 그 선반의 오른쪽 부위가 떨어지면서 토닉워터 병이 바닥에 떨어졌고, 깨진 유리조각이 원고의 눈에 튀어 부상을 입은 사건이다. 이에 원고는 냉장고 제조회사에 대해 업무상 주의의무 위반을 이유로 손해배상을 청구하였다.

이에 법원은 "냉장고의 병꽂이 선반에는 주로 유리제품인 병이 놓인다. 그래서 제조업자는 병꽂이 선반이 냉장고에서 이탈되는 경우에는 병이 깨어져 냉장고 사용자에게 손해를 끼칠 수 있다. 따라서 제조업자는 병꽂이 선반이 냉장고에서 불의에 이탈되지 않도록 안전하게 설계 조립하여야 할 업무상 주의의무가 있다. 그럼에도 불구하고 냉장고 제조업자는 이를 위반한 책임이 명백하므로 손해를 배상해야 한다.

② 음료수 병에 든 생쥐사건

이 사건은 음료수 병에 부패된 생쥐가 들어 있어 음료수 제조업체의 제조상의 결함을 제기한 사건이다. 피고인 제조업체는 공장장 등의 증언을 통하여 공장에서의 제조과정에 쥐가 있었다면 병의 세척과정 등에서 행해지는 높은 열 때문에 쥐의 가죽이 벗겨졌을 것이라고 주장하였다. 반면 원고측의 독성학 전문가는 생쥐가 죽은 지 상당한 기간이 경과했으며, 병 밑에서 발견된 쥐의 변은 음료수가 채워지기 전에 있었다고 증언했다.

법원은 제조과정 중 생쥐가 음료수 병에 걸려 있었다는 주장을 타당하다고 보고 음료수 제조업체에게 제조물 책임을 물었다.

③ 수프 속에서 발견된 유충 사건

수프 중의 구더기가 문제된 소송에서 법원은 같은 소매상의 동일한 수프에서는 벌레 등이 없었다는 점을 참작하고 원고가 수프를 준비하여 먹은 시간 사이에 유충이 들어갔을 가능성을 배제할 수 없음을 들어 원고의 청구를 기각하였다.

④ 자동차 에어백 사건

피해자는 에어백이 장착된 승용차를 몰고 가다가 과속운전을 하였고 다른 차와 충돌하여 상해를 입었다. 승용차가 심하게 파손될 정도의 큰 충격의 사고임에도 불구하고 에어백이 정상적으로 작동되지 않은 사실을 들어 피해자는 사고로 인한 손해가 에어백의 결함으로 인한 것이라고 주장하면서 자동차 제조회사에 대해 손해배상을 청구하였다.

이에 법원은 에어백이 충격방향과 충격부위에 따라서 작동되지 않는 경우도 있으나, 사고 당시 본 사건의 승용차의 진행속도, 파손 부분 및 정도 등에 비추어 에어백이 작동되지 않는 경우라고 볼 수 없다. 그럼에도 불구하고 위 에어백이 정상 작동되지 아니한 것은 특별한 사정이 없는 한 위 에어백의 결함으로 인한 것이라고 볼 수 밖에 없다. 따라서 자동차 제조회사는 사고로 인하여 피해자가 입은 손해를 배상할 책임이 있다고 판결하였다.

⑤ TV폭발사건

피해자는 다방의 종업원이었는데 다방 내실에서 잠을 자다가 화재가 발생하여 연기에 질식되어 사망하였다.

당시 화재는 여러 정황상 피해자가 텔레비전 스위치를 켜둔 채로 잠을 자다가 과열로 인하여 내부에서 발현, 발화하여 브라운관이 폭발하면서 불꽃이 그 주변에 떨어져 인화되어 발생한 것으로 추정되었다. 이에 피해자의 유족들은 TV제조회사를 상대로 손해배상을 청구하였다. 법원의 판결은 물품을 제조하여 판매하는 제조자는 그 제품의 구조, 품질, 성능 등에 있어서 현대의 기술수준과 경제성에 비추어 기대 가능한 범위 내의 안전성과 내구성을 갖추지 못한 결함 내지 하자로 인하여 소비자에게 손해가 발생한 사건이므로 불법행위로 인한 손해배상의무 판결을 하였다.

다만 피해자도 텔레비전의 스위치를 켜둔 채로 잠을 자다가 사고현장에서 빠져 나오지 못하여 사망에까지 이르게 된 잘못이 있으므로 피해자의 과실을 20% 정도로 인정하였다.

이러한 이유로 미국과 일본에서는 PL법이 발효되자 제품 사용설명서를 전문적으로 쓰는 매뉴얼 제작 업종이 급속히 성장하기 시작했다. 제품 사용 설명서를 쓰는 일에 관심이 없었던 한국의 기업들도 태도를 바꾸고 제품 사용 설명서 쓰기에 신중을 기하고 있다. 제품 사용 설명서의 어휘 하나, 문구 하나가 하나가 소중한 법적 자료이고, 사소한 표현의 차이에 따라 기업의 손익이 발생하게 된다. 이제 제품 사용 설명서는 단순한 설명서가 아니라, 기업의 경쟁력을 좌우하는 중요한 문서가 되었다.

<제품 사용 설명서(매뉴얼)의 중요성>

① 제품 사용 설명서의 내용은 소송의 근거가 된다.
② 제품 사용 설명서는 제품 그 자체이다.
③ 대외적인 품질보증을 약속한다.

표 2 제조물 책임 대응 사례(일본 기업의 경우)

구 분	시 행 내 용
회사 전체적인 안 전 대 책	제품 안전성을 중시하는 경영이념·방침의 제정
	제조물 책임에 관한 사원 교육의 실시 각부장급(7월), 과장급(1월), 대리급(2~3월)
	안전 대책 전문 부서의 설치
	사내 PL위원회의 설치
	공정별 제품 안전추진위원회 설치

사 고 발 생 방 지		제품 안정성을 중시한 설계변경 실시
		<제품안전기준매뉴얼> 발행
		지시·경고(취급설명서·첨부문서·경로라벨)의 개선 및 가이드라인 제정
		사내 및 외부 안전감사의 실시
		사내문서 및 기록 관리 기준 제정
피 해 자 구 제		소비자 교육 및 고객 교육
		소비자 상담 창구의 설치 및 홍보활동
		리콜 recall 회수, 召回 정보의 제공 및 처리결과 공개
손 해 전보(塡補)		거래처와의 거래에 PL조항 삽입
		PL보험 가입

塡補: 부족한 것을 메워서 채움, 填补

3) 产品使用说明书的使用方法   제품 사용 설명서 잘 쓰는 법

① 차례, 색인을 만든다.
② 장, 절, 항을 정한다.
③ 각 장과 주요 단락의 개요를 정리한다.
④ 반복되는 단어와 문장의 적절한 흐름을 정한다.
⑤ 단순, 치밀, 일관성의 조화를 지켜야 한다.

4) 写作产品使用说明书   제품 사용 설명서 쓰기

▶ 계획하기
 －누가 사용할 것인가?
 －어디에서 사용하게 될 것인가?
 －무엇을 할 때 사용할 것인가?

제품 사용 설명서의 독자는 소비자이다. 소비자에게 자기 회사의 제품을 손쉽게 사용할 수 있도록 하기 위해 쓰는 글이 제품 사용 설명서이므로 철저하게 소비자를 염두에 두고 작성해야 한다. 따라서 제품 사용 설명서에서는 소비자 분석이 필수적이다. '누가', '어디에서', '무엇을 할 때' 이 제품을 사용하게 될 것인가를 분석해야 한다. 이것을 바탕으로 제품을 사용하게 될 사람들의 일반적 성향과 개별적 성향을 구분하고, 사용자들이 무엇을 궁금해 하는지, 어떠한 내용을 담아야 하는지 연구하여 이에 적합한 매뉴얼(manual)을 작성하도록 한다.

▶ 내용 생성과 조직하기

제품 사용 설명서를 읽게 될 독자는 대체로 그 분야의 전문가가 아니다. 또 복잡한 설명서를 모두 읽기보다는 자신이 조작하고 싶은 부분만 골라 읽는다. 따라서 제품 사용 설명서는 일반적인 글처럼 전체적인 짜임새에 유의하기보다는 전체적인 틀을 고려하면서도 각 항목의 독립성과 완결성을 살려서 쓰는 것이 좋다.

제품 사용 설명서의 구성방법은 다음과 같다.
-설명서에 담을 내용을 영역별 또는 항목별로 분류한다
-필요한 정보를 쉽게 찾을 수 있도록 적합한 구성방식을 선택한다
-내용을 적절하게 구성하여 목차를 매긴다
-각 단락별로 개요를 추려낸다
-단계별로 번호를 매긴다
-그림을 적절하게 배치한다

▶ 표현하기

제품을 사용할 소비자는 대체로 불특정 다수이다. 따라서 제품 사용 설명서는 어느 누가 보더라도 이해할 수 있도록 짧고 간결하면서도 쉽게 써야 한다. 또한 그림을 활용하면 짧은 시간에도 내용을 한 눈에 알아볼 수 있다. 중요한 내용은 반복함으로써 사용자가 쉽게 기억할 수 있도록 한다. 소비자가 읽기 쉽게 큰 글씨로 인쇄한다. 제품 사용설명서를 쓸 때 문장과 문장 사이에도 일관성을 유지해야 한다.

사용 설명서에 포함되는 내용은 제품에 따라 다소 차이는 있지만, 기본적으로 제품을 구성하는 부품의 명칭과 기능, 사용하는 방법, 주의 사항 등을 명시한다.

다음은 LED TV 모니터 사용 설명서이다.

> 第7课　产品使用说明书
> 제7과　제품 사용 설명서: 매뉴얼

M-G930S

사용 설명서

차례 보기

기본 기능

- 4　사용하기 전에
- 6　제품 분실 시 피해 방지 설정
- 7　구성품 확인
- 8　각 부분의 이름
- 10　배터리
- 15　Nano-SIM 카드
- 18　메모리 카드(microSD 카드)
- 21　USB 커넥터
- 21　전원 켜기/끄기
- 22　터치 화면
- 25　홈 화면
- 31　잠금 화면
- 32　알림창
- 34　문자 입력
- 36　화면 캡처
- 37　애플리케이션 실행

애플리케이션

- 52　애플리케이션 설치 및 삭제
- 54　전화
- 57　연락처
- 59　메시지
- 61　인터넷
- 63　이메일
- 64　카메라
- 83　갤러리
- 86　Samsung Pay
- 89　Samsung Gear
- 89　SAMSUNG Members
- 90　Game Launcher
- 92　S플래너
- 93　S헬스
- 96　S보이스
- 98　DMB

| 기본 기능

각 부분의 이름

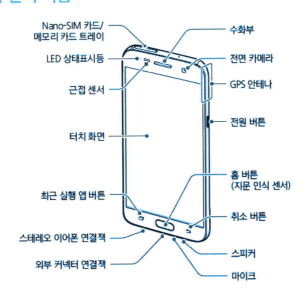

| 기본 기능

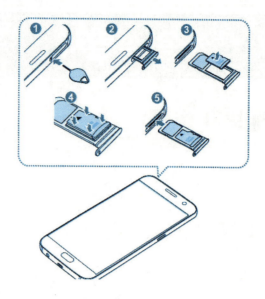

请先阅读说明文件

使用本设备之前,请先阅读本手册,以确保安全和正确使用。
· 使用无线移动电源前,确保将要连接的移动设备兼容此处壳

指示图标

⚠ 警告:可能伤及自己或他人的情况

❗ 注意:可能损坏您的设备或其他设备的情况

🔔 通知:注释、使用提示或附加信息

| 入门指南

设备部位图

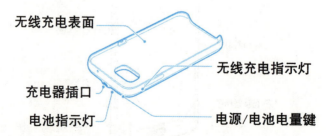

为无线移动电源充电

第8课 新闻
제8과 기사문

　기사문은 누가, 언제, 어디서, 무엇을, 어떻게, 왜 했는가 하는 정보를 전달하는 글이다. 신문에서의 핵심적인 글쓰기인 기사문은 많은 사람들이 그것을 통해 정보를 얻으며, 그 정보를 있는 그대로 믿기 때문에 기사문을 쓸 때는 신중에 신중을 기해야 한다.

　기사문은 객관적인 입장에서 자신이 경험한 사건과 사실을 내용의 누락 없이 간결한 표현으로 기술하여야 한다. 사건과 사실을 과장하는 것도 안 되지만 생략하거나 축소하는 것도 안 된다. 과장뿐만 아니라 생략과 누락도 주관이 끼어 들기 쉽다. 그러므로 기사문은 있는 그대로 진실 되게 표현하여야 한다.

　기사문의 종류에는 여러 가지가 있으나 일반적으로 기사문이라 하면 신문 기사 또는 라디오나 텔레비전의 보도문을 가리킨다.

1) 新闻的写作要领   기사문의 작성요령
　① 사실대로 정확하고 분명하게 작성한다.
　② 정확하고 올바른 문장으로 쓴다.
　③ 신속성이 있어야 한다.
　④ 간단 명료하게 쉬운 문장으로 쓴다.
　⑤ 육하원칙(六何原則, 5W1H)이 드러나게 쓴다.

2) 新闻的特点   기사문의 특징
　신속성, 정확성, 사실성, 공정성, 보도성

3) 新闻的结构   기사문의 구성
　① 표제(title) : 가장 눈에 띄는 큰 제목이므로 무엇에 대한 주제로 기사를 썼

는지 알기 쉽게 쓴다.

② 부제(subtitle) : 표제의 내용을 구체화시키고 중요 사항을 알 수 있게 압축된 구문으로 쓴다.

③ 리드(lead) : 리드는 기사를 요약한 것으로 5W1H(육하원칙)에 의하여 쓰여진다.

④ 본문(body) : 기사의 구체적인 내용으로 사건을 정확성, 체계성, 사실성에 바탕을 두고 쓴다.

⑤ 해설(exposition) : 앞으로의 전망이나 기사를 쓴 기자의 의견 등을 추가한다.

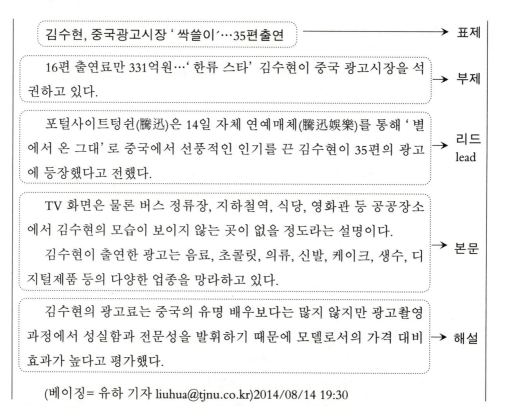

(베이징= 유하 기자 liuhua@tjnu.co.kr)2014/08/14 19:30

4) 新闻和六何原则　기사문과 육하원칙

사건과 사실을 정확하게 분석하고 이해하는 방법에는 여러 가지가 있으나 '육하원칙'은 바꾸어 말하면 "① 언제(When), ② 어디서(Where), ③ 누가(Who), ④ 왜(Why), ⑤ 무엇을(What), ⑥ 어떻게(How)"로 사건과 사실을 기술하거나 이해하는 데 없어서는 안될 요인들이다. 글을 읽고 육하원칙에 맞게 대입해보는 일은 글을 잘 이해하는 데 도움이 될 뿐만 아니라, 서사적인 글을 쓰는

第8课　新闻
제8과　기사문

데에도 큰 도움이 된다. 글을 육하원칙으로 정리하는 일은 다름 아닌 글의 핵심 내용을 정리 요약하는 일이기도 하다.

　　나는 어제 친구들과 운동장에서 농구를 운동삼아 하였다.
　　1980년 5월 18일에서 27일까지 전라남도 및 광주 시민들이 계엄령 철폐와 전○환 퇴진, 김○중 석방 등을 요구하며 일어난 민주화운동을 광주민주화운동이라고 합니다.
　　2013년 3월 15일, 캐나다 런던에서 열린 동계올림픽피겨스케이팅대회에서 김연아 선수가 금메달을 획득했다.이 메달은 개인은 물론, 조국의 명예를 드높이기 위해서 그 동안 김연아선수가 피나는 노력으로 이루어 낸 결과물이었다.

　　선생님께
　　선생님 저는 OOO입니다. 제가 잘못한 점이 있어 이렇게 반성문을 씁니다.
　　지난 8월 1일 친구들과 PC방에 가서 수업에 빠졌습니다.
　　친구들이 한 게임만 더하고 가자고 했는데 저는 그 유혹을 뿌리칠 수 없어서 수업에 빠지게 되었습니다. 제가 정말 잘못했고 어리석었다고 생각합니다. 다시는 그러지 않도록 하겠습니다. 선생님 정말 죄송합니다. 학생 OOO.

육하원칙을 활용하여 <卖火柴的少女 성냥팔이 소녀>의 줄거리를 작성해 볼 수 있다. 육하원칙을 활용하면 핵심 내용을 정리 요약하는 능력을 기를 수 있다.

　　눈이 내리는 한 해 마지막 날
　　춥고 배고픈 성냥팔이 소녀가 성냥을 팔고 있었어요.
　　그런데 아무도 성냥팔이 소녀가 팔고 있는 성냥을 사지 않았어요.
　　소녀는 너무 추워서 자기가 팔고 있는 성냥을 하나, 두 개 켰어요.
　　그랬더니 성냥불 속에서 따뜻한 음식과 크리스마스 트리, 보고 싶은 할머니가 나왔어요.
　　성냥불이 꺼지고 소녀는 할머니와 하늘로 높이높이 올라갔어요.
　　새해 아침 성냥팔이 소녀가 길가에 쓰러진 채 발견이 되었어요.

사람들은 그제서야 소녀를 안타깝게 생각했어요.

5) 新闻的种类 기사문의 종류

① 보도기사

　소식이란 빠를수록 좋고 정확할수록 가치 있는 것이기 때문에, 신속성과 정확성을 생명으로 한다. 보도해야 할 내용을 정리하여 '누가, 언제, 어디서, 무엇을, 왜, 어떻게'라는 요건에 맞춰 쓴다. 이러한 요건을 제대로 갖추지 못하면 보도 내용이 부실해지고 부정확해지기 쉽다. 국내 소식은 신문사에 소속된 기자에 의해 작성되고, 해외 소식은 주로 통신사를 통해 얻는다.

② 논설기사

　논설기사로는 사설과 외부 인사의 논설문 등을 들 수 있다. 사설은 어떤 문제에 대한 그 신문사의 견해를 밝히는 글이고, 외부 인사의 논설문은 특정한 문제에 대한 글쓴이의 입장과 논지를 밝히는 글이다.

③ 해설기사

　보도 기사만으로 부족할 경우나 매우 중대한 사건인 경우, 혹은 전문 분야에 속한 것일 때, 독자에게 친절하게 설명해 주는 글이 해설 기사이다. 정치, 경제, 사회, 문화 등 모든 부분에 걸쳐 해설기사를 쓸 수 있으며, 그 내용의 서술에 객관성을 지녀야 한다.

④ 탐방기사

　기자가 직접 뉴스가 있는 곳을 찾아가 보고 느낀 바를 적는 글이다. 그러므로 어느 정도 주관이 섞일 수 있고, 비판적으로 다루어도 무방하다. 하지만 편견에서 나온 독단이 있어서는 안 된다. 기행문이나 특정 지역의 현지 답사문도 여기에 속한다.

⑤ 대담기사

　특정 인물이 보도와 대상이 될 때, 혹은 그 사람의 입을 통해서 어떤 사실을 알아내려 할 때, 또는 특정 인물과의 대화로 얻어진 기사이다. 대담에 앞서 상대편에 대한 충분한 지식에 바탕을 두고 미리 예상질문을 준비해야 한다. 문답의 내용 뿐만 아니라 그때그때의 분위기까지도 기사 내용의 일부가 될 수 있다.

第8课 新闻
제8과 기사문

□ 연습문제 17

1. 최근 학교 소식으로 기사문을 작성하시오.
2. 다음 기사문을 읽고 리드(육하원칙)를 분석하시오.

천사대 한국어학과 설립 10돌 한마당 축제 열려
천사대 한국어학과를 알리는 중요 문화 행사로 정착

　　천진사범대(이하 천사대) 한국어학과는 지난해(2013년) 10월 17일 2층에 마련된 소회의실에서 학과 설립 10돌을 기념하는 <천사대 한국어학과 한마당 축제>를 개최하였다. 이 행사는 천사대 한국어학과의 명예와 전통을 대내외에 과시한 의미 있는 행사였다.

　　이 날 축제는 학과의 교수, 재학생 뿐만 아니라 졸업생 등 200여명이 참가한 가운데 진행되었다. 문예반의 시와 음악이 있는 밤, 1학년 학생들의 춤과 노래, 연극반의 창작극 공연 등 참가자들의 관심과 이목을 끌었다. 특히 학과의 내국인 및 외국인 교수 10명은 크레용팝의 인기곡 <빠빠빠> 음악에 맞추어 열정적인 춤을 선보여 축제의 분위기를 한층 높여주었다.

　　이번 축제에는 중국의 한국어학과 관련 인사뿐만 아니라 선배, 타교 학생, 시민들도 참가해 천사대 한국어학과를 대내외적으로 알린 중요한 문화 행사였다.

2013.10.18 천사대 알림이

기사문을 육하원칙에 따라 분석하시오.
① 누가 :
② 언제 :
③ 어디서 :
④ 무엇을 :
⑤ 어떻게 :
⑥ 왜 :

第9课 游记
제9과 기행문

　　기행문은 여행 중에 보고 듣고 느낀 것을 시간적 순서에 따라 적는 글이다. 여행은 새로운 곳에 대한 기대감, 새로운 풍물에 대한 호기심, 낯선 사람들을 만난다는 긴장감으로 우리의 가슴을 뛰게 만든다. 여행의 체험을 독자에게 전달하여 가벼운 마음으로 여행의 즐거움을 함께 나누어 가질 수 있는 즐거움을 기록하는 글이 바로 기행문이다.

　　　6월 29일 맑음
　　　배로 강을 건넜다. 배가 마치 말구유같이 생겼는데, 통나무를 파서 만들었다. 상앗대도 없이, 양쪽 강 언덕에 세운 끝이 갈라진 나무에 건너지른 큰 밧줄을 따라가면 배는 저절로 오가게 되었다. 말은 모두 물에 둥둥 떠서 건넜다.
　　　　　　　　　　　　　　　　　　－박지원, 열하일기 중에서, 재수정

1) 游记写作要领　　기행문 작성요령
　　① 기행문의 구성형식은 <출발, 여정, 귀로(歸路)>의 3단계 형식으로 이루어져 있다.
　　② 서두에 여행의 동기와 목적, 출발의 느낌을 쓴다.
　　③ 여행 과정(여정)을 정확하게 기술해야 한다.
　　④ 개인의 독특한 정서와 여행의 의의가 드러나야 한다.
　　⑤ 쉬운 문장으로 가볍게 쓴다.

　　－여정 : 여행한 시간과 장소의 차례를 말한다.
　　　　　　8월 4일. 우리 식구는 경주에 가기 위해 일찍 서울역으로 갔다.
　　　　　　오후 1시 30분. KTX는 경주역에 도착해서 미리 정한 숙소인 OO호텔로 갔다.

- 견문 : 여행하면서 보고 들은 것을 말한다.

　　　　천마총에는 큰 무덤들이 많았다. 무덤 속에는 임금이 사용했던 옛날 물건들이 놓여 있었다.

　　　　푸른 바다와 하얀 모래밭! 꿈에 그리던 칭다오(青岛)의 바다가 눈 앞에 펼쳐지는 것이 아닌가?

　　　　경복궁은 북경의 고궁보다 규모는 작았지만 아기자기한 궁궐의 모습이 무척 아름다웠다.

- 감상 : 여행하면서 본 것, 들은 것에 대한 자신의 생각이나 느낌을 말한다.

　　　　이렇게 4박 5일 눈 덮인 산길 1백 70리, 1,000m가 넘는 산봉우리 20여 개를 넘어 마침내 이 곳 천왕봉에 도달했다는 것을 생각하니 정말 눈물이 나오도록 기뻤다.

　　　　이번 베이징 여행에서 얻은 수확이 많다. 음식도 좋고 경치도 좋았지만 가장 좋았던 것은 중국 역사를 더 많이 알게 된 것이었다.

다음은 기행문의 처음 부분이다. 처음 부분에는 여행을 떠나게 된 동기나 목적, 여행을 떠나는 마음의 설레임, 여행지로 떠날 때의 모습, 여행 장소로 가는 도중의 이야기 등을 쓴다.

　　나는 산을 아주 좋아한다. 한국에는 크고 작은 산들이 아주 많다. 남산, 관악산, 도봉산, 인왕산, 아차산, 수락산, 용마산, 청계산, 북한산, 남한산 등등. 서울에만 해도 지하철만 타면 갈 수 있는 산들이 아주 많아서 나는 자주 산에 간다. 얼마 전부터는 지방에 있는 유명한 산에 가고 싶어졌다. 그래서 지난 토요일 나는 한국 친구들과 함께 1박 2일로 강원도에 있는 설악산에 다녀왔다. 서울을 벗어난 여행은 이번이 처음이어서 떠나기 며칠 전부터 떠날 날만을 손꼽아 기다렸다.

여행정보

여행 동기	
여행 장소	
여행 일정	

第9课　游记
제9과　기행문

위의 예문에서 여행에 대한 기대가 드러난 부분을 찾아 보자. 그리고 글을 읽고 알 수 있는 여행 정보를 써 보자.

여행에 대한 기대가 드러난 부분.

<고친 글>

피서산장

여름방학에 사촌언니와 함께 청더의 피서산장으로 여행을 갔다. 그곳에 본 아름다운 경치는 지금도 눈에 선하다. 피서산장은 정말 가 볼 만한 곳이다.

청더는 하북성 동북쪽에 있다. 예전 열하성의 성도이다. 바로 한국의 유명한 실학자 박지원의 <열하일기>의 열하가 바로 이곳이다. 그리고 유구한 역사를 간직한 도시이기도 하다.

여행지로 떠나는 날은 하늘에 흰 구름이 뭉게뭉게 떠 있는 좋은 날씨였다. 많은 산들로 둘러싸인 이 작은 도시의 경치는 더없이 아름다웠고 공기도 매우 청신했다. 특히 높은 지형의 영향을 많이 받아서 여름에도 참 시원하다. 그래서 많은 관광객은 여기를 찾아온다. 아름다운 경치를 감상할 수 있을 뿐만 아니라 독특한 문화도 체험할 수 있어서 일석이조이다. 또한 제일 중요한 것은 더위를 피할 수 있다는 것이다.

피서산장에 들어가면 누구나 그 규모에 압도당한다. 이미 수백 년을 이어 온 피서산장을 보고 있자니 도저히 입을 다물 수가 없었다. 산장 전체는 거대한 박물관과도 마찬가지였다. 그리고 호수는 맑고 투명하다. 연못에 피어 있는 함초롬히 이슬을 머금은 연꽃이 정말 아름답다. 우리는 유람선을 타면서 아름다운 경치를 볼 수 있어서 좋았다. 가이드의 해설을 통해 피서산장은 청나라 시대의 황제들이 변경 소수민족의 단결을 목적으로 세어진 곳이고, 매년 여름이면 황제와 그 가족은 이곳 청더에서 정무를 처리하고 사냥을 즐기며 피서했다는 역사를 알게 되었다.

피서산장 이곳 저곳을 돌아보고 나니 마치 내가 청나라 시대에 살고 있는 것 같은 느낌을 받았다. 찬란했던 과거의 문화를 고스란히 살펴볼 수 있었다. 이렇게 보존이 잘 되어 있는 고대의 다양한 문물이 인상적이었다. 이번 여행은 한 마디로 감동 그 자체였다. 그때의 아름다운 추억을 영원히 간직하고 싶다.

2013학번 조맹

다음은 기행문의 가운데 부분이다. 여행한 곳의 독특한 풍경이나 풍속, 역사적 배경이 되는 고적이나 인물, 전설 등이 있으면 간단하게 소개하면 된다. 여행 도중 만난 사람과 주고 받은 이야기나 새롭게 발견하고 깨닫게 된 점들을 쓰면 된다.

기행문의 글을 읽고 질문에 답해 보자.

> 토요일 아침 6시. 친구의 차를 타고 설악산을 향해서 출발했다. 이른 아침인데도 토요일이어서 그런지 여행지로 떠나는 사람들이 많은 듯했다.
> 오후 1시쯤 설악산 입구에 도착했다. 가장 먼저 흔들바위로 올라갔다. 그냥 멀리서 보기에는 전혀 흔들릴 것 같지 않았는데 몇 명이 함께 손을 대자 바위가 심하게 흔들렸다. 조금 세게 밀면 아래로 바위가 떨어질 것만 같아 무서웠다. 다음으로 우리 일행은 비룡 폭포로 갔는데 위로 치솟은 폭포가 용이 날아가는 모습을 꼭 닮은 것 같았다. 다시 내려와 비선대로 향했다. 바위의 모습이 선녀들이 날아가는 모양을 닮았다고 비선대(飛仙臺)라고 부른다. 정말 금방이라도 하늘로 날아올라갈 것 같은 모습이었다. 깎아지른 절벽을 오르는 암벽 등반가들이 여기저기 보였다.
> 다음날 아침 밥을 먹고 설악산 내에 있는 백담사라는 절로 향했다. 이곳은 한용운이라는 유명한 시인이 살았던 곳으로 절에서 시인의 작품을 감상할 수 있었다.
> 일요일 밤 10시가 되어서야 서울에 도착했다. 모두들 피곤한 기색이 역력했지만 내일을 기약하면서 밝은 모습으로 헤어졌다.

여행 과정(여정)을 정리해 보자.
토요일 아침 6시, ⇒ 출발 오후 1시, 설악산 도착 ⇒ (   ) ⇒ (   ) ⇒ (   ) ⇒ 일요일, (   ) ⇒ 밤 10시, 서울 도착

여행지에서의 느낌이 드러난 부분을 찾아보자.

다음은 기행문의 끝부분이다. 여행의 전체적인 감상이나 돌아올 때의 느낌, 앞으로의 계획 등을 쓴다.

第9课　游记
제9과　기행문

> 갖가지 형상으로 높이 솟은 바위 봉우리들. 여러 가지 재미있는 이름들이 붙여져 있었지만 그걸로는 위대한 자연의 모습을 나타낼 수 없었다. 정말로 말로는 표현할 수 없는 자연의 아름다움을 느꼈다.
>
> 산으로 올라간다는 것은 쉬운 일이 아니다. 우리가 올라갈 수 있는 것은 산이 우리를 허락했기 때문이라는 말을 자주 하게 된다. 산을 오르면서 겸손을 배운다. 정상에 올라서는 성취의 기쁨을 느끼고 내려오면서는 만족을 배운다. 이번 설악산 여행을 통해 자연 앞에서 인간은 정말 하찮은 존재에 불과하다는 것을 새삼 알게 되었다. 앞으로도 항상 겸손하게 살아야겠다고 다짐했다.

여행의 의의를 드러낸 부분을 찾아보자.

<활동>
최근에 갔었던 여행을 떠올려 보고 다음 내용을 써 보자.
여행 일정, 여행 장소, 여행자, 이동 수단, 여행을 떠나게 된 동기나 목적
여행 일정 :
여행 장소 :
여행자　 :
이동 수단 :
여행을 떠나게 된 동기나 목적 :

　시간에 따라 여정을 정리해 보자.

　여행에서 인상 깊었던 장소를 적어 보고 그 장소에서 보고 듣고 느낀 점을 정리해 보자.

　위의 내용으로 기행문을 써 보자.

_____에 다녀와서

第9课 游记
제9과 기행문

<예문 1>
<원래의 글>

아름다운 동해기행

며칠 전에 나는 한국 동해로 갔다. 정말로 오랜만에 바다를 보았다(보기 위해서다). 아직 먼데도 갑자기 어디서 산들산들 불어온 갯바람이 나를 흥분시켰다.(목적지인 동해바다에 도착하기에는 멀었지만 어디선가 산들산들 불어온 갯바람은 나를 흥분시키기엔 충분했다.) 싱싱한 바다내음이 내 코를 간지럽혔기 때문이다.(나의 코와 볼을 간지럽게 하고 어깨를 어루만진다.)

한국에 유학 온지 반년밖에 안 되지만, 대한민국의 산수를 거의 다 찾아 즐겼다. (한국에 유학 온지 반년이지만 나는 한국의 산과 바다, 그리고 이곳 저곳을 찾는 즐거움으로 지내고 있다.) 설악산의 단풍, 백마강의 모래밭, 제주도의 돌하르방, 나도 모르게 내 앨범에 다 끼어들었다.(내 앨범들은 이 곳의 추억으로 가득 차 있었다.) 이번에 한국친구와 함께 대도시의 시끄러움에서 벗어나 자연의 포용에 잠시 쉬고 싶어서 한국의 동해안으로 여행하기로 했다. 사실 나는 중국과 연결되는 한국 서해안에 많이 가봤다. 그런데 황하의 흙탕물 탓이라서 그런지 인천의 누런색 바다가 사람을 매료시키지 않았던 것 같았다. 이것 때문에 사실 이번 여행 역시 별로 큰 기대는 하지 않았다.

차창을 크게 열어놓고 바다내음을 한꺼번에 다 들이킬 듯 눈을 스르르 감고 최선을 다하여 심호흡을 했다. 짜고 떫은 바닷바람이 반갑게 내 얼굴을 스쳐 지나갔다. 시원하기도 하고 쌀쌀하기도 했다. 점차 해변이 눈에 들어왔다. 차에서 내려 양팔과 머리를 높게 들고 눈을 감은 채 온몸을 바람에 맡겼다. 어려서부처(어려서부터) 바닷가에서 머릿결을 흩날리며 바다바람을 쐬는 것이 꿈이었던 나에게 이는 동화와 같은 느낌이었다.

한국 동해는 해안선이 쭉멀리 뻗어나가고,(쭉 멀리 뻗어나가고 있어) 구불구불 만연하는 우리 발해만의 바다와 완전 달랐다.(구불구불한 발해만의 바다와는 전혀 달랐다.) 깊기도 하고 넓기도 하는 것이 정말인 것 같았다. 너무나 깨끗해서 쓰래시는(쓰레기는) 커녕 먼지도 못 찾을 정도였다. (커녕 먼지조차 찾을 수 없었다.) 조용하면서도 드높은 기세가 사람에게 진정한 태평양의 멋을 보여줬다. …

2004학번 장정설(张静雪)

<고친 글>

아름다운 동해기행

며칠 전에 나는 한국 동해로 갔다. 정말로 오랜만에 바다를 보기 위해서다. 목적지인 동해바다에 도착하기에는 멀었지만 어디선가 산들산들 불어온 갯바람은 나를 흥분시키기엔 충분했다. 싱싱한 바다내음이 나의 코와 볼을 간지럽게 하고 어깨를 어루만진다.

한국에 유학 온지 반년이지만 나는 한국의 산과 바다, 그리고 이곳 저곳을 찾는 즐거움으로 지내고 있다. 설악산의 단풍, 백마강의 모래밭, 제주도의 돌하르방, 나도 모르게 내 앨범들은 이 곳의 추억으로 가득 차 있었다. 이번에 한국친구와 함께 대도시의 시끄러움에서 벗어나 자연의 포용에 잠시 쉬고 싶어서 한국의 동해안으로 여행하기로 했다. 사실 나는 중국과 연결되는 한국 서해안에 많이 가봤다. 그런데 황하의 흙탕물 탓이라서 그런지 인천의 누런색 바다가 사람을 매료시키지 않았던 것 같았다. 이것 때문에 사실 이번 여행 역시 별로 큰 기대는 하지 않았다.

차창을 크게 열어놓고 바다내음을 한꺼번에 다 들이킬 듯 눈을 스르르 감고 최선을 다하여 심호흡을 했다. 짜고 떫은 바닷바람이 반갑게 내 얼굴을 스쳐 지나갔다. 시원하기도 하고 쌀쌀하기도 했다. 점차 해변이 눈에 들어왔다. 차에서 내려 양팔과 머리를 높게 들고 눈을 감은 채 온몸을 바람에 맡겼다. 어려서부터 바닷가에서 머릿결을 흩날리며 바다바람을 쐬는 것이 꿈이었던 나에게 이는 동화와 같은 느낌이었다.

한국 동해는 해안선이 쭉 멀리 뻗어나가고 있어 구불구불한 발해만의 바다와는 전혀 달랐다. 깊기도 하고 넓기도 하는 것이 정말인 것 같았다. 너무나 깨끗해서 쓰레기는 커녕 먼지조차 찾을 수 없었다. 조용하면서도 드높은 기세가 사람에게 진정한 태평양의 멋을 보여줬다. …

2004학번 장정설(张静雪)

<예문 2>

<원래의 글>

제주도 3박4일 기행문

한국까지 왔는데 제주도에 가 보지 않으면 후회될지도 모르는 마음에 황금가간 5월21일--24일까지 제주도로 떠났다.

第9课 游记
제9과 기행문

만물 비싸다는 가난한 학생으로서 늦게 도착하고 일찍이 올라와야 하는 비행기표를 택하며 불합리하지만 제일 싼 것을 예매했다. 얼마 싸냐 하면 불과 5만 7천원밖에 안 들었다. 비행기표만 예매해 놓고 마음이 이미 제주도에 가 있는 것 같았다. 떠날 날 만을 기다리고 또 기다렸다. 드디어 떠나는 날이 왔다.

21일 저녁 5시쯤에 흥분한 마음으로 제주도에 도착했다. 제주도의 특색 음식이 무엇이냐고 한국 친구에게 물어보면 딴말 없이 흑돼지라고 추천해 주었다. 그래서 도착하자 계획대로 곧장 유명한 흑돼지 맛집에 찾아갔다. 친구와 같이 갔으니까 4만 2천원 가격으로 2인분을 시켰다. 그러자 종업원이 각종 반찬과 고기를 내와 주었다. 좋은 요리의 맛을 보기 전에 사진부터 찰칵 찍었다. 고기는 겉으로 기름져 보이지만 실제로 전혀 느끼지 않고 쫄깃하면서 고소했다. 반찬도 다양하고 맛있었다. 배부르게 먹고 만족스럽게 게스트하우스를 향했다.

아담한 게스트하우스에서 푹 자고 다음 날이 되며 성산일출봉과 우도를 위주로 구경했다. 그날은 햇볕이 맑고 바람이 슬슬 불어서 경치가 특히 우도의 풍광이 정말 기가 막혔다. 우리가 찍은 사진들이 다 화보처럼 잘 나왔다. 많은 추억을 만든 후에 다음 장소로 이동!

출발하기 전에 제주도 여행 코스를 검색했는데 올레길 코스라는 도보 코스를 알게 됐다. 올레길을 걸으며 친구와의 관계가 더 친해지고 제주도의 진정한 아름다움을 느낄 수 있을까 해서 그 중 10코스를 결정했다. 일찍 일어나 신난 마음으로 숙소를 떠났다. 올레길 10코스의 거리가 15.5km에 이르지만 거는 동안 기가 막히는 경치들이 계속 나오기 때문에 풍경을 감상, 탄복하기가 부족한데 힘들다는 생각조차 들지 않았다. 드디어 7시간에 거쳐 10코스를 완주했다. 숙소로 돌아갔을 때 피로감이 몰려와 잠이 들어 내릴 곳을 놓칠 뻔했다.

아쉽게도 떠나야 할 날이 찾아오고 말았다. 나중에 다시 찾아 오겠다는 약속과 함께 숙소 이모와 아쉬운 작별 인사를 하며 서울로 향하는 버스에 올랐다.

2012학번 주명

<고친 글>

제주 3박 4일

한국까지 왔는데 제주도를 빼놓는다는 것은 후회가 되는 여행이라는 생각에 우리는 제주도에 가기로 마음먹었다. 이번 황금 연휴 기간인 5월 21일부터 24일까지 교과서에서 그토록 많이 보았던 그 섬, 제주도로 떠난다.

모든 게 비싸게만 느껴지는 학생이라 여행 경비도 절약할 겸 제주에 늦게 도착하고 일찍 타야 하는 비행기표를 눈물을 머금고 예매했다. 얼마나 싸냐 하면 불과 5만 7천원 밖에 안 들었다. 비행기표를 예매하고 나니 마음은 벌써 제주도에 가 있는 것 같았다. 떠날 날 만을 기다리고 또 기다렸다. 드디어 제주도로 떠나는 날이 왔다.

21일 저녁 5시쯤 흥분된 마음으로 제주도에 도착했다. 제주도의 특색 음식이 무엇이냐고 한국 친구에게 물어보면 주저 없이 흑돼지라고 말한다. 그래서 도착하자마자 계획대로 곧장 유명한 흑돼지 맛집으로 갔다. 종업원은 각종 반찬과 고기를 내어 왔다. 좋은 요리의 맛을 보기 전 사진 찍는 일은 잊지 않았다. 고기는 겉으로 기름져 보였지만 실제로는 전혀 느끼하지 않고 쫄깃하면서 고소했다. 반찬도 다양하고 맛있었다. 배부르게 먹고 만족스럽게 게스트하우스를 향했다.

아담한 게스트하우스에서 푹 자고 다음 날 성산일출봉과 우도를 구경했다. 그날은 햇볕이 맑고 바람이 솔솔 불어서 우도의 풍광이 정말 기가 막혔다. 우리가 찍은 사진들이 다 화보처럼 잘 나왔다. 많은 추억을 만든 후 다음 장소인 올레길 코스로 이동했다. 올레길을 걸으면 친구와의 관계가 더 친해지고 제주도의 진정한 아름다움을 느낄 수 있을까 해서 그 중 10코스를 선택했다. 올레길 10코스의 거리는 15.5km에 이르지만 걷는 동안 끊임 없이 이어지는 멋진 풍경에 감탄이 절로 나와 힘들다는 생각조차 들지 않았다. 드디어 7시간에 걸친 10코스를 무사히 마쳤다. 숙소로 돌아가는 버스 안에서 피로감이 몰려와 잠이 들었는데 하마터면 내릴 곳을 놓칠 뻔했다.

아쉽게도 제주도를 떠나야 하는 날이 찾아 왔다. 나중에 다시 찾아 오겠다는 약속과 함께 숙소 이모와 아쉬운 작별 인사를 하며 서울로 향하는 버스에 올랐다.

2012학번 주명

第9课　游记
제9과　기행문

<예문 3>
<원래의 글>

피서산장 구경

여름방학에는 나는 사촌언니와 함께 청더의 피서산장을 여행갔다. 그곳에 본 아름다운 경치는 지금도 눈에 선하다. 피서산장은 정말 가 볼 만한 곳이다.

청더는 하북성 동북쪽에 있다. 예전에 열하성의 성도잉였다. 바로 한국의 유명한 작품안<열하일기> 중의 열하였다. 그리고 유구한 역사로 세계에서도 아주 유명하다. 간 날의 날씨가 아주 좋았는데 하늘에 흰 구름이 뭉게뭉게 떠 있었다. 청더에 도착하여 차에서 내리자마자 많은 산들로 둘러싸인 도시를 봤다. 이 작은 도시는 경치가 더없이 아름답고 공기도 매우 청신하다. 특히 카후가 높은 지형의 영향을 많이 받아서 여름에도 참 시원하다. 그래서 많은 관광객은 여기를 찾아왔다. 아름다운 경치를 감상할 수 있을 뿐만 아니라 독특한 문화도 체험할 수 있어서 일석이조아였다. 또한 제일 중요한 것은 피서할 수 있었다.

피서산장에 들어가서 먼저 그 규모에 압도당하지 않을 수가 없었다. 이미 수백 년을 이어 온 피서산장을 보면서 입도 다물 수가 없었다. 산장 전체가 거대한 박물관과 마찬가지였다. 그리고 호수가 맑고 투명하다. 연못에 피고 있는 함초롬히 이슬을 머금은 연꽃이 정말 아름답다. 우리는 유람선을 타면서 아름다운 경치를 볼 수 있어서 좋았다. 가이드의 해설을 통해 피서산장은 청나라 시대의 황제들은 변경 소수민족을 단결하기 위해서 세어진 곳이고 매년 여름에는 황제는 빈궁과 황자,그리고 왕공대신을 데리고 청더에 와서 몇 달 동안 여기에서 정무를 처리하고 사냥을 하고 피서했다는 역사를 알았다. 그 안에 있는 박물관에 들어가서 여기저기 돌아보면서 마치 내가 청나라 시대에 있는 것 같은 느낌을 받았다. 찬란했던 과거의 문화를 고스란히 살펴볼 수 있었다. 어쩌면 그렇게 잘 보존이 되어 있을 수 있는지 모르겠다. 특히 고대에서 남겨 내리는 다양한 문물이 인상적이었다.

이번 여행은 한 마디로 감동 그 자체였다. 나는 그때의 아름다운 추억을 영원히 간직하고 싶다.

2013학번 조맹

<예문 4>

한국 문화의 1번지-경복궁

내일은 우리 유학생들이 경복궁으로 신나는 현장체험학습을 떠나는 날이다. 한국의 대표 궁궐인 경복궁은 구경하기 그지없는 곳이다.

새벽 6시에 일어나야 하는 수고로움은 있었지만 다행히 나와 같은 방을 쓰는 친구가 있었기에 일찍 일어날 수 있었다. 아침을 먹는 둥 마는 둥 하다가 우리들은 버스에 탔다. 버스에 앉자마자 피곤함이 몰려와 나는 또다시 잠이 들었다. 마치 잠자는 숲 속의 공주인양 나는 깊은 꿈나라에 빠져 들었다. 하도 시끄러워서 눈을 떠 보니 버스는 청와대를 지나고 있었다. 청색의 기와지붕이 인상적이었다. '이곳이 청와대구나' 하고 절로 감탄이 쏟아져 나왔다. 1시간 정도 버스를 타고 도착한 곳은 경복궁(景福宮)이다. 경복궁 앞에는 이미 여러 나라 사람들이 모여 있었다. 나와 같은 중국의 유학생들도, 관광객들도 보였고 미국사람도 있었다. 알 수 없는 언어를 쓰는 각양각색의 관광객들이 모여 있어 신기하기도하고 흥미롭기도 했다.

제일 먼저 우리는 경복궁 안으로 들어가 근정전(謹政殿)을 보았다. 근정전은 조선시대 여러 왕들이 즉위식을 했던 곳으로 국가의 공식행사나 외국의 사신을 영접하는 행사를 치렀던 곳이다. 근정전이란 이름에서 알 수 있듯이 근정(謹政)은 '정치를 부지런히 해야 한다'를 의미한다. 우리를 안내하던 관광해설사의 말에 따르면 근정전은 남동쪽에서 봐야 아름답다고 한다. 남동쪽으로 가서 근정전을 바라보았다. 양 옆에 북악산과 인왕산을 끼고 위엄 있게 서있는 근정전을 보니 가슴 속에서 무언가가 끓는 듯한 기분이었다. 가슴이 벅차 올랐다. 신비스러운 분위기도 풍겼다. 그리고 그 앞에 있는 박석(薄石)은 자동으로 햇빛을 막아주는 선글라스 역할을 하였다. 정말 아름다웠다. 모든 것이 다 잘 어울려져 있었다.

경복궁 체험에서 기억에 남는 건 경복궁 지붕 위의 잡상(雜像)이다. 가이드(관광해설사)에게 지붕을 보면서 저기 위에 있는 인형이 뭔지 아느냐고 물었다. 가이드는 친절하게 그것은 '잡상'이며 더군다나 그 토기인형은 삼장법사, 손오공, 사오정, 저팔계라고 자세히 설명해 주었다.

더위도 피하고 쉴 겸해서 우리들은 경회루(慶會樓)로 향했다. 경회루 옆에는 커다란 연못이 있었다. 그 연못 안에는 큼지막한 잉어들이 내 앞을 헤엄치며 놀고 있었다. 그 앞에는 여러 종류들의 나무들이 자라고 있었다. 시원한 바람도 불어 상쾌했다. 그리고 나서 왕의 침전인 강녕전(康寧殿)으로 향했다. 정말 크고

第9课　游记
제9과　기행문

멋있었다. 그 안으로 들어가면 왕비의 침전인 교태전(交泰殿)이 나온다. 하나같이 다 아름다운 건축물들이었다. 더 많은 곳을 가고 싶다 싶다하면서도 그러지 못해 안타까웠다. 다음에 시간이 되면 이 아름다운 경복궁에 다시 찾아와서 천천히 둘러보고 싶다. 몸은 피곤했지만 정말 즐거운 하루를 보내서 기분이 뿌듯했다.

第10课 邀请函和感谢信
제10과 초청장과 감사장

　　초청장(Invitation Card)은 말 그대로 초청하는 내용을 적은 문서이다. 초청장은 주로 초대하고 싶은 상대방에게 건네기 위하여 작성하는 것이다. 이는 초대하는 방법 중에서도 예우를 갖춘 방법이라 할 수 있다. 초청장에는 초청의 글과 더불어 초청 목적, 초청 시간 등을 기록하도록 한다. 이는 초청장이 상대방이 참여하도록 하는 것을 목적으로 작성하는 것이므로, 이에 대한 충분한 정보를 제공해야 하기 때문이다.

　　감사장(letter of appreciate)은 감사하는 마음을 담아 글로 적은 서식이다. 초청장보다 감사장을 보내는 일이 더욱 중요하다. 감사할 대상에게 쓰는 편지와 같다고 볼 수 있다. 특별히 정해진 형식은 없지만, 감사할 대상에 대한 인사, 감사한 마음을 갖게 된 이유를 포함하여 직접 수기로 쓴다면 감사하는 이의 정성과 고마움을 적절히 표현할 수 있다. 먼저 전화로 감사의 인사를 드린 후 감사장을 보내는 것이 중요하다.

1) 写作要领　작성요령
　　① 정중한 자세로 요청한다.
　　② 초청의 목적을 분명히 밝힌다.
　　③ 장소 시간 등을 정확하게 쓴다.
　　④ 감사의 내용을 간결하고 명료하게 쓴다.
　　⑤ 주제를 분명히 드러낸다.
　　⑥ 쉬운 말로 쓴다.

<예문 1>

名人结婚典礼的邀请辞   유명인들의 결혼식 초대 문구
지성 ♥ 이보영
저희의 만남이 설렘으로 다가오던 어느 날.
지성이는 보영이에게 든든한 아름드리나무가 되어주기로 약속했습니다.
어린 왕자가 자기 별을 예쁘게 가꾸듯 저희도 저희 별을 가꾸고 있어요.
여러분을 보영&지성 별에 초대합니다.
예쁜 별을 만들 수 있게 축복해 주세요.

탕웨이 ♥ 김태용 감독
새로운 인생을 시작하는 단계, 신선함 역시 충만한 도전 앞에 우리는 이미 준

第10课　邀请函和感谢信
제10과　초청장과 감사장

비를 마쳤습니다.

　사랑과 존중의 마음을 품고 함께 손잡고 동행하겠습니다.

　관심을 가져주신 모든 분들께 다시 한 번 감사드리며 사랑과 행복이 가득하시길 바랍니다.

장동건 ♥ 고소영

오래 전 작은 인연이 저희를 연인으로 만들었고 지금 그 인연으로 저희 하나가 됩니다.

아직은 많이 부족하지만 늘 그 인연을 생각하며

서로 아껴주고 사랑하며 살겠습니다.

오셔서 지켜봐 주시고 축하해 주십시오.

배용준 ♥ 박수진

오랫동안 기다린 사랑

눈에 밟혀서

이야기가 통해서

시작된 사랑

잊혀지지 않은

하나의 꽃이 되고 싶습니다.

<예문 2>

Seoyun's
1st Birthday

하나의 작은 점으로 시작하여 열달을 품고
작고 여린 품에 보듬기도 조심스러웠던
이 작은 아이로부터 엄마, 아빠로서의 삶을 배웁니다.
어느 날 천사처럼 나타난 우리 아기가 어느덧 일년이 되어
감사하는 마음으로 조촐한 자리를 마련했습니다.
바쁘시더라도 사랑하는 우리아가 건강하게 자라도록
참석하여 축하해주시면 큰 기쁨이 되겠습니다.

저희 사랑이가 세상의 빛을 본 지   김행복과 이기쁨의 딸(아들)   Happy Birthday to 기쁨♥
1년이 되었습니다.   축복이가 세상구경한지 1년이 되었습니다.   여러분의 사랑으로 기쁨이가
사랑이의 돌잔치에 오셔서   축복이의 생일에 오셔서   1살을 맞이했습니다 ㅅㅅ
축복해 주세요 ㅅㅅ   자리를 빛내주세요 ㅅㅅ   기쁨이의 첫돌잔치로 여러분을
시간: 2015년 5월 00일   시간: 2015년 5월 00일   초대합니다
장소: 즐거운 나라 1층   장소: 돌잔치 나라 1층   시간: 2015년 5월 00일
                                                                  장소: 희망의 나라 1층

<예문 3>

삼가모십니다.

저희를 낳아주시고 가없는 사랑으로 길러주신
아버지(이李수修호鎬)의 회갑을 맞아
작은 정성을 모아 축하의 자리를 마련했습니다.
오늘날까지 저희 부모님과 두터운 정을 키워오신
어르신들과 친척분들을 모시고자 하오니
기쁨을 함께 나눠주시면 감사하겠습니다.

= 모시는 이 =

장남 이기쁨   자부 권유리
차남 이행복   자부 김현아
장녀 이나눔   사위 유아인

일시 : 2015년 1월 1일 목요일 오후 5시~8시
장소 : 플로렌스파티하우스

第10课　邀请函和感谢信
제10과　초청장과 감사장

<예문 4>

여행초대장

쌀쌀한 계절을 맞아 학과의 발전과 학생들의 지도에 힘쓰시는 여러 동료 선생님들께 깊은 감사를 드립니다. 다름이 아니라 이번에 여러분의 노고에 감사하는 뜻으로 '제주도 여행'을 준비했습니다. 또한 올해는 우리 학과 설립 20주년이기도 합니다.

앞으로 더욱더 학과의 발전과 학생의 지도에 최선을 다해주시길 부탁 드립니다.

참가여부를 동봉한 엽서에 기재하시고 ○월 ○일까지 보내주십시오.

천진사범대학교 한국어학과 학과장 ○○○

<예문 5>

집들이 초대장

안녕하세요?

항상 여러분들께서 염려해 주시는 덕분으로 저희 가정이 평안함을 감사 드리고 있습니다. 다름이 아니라 이번에 이몽룡과 성춘향이 새로운 보금자리를 가지게 되었습니다. 이를 축하하고 평소에 도움을 많이 주신 여러분들이 이곳에 초대하고자 자리를 마련하였으니 많이 오셔서 축하해 주시기 바랍니다.

날짜 : 2010년 12월 23일 저녁 7시
주소 : 서울시 서대문구 신촌로 123-45 무궁화아파트 112동 1405호
약도 : 略

이몽룡, 성춘향 드림

<예문 6>

결혼 감사장 : 인사의 말씀

바쁘신 중에도 저희 결혼식에 참여하셔서 각별하신 축하와 격려를 베풀어 주신데 대하여 진심으로 감사를 드립니다. 마땅히 찾아 뵈옵고 인사를 드리는 것이 도리이오나, 우선 먼저 편지로 감사 드림을 너그럽게 받아 주셨으면 합니다. 가정에 건강과 평안이 늘 함께 하시기를 기원합니다.

감사합니다.

도민준, 천송이 드림

<예문 7>

[감사장]

한국어학과 교환교수   문학박사   □□□

교수님은 2010년부터 2020년까지 본 대학에서 교환교수로 재직하셨습니다. 10년을 교환교수로 재직하시면서 본 대학의 한국어와 한국학의 발전, 그리고 귀 대학과의 우호적인 교류에 힘써 주신 것에 머리 숙여 감사드립니다. 귀국 후에도 양 대학의 우호증진과 관계발전에 힘써 주시고, 교수님의 가정과 하시는 일이 항상 순조롭고 형통하시길 바랍니다.

2020년 8월 20일 천진사범대학교 외국어학원 한국어학과장 ○○○ (직인)

□ 연습문제 17

각자 휴대전화기를 꺼내 감사의 메시지를 보내 보자.

□ 연습문제 18

앞의 메시지를 전자 우편으로 주고 받는다고 가정하고 내용을 작성해 보자.

第 11 课　书信·电子邮件
제11과　편지·E-mail

　　편지를 쓰려는데 막상 쓰려고 하니 어떻게 써야 할지 막막할 때가 있다. 글을 써야 한다고 생각하니 왠지 논문처럼 거창하게 기승전결을 갖춰야 할 것 같은 생각이 들기도 한다. 멋진 시구나 문장으로 써야 하지 않을까 하는 생각으로 편지 쓰기가 두려운 학생들도 많을 것이다. 하지만 편지는 솔직한 나의 마음을 있는 그대로 담으면 되기 때문에 걱정할 필요가 없다. 편지를 쓸 때 멋진 문장을 쓰고자 고민한다면 오히려 나의 멋이 사라져 버리고 만다. 그러므로 진실된 마음을 담아 정성스럽게 보내는 게 훨씬 인간적이고 내 마음을 잘 전달할 수 있는 길이다.

　　그런데 이렇게 글을 적다 보면 글의 두서도 없어 보이고, 했던 말을 반복적으로 할 수도 있으며 솔직한 속마음이기에 부끄러운 이야기들이 한 가득 적혀 있을 수도 있을 것이다. 그럴 때마다 쓰고 지우고 다시 쓰기 보다는 편지 쓰기의 기본인 <7:3의 법칙>에 따라 쓰는 게 낫다. <7:3의 법칙>이란 편지를 받는 사람의 이야기를 70% 쓰고, 내 이야기를 30% 쓰는 것을 말한다. 편지는 마주 앉아 하는 대화가 아니기 때문에 나의 표정이나 추임새를 상대방에게 제대로 보여줄 수가 없다. 그렇기 때문에 그 사람에게 초점을 맞추고 그 사람이 관심을 갖고 좋아할 만한 것들로 이야기를 채워야 한다. 그러면 편지를 읽는 사람은 흥미롭게 나의 편지를 읽어내려 갈 것이다. 이렇게 편지의 내용은 받는 사람의 이야기로 70을 채우고, 나머지 30은 나의 이야기로 채운다. 자신이 등장하는 내용을 읽은 사람은 당신의 이야기에도 귀를 기울이고 즐겁게 읽어 줄 것이다.

亲笔信代表我的心意：怎么写才能很好地转达我的心意呢
손 편지는 마음이다 : 어떻게 하면 나의 마음을 잘 전할 수 있을까?

　　사랑하는 사람들에게 얼마나 자주 사랑을 표현하나요? 스마트폰과 SNS, 그

리고 메신저로 이야기하는 이 시대 우리는 손 편지를 거의 쓰지 않는다. 그래서인지 가끔은 손 편지가 주는 감동과 마음이 그립기도 하다. 종이와 펜보다는 스마트폰에 익숙한 우리는 손 편지를 어떻게 써야 할 지 몰라 고민이다. 손 편지를 쓰는 법은 의외로 간단하다. 내 솔직한 마음을 담아 정성스럽게 쓰면 된다. 멋진 문장이 아니어도 진실된 마음을 담아 정성스럽게 한 글자 한 글자씩 적어 본다면 상대방은 당신의 정성과 마음에 감동할 것이다.

 편지를 쓰는 사람은 바로 '나'이며 편지의 내용들도 바로 나의 생각과 마음이다. 꾸밈없고 솔직한 나로 돌아가 친구와 애인, 그리고 부모님께 편지를 써 보자. 손 편지를 써 보자. 그 동안 부모님께 느꼈던 감정들을 글로 쭈~욱 써 보자. 나와 부모님과의 추억들이 새록새록 떠올라 마음이 훈훈해 질 것이다. 펜 끝으로 전해지는 내 마음, 손 끝으로 전하지는 훈훈한 감동은 손 편지이기에 가능한 일이다.

 편지를 써야 한다고 해서 꼭 예쁜 편지지나 봉투가 아니어도 괜찮다. 당신의 진실한 마음이 담긴 편지가 예쁜 편지지와 봉투에 담긴 편지보다도 더 감동적일 수 있다. 긴 장문의 편지를 쓰는 것도 좋지만 당신의 따뜻한 마음이, 진실함이 담긴 짧은 메시지가 더 감동적일 수 있다. 당신이 편지를 쓰는 그 시간은 오로지 그 사람에 대해서만 생각할 수 있는 시간이기에 상대와 나와의 관계에 대해 다시 한번 생각해 볼 수 있는 소중한 시간이다. 손 편지 쓰는 법, 그것은 멋 부리지 않고 있는 그대로의 나의 모습을 보여주면 된다는 것을 잊지 말자.

 지금 당장 펜과 종이를 꺼내 가벼운 마음으로 부모님, 친구, 선생님께 손 편지를 써 보자.

信应该怎么写呢? 편지를 어떻게 써야 할까?

1) **写作要领** 작성요령

 ① **称呼** 호칭: 편지를 받을 사람의 이름을 쓴다.
 ② **季节问候** 계절 인사: 계절에 맞는 인사와 안부를 묻는다.
 ③ **问候** 문안: 안부 인사를 물을 때는 간단하고 길지 않게 적는다.

④ 自己的近况 자기 근황: 자기의 근황을 짧게 적는다.

⑤ 事由 사연: 편지를 쓰게 된 이유, 내용을 적는다. 편지의 내용은 복잡하지 않고, 자세하고 알기 쉽게 적는다. 문안 인사가 편지의 목적인 경우에는 편지를 쓰는 이유를 밝히지 않아도 된다.

⑥ 结尾 끝인사: 간단한 인사로 편지를 마무리 한다.

⑦ 日期 날짜: 편지를 쓴 날짜. 년, 월, 일을 쓴다.

⑧ 落款 서명: 성과 이름, 혹은 이름 등을 쓴다. 웃어른에게는 ~올림, ~드림을 친구나 아랫 사람에게는 ~가, ~씀을 사용한다.

⑨ 补充 추신: 편지의 빠진 내용을 적는다.

① 그리운 현아에게

② 아침 저녁으로 쌀쌀한 10월이구나. ③ 현아야 잘 지내니?

④ 나는 이곳 중국에서 몸 건강히 잘 지내고 있단다.

⑤ 작년에 네가 한국 서울로 유학을 간다고 했을 때 얼마나 섭섭했는지 몰라. 벌써 네가 한국에 간 지 1년이나 되었구나. 보고 싶다. 현아야. 어제는 학교에서 한국어 글짓기대회가 있었단다. 글짓기에서 늘 상을 받았던 현아 네가 없어서 이상했는데 덕분에 나는 글짓기대회에서 우수상을 받았단다. 너무 좋아서 날아갈 것만 같았어.

현아야. 예전에 너랑 재미있게 지냈던 일들이 자꾸 생각이 난다. 학교 캠퍼스를 너랑 나, 그리고 민호랑 셋이서 즐겁게 돌아다녔는데…. 우리 삼총사는 이제 네가 없어서 이총사가 되었단다. 네가 어디선가 우리를 부르면 나올 것만 같구나.

현아야. 보고 싶다. 빨리 네가 유학을 마치고 중국으로 돌아오기만을 손꼽아 기다릴게.

⑥ 그럼 만날 때까지 건강히 잘 지내.

⑦ 2015년 10월 3일

⑧ 친구 수호가

⑨ p.s 다음 주가 너의 스물 두 번째 생일인데 미리 축하해.

2) 注意事项 유의사항

① 예의를 갖추고 정중하게 쓴다.
② 깨끗한 글씨로 정성스럽게 쓴다.
③ 맞춤법이나 띄어쓰기에 유의하면서 쓴다.
④ 답장은 되도록 빨리 쓰도록 한다.

3) 信封的写法 편지봉투 쓰는 법

① 규격봉투에 우편번호를 정확하게 기입하고, 우표는 받는 사람 위, 우측 상단에 붙인다.

② 보내는 사람의 이름과 주소, 받는 사람의 이름과 주소를 정확하게 쓴다.

③ 성함 밑에 '귀하', '좌하', '앞', '에게' 등을 골라 쓴다.

④ 선생님께 보내는 편지는 성함 뒤에 그냥 '○○○ 선생님(께)'이라 쓴다.

⑤ 나의 이름도 격에 맞게 올바르게 쓰도록 한다. 부모님께는 '소자(소녀) ○○이 올림'이라고 쓰고, 선생님께는 '시생(試生)(또는 문하생(門下生))' ○○○ 올림이라고 쓴다.

⑥ 객지에서 자기의 부모님에게 편지를 쓸 때는 부모의 이름 대신 자기의 이름을 쓰고 '~의 집에' 또는 '본제입납(本第入納)', 본가입납(本家入納)이라고 쓴다. '심청이의 집에' 또는 '홍길동 本第入納(본제입납)'

□□□-□□□   우표

천진시 서청구 빈수서도 393

홍길동 올림

                                                          □□□-□□□
                                              광주시 북구 유림로 160번길 S아파트 101-101

                                                              홍판서 좌하(座下)

第11课 书信·电子邮件
제11과 편지·E-mail

貴下(귀하) : 어느 한 개인을 적시하고 상대편을 높여 이름 다음에 붙여 쓴다.

㈎ 李光洙阁下 이광수 귀하, 三松股份有限公司代表理事 阁下 삼송 주식회사 대표이사 귀하, 韩国语都学与研究会会长阁下 한국어교육학회 회장 귀하

貴中(귀중) : 2명 이상의 개인이나 회사 또는 단체 앞으로 보낼 때 회사명이나 단체명 뒤에 귀중이라고 표기한다.

㈎ 天津师范大学韩国语专业诸先生 천진사범대학교 한국어학과 귀중, 韩国贸易协会各位先生 한국무역 협회 귀중

座下(좌하) : 받는 사람을 가장 높여 그 이름이나 호칭 아래 붙여 쓰는 말.

㈎ 都敏俊代表理事 도민준 대표이사, 金长善教授 김장선 교수 좌하

先生(선생) : 일반적인 존경의 대상, '任 님'

㈎ 刘在石 先生 유재석 선생, 유재석 님 李光洙 先生 이광수 선생

前(앞) : 주로 부모가 자녀에게 편지를 보낼 때

㈎ 金泰熙 启 김태희 앞

女士(여사) : 결혼한 여성이나 사회적으로 이름 있는 여자를 높여 이르는 말

㈎ 千颂伊女士 천송이 여사

拜上(배상) : 예스러운 편지글에서 사연을 다 쓴 뒤에 자기 이름 다음에 쓰는 말. 주로 '올림'으로 순화.

君(군) : 30세 이하 학생이나 남자 ㈎ 李修镐君 이수호 군

小姐(양) : 결혼하지 않은 젊은 여성 ㈎ 白蔷薇小姐 백장미 양

"格式规范的电子邮件是获得信任的策略"
"형식을 잘 갖추어 보낸 이메일은 믿음을 주는 전략이다"

　　이메일로 과제나 서류를 받는 게 일상이 되어 버린 요즘, 학생들이 보낸 이메일을 보면 글의 내용과는 별개로 형식을 제대로 갖추어 보낸 이메일을 찾기가 힘들다. 어떤 학생은 제목을 잘못 썼고, 어떤 학생은 본문 구성이 미흡했으며, 또 어떤 학생은 파일 첨부 형식도 부적절했고, 심지어 첨부 파일도 없었다.

邮件主题宜用一句话简要概括邮件内容
이메일 제목은 이메일 내용을 한마디로 요약하여 작성한다

　　우리가 이메일로 과제를 보낸다거나 문서를 보낼 때 신경 써야 할 점이 몇 가

지 있다. 먼저 제목이다. 이메일을 받게 될 대상이 제목만 보고서도 내용을 짐작할 수 있게끔 쓰는 게 좋다. 제목을 보고 도무지 무슨 내용의 이메일인지 짐작하기 어렵다면 잘못 작성한 것이다.

좋지 않은 제목	좋은 제목
1. 안녕하세요. 2. 과제/ 숙제 3. (제목 없음)	제목(학번, 성명) 글쓰기 과제물 제출(12110025 유하)

　왼쪽의 1번, 2번, 3번은 모두 제목으로서 제 역할을 수행하지 못한 예이다. 이메일 계정 설정에서 기본값을 본명으로 설정하지 않으면 보낸 사람 이름이 본명 대신 아이디나 별명으로 표시될 수도 있다. 그래서 누가 보낸 메일인지 알 수 없으므로 제목 끝에 작성자의 이름을 덧붙이는 것도 괜찮은 방법이다. 그런데 학생들의 수가 많다거나 시간이 진행되다 보면 동명이인인 학생이 증가되는 경우가 발생할 수 있으니 학번과 이름을 함께 적어 보내는 게 좋다.

顺便再考虑一下收件人的立场
이왕이면 수신자의 입장을 한 번 더 생각해 보자

　처음 이메일을 주고받는 사이라면 냉랭하게 메시지만 주고받을 것이 아니라 본문 첫 문장에 간략한 인사나 소개의 말을 넣으면 좋다. 글쓰기 과제를 보낸다면 자신의 장단점에 관해 써도 자연스러울 것이다.

평범한 도입 문장	더 나은 도입 문장
과제 보냅니다.	안녕하세요. 저는 장홍연입니다. 읽기는 좋아하는데 쓰기는 늘 부담스럽습니다. 선생님께서 잘 지도해 주세요.
잘 부탁드려요.	

　다음으로 첨부 파일 잘 보내는 방법이다. 멀티미디어 자료가 포함되지 않고 순수하게 문자로만 작성한 글을 상대방에게 보내려 한다면 어떤 프로그램으로 파일을 만들어 보내야 좋을까? HWP나 MS-Word가 아니다. 파일을 아예 만들지 말고 이메일 본문에 바로 내용을 담아 보내는 편이 낫다. 만약 내용이 많은 경우는 첨부파일을 이용해야 하는데 우리가 명심해야 할 것은 첨부파일명이다. 학생들이 많이 사용하는 파일명은 '과제/숙제'이기에 '덮어쓸까요?'라는 불상사가 생길 수 있다. 이것을 사전에 막을 주 있는 방법으로 학번과 이름을 과제병에 포함시키는 것이다.

第11课 书信·电子邮件
제11과 편지·E-mail

응용프로그램을 여는 것이 힘든 일은 아니지만 꽤 귀찮고 번거로운 일이기 때문이다. HWP 파일을 읽으려면 읽는 이의 컴퓨터에 한글프로그램이 깔려 있어야 한다. 공용 컴퓨터로 이메일을 확인할 때 연결 프로그램이 깔려있지 않으면 읽는 이는 불편을 느낄 것이다. 엑셀이나 파워포인트 같은 프로그램으로 과제를 만들어 낸 학생도 있는데 이 파일을 열고 또 과제가 잘 보이도록 인쇄하느라 쓸데없이 시간을 보낼 수도 있기 때운에 이왕이면 수신자의 입장에서 한번 더 생각해 보자.

回复邮件是收发邮件最基本的礼节
답장에 다시 답장하는 것은 이메일 에티켓의 기본 중의 기본이다

이메일은 즉각적인 회신을 기대하기에는 적절한 도구가 아니다. 바로 회신을 받고 싶으면 이메일이 아니라 문자메시지를 보내거나 스마트폰 채팅이나 전화를 쓰는 게 더 나을 것이다.

요청하거나 부탁하는 이메일을 보낸 후 차분히 기다리는 것도 이메일 에티켓 중의 하나이다. 요청이나 부탁의 이메일을 보낸 후 10분도 지나지 않아서 재촉의 문자나 전화를 하는 경우가 있는데 예의에 어긋나는 행동이다.

답장을 받은 다음에는 반드시 감사 인사나 확인 답장을 한 번 더 보내기를 바란다. 이것은 상대방의 나이나 지위와 상관없이 모든 이에게 똑같이 갖추어야 할 이메일 기본 예절이다.

어떤 학생이 자기 글을 검토해 달라며 이메일을 보냈는데, 첨삭을 하여 돌려 주었는데도 아무 회신이 없었다. 그렇다면 교사의 그 학생에 대한 믿음이 조금 줄어들었다고 생각해야 한다. 간혹 웃어른이나 대하기 어려운 사람에게 이메일을 받았을 때, '지금 바로 답장하면 무성의해 보이니까, 나중에 정성껏 답장을 보내야지' 하고 다음으로 미루는 것도 별로 좋은 태도가 아니다. 그렇게 시간을 보낸다면 가볍게 처리해도 됐을 일이 무거운 일로 바뀔 수 있고 답장하기 곤란한 상황이 될 수도 있을 것이다. 그냥 '잘 받았습니다', '감사합니다' 라는 신속한 짧은 이메일이 며칠이나 한참 뒤에 받게 되는 길게 보내는 이메일보다 훨씬 매력적이다. 잘 받았다는 짧은 답장을 보내는 습관을 지금 당장 만들어 보자.

□ 연습문제 1

다음 편지를 보고 답장을 써 보십시오.

　　사랑하는 친구 OO에게.

　　어제는 너와 말다툼을 한 후 하루 종일 마음이 편하지 않았어. 단짝친구인 내가 이해심이 부족해 그만 네 마음을 아프게 하고 말았어. 어젯밤 집 앞 공원에서, 어깨동무를 한 채 다정한 이야기를 나누고 있는 어떤 사람들을 보며 네 생각을 많이 했단다. 고개를 떨구고 고향으로 떠나던 너의 뒷모습이 자꾸 눈에 어른거려 마음이 아팠다.

　　亲爱的朋友OO：

　　昨天和你吵架之后我一整天心里都不舒服。我是你的好朋友,却不能理解你,让你伤透了心。昨天晚上我在家门口的公园里看到一群好朋友在亲密地聊天就想起你来了。我眼前总是会浮现你低着头回老家的背影,心里很不是滋味儿。

□ 연습문제 2

다음 편지의 빈 칸을 채워 봅시다.
1) 소희에게
　　네가 초등학교에 입학한 때가 엊그제 같은데 벌써 대학생이 되었구나.
　　입학을＿＿＿＿＿＿＿＿＿＿＿＿＿＿＿＿＿＿＿＿＿＿＿＿＿.
2) 양메이 씨
　　한국어 능력시험 합격을 축하해요.
　　이제는 문제 없이 한국으로 유학을 갈 수 있게 되었네요.
　　한국에 가서도 늘＿＿＿＿＿＿＿＿＿＿＿＿＿＿＿＿＿＿＿.
3) 정 선생님께
　　안녕하세요. 작년에 선생님께 한국어를 배웠던 왕단입니다.
　　＿＿＿＿＿＿＿＿＿＿＿＿＿＿＿＿＿＿＿＿＿＿＿＿＿＿＿.
4) 지난번에 감기에 걸렸다고 하셨는데 지금은 어떠신지요? 저는 할머니 염려 덕분에 잘 지내고 있지만＿＿＿＿＿＿＿＿＿＿＿＿＿＿＿＿＿.
5) 오랫동안 연락을＿＿＿＿＿＿＿는데 선생님은 어떻게＿＿＿＿＿＿＿.

제가 이번 방학에 _____.

<예문 1>

딸에게 보내는 편지

지금 엄마는 너의 중학교 졸업식장에 앉아 있단다.

아침부터 뭉클거리는 마음을 진정시키느라 물 한 모금 넘기지 못했는데 막상 졸업식장에 앉아 있으니 가슴이 쿵쿵 내려 앉는구나. 선생님과 너희들이 남긴 동영상을 보는데 울컥울컥 눈물이 나서 남들이 볼까 얼른 고개를 들었는데 중간 중간 나처럼 눈물을 훔치고 있는 엄마들이 보이는구나.

꼬물꼬물한 손을 잡고 초등학교를 입학할 때가 언제였더라? 학부모가 되었다고 흐뭇했었는데.

사춘기가 왔다고 가슴 졸이며 신경전을 하고 어찌 너를 키워야 하나 고민도 많이 하고 수많은 책을 뒤져도 그렇다 할 답을 구하지 못할 때 정말 답답했었는데.

이제는 엄마가 뭐라 해도 넉살 좋게 웃어주고 책상 앞에선 누구보다도 진지하고 친구 좋아해 강남까지 갈 거 같고 엄마 화장품과 옷에 항상 눈독 들이는 네가 너무 좋다

여자인 엄마를 이해해 주고 눈높이로 친구처럼 대화하는 우리 딸 소희야 사랑한다.

고등학생이 되면 힘든 일들이 많이 기다리고 있겠지만

항상 웃음을 잃지 않고 긍정적인 마음을 가지고 지금 그대로의 모습으로 커 주길 바란다.

졸업 축하한다.

<예문 2>

태어난 지가 엊그제 같은데 우리 기쁨이 벌써 일곱 번 째 생일이구나.

그 동안 크게 아프지 않고 나름 착한 딸 역할 충실히 해준거에 대해 참 고맙다.

인격이 훌륭하지 못한 나를 만나서 고생이 많구나.

내일은 오늘보다 더더더 사랑하며 살자꾸나.

딸아~ 너무너무 사랑해~쓰♥♥

<예문 3>

생일 카드

사랑하는 아내 천송이,

이 세상에서 나에게 가장 소중한 사람,

좋은 것이 생기면 언제나 함께 나누고 싶은 사람,

외롭고 힘들 때 나에게 힘을 주는 사람

그 이름 천송이

당신의 마흔 번째 생일을 진심으로 축하합니다.

넉넉하지 않은 생활 속에서도 늘 미소를 잃지 않고,

나와 아이들을 먼저 생각해 주는 당신이 정말 고맙습니다.

우리가 만나 사랑을 하고 결혼한 지 벌써 10년이 지났지만 당신은 여전히 아름답습니다.

그런 당신을 변함없이 사랑합니다.

2015년 당신의 생일에
사랑하는 남편 도민준.

生日贺卡

亲爱的妻子千颂伊:

在这个世界上有一个人对我来说至关重要

只要我有了好东西就要与之分享

每当我孤单疲惫好就给予我力量

这个人就是千颂伊

衷心祝贺你迎来人生第四十个生日

我们的生活并不宽裕,但你总能微笑面对

永远把我和孩子放在第一位,对此我真心感谢

我们相遇、相爱、结合已十年有余,但你依然美丽

我永远爱你。

2015年你的生日
爱你的丈夫　　都敏俊

第11课 书信·电子邮件
제11과 편지·E-mail

<예문 4>

은경아(에게)

　나는 네가 아직도 어린 아이 같다는 생각이 드는데 벌써 대학을 졸업한다니 실감이 잘 나질 않는구나. 네 오빠와 언니의 졸업도 뜻 깊었지만 너의 졸업이 내게는 더욱 감회가 깊단다.

　이제 나는 너의 아버지라기보다는 인생을 한 세대 먼저 산 선배의 입장에서 조언을 주고 싶다.

　너는 착하고 진실하게 살아야 한다. 탁월하고 위대한 사람보다 선량하고 진실하게 사는 사람이 우리 사회에 더 필요하기 때문이다. 시간이 흘러 네 삶을 마무리할 때 조상에게나 후손에게나 한 점 부끄럼이 없이 인생을 살 만한 가치가 있는 것이었다고 말할 수 있기를 바란다.

2010년 12월 1일

아버지 씀

<예문 5>

김 사장님께,

　그 동안 안녕하셨습니까? 3월 18일에 보내 주신 팩스를 잘 받았습니다. 요즘 너무 바빠서 회답이 좀 늦어져서 죄송합니다. 요구하신 견적서를 다시 작성하여 보내 드리겠습니다.

　만나 뵐 때까지 안녕히 계십시오.

3월 20일

○○ 드림

<예문 6>

새해카드

김 선생님께
힘든 일도 많았지만,
즐겁고 보람 있는 일도 많은 한 해를 보냈습니다.
지난 한 해 동안에도 저에게 많은 관심과 사랑을 주셔서 감사합니다.
올해에도 더욱 열심히 생활하겠습니다.

많이 도와 주십시오.
새해에도 건강하시고,
하시는 일마다 행운이 함께 하시기를 바랍니다.

2015년 1월
정이붕 올림

<예문 7>

사랑하는 우리 딸에게 보내는 편지 : 짠한 운동화!
고생이 많지?
아침에 힘들게 일어나 웃으면서 학원으로 가는
윤채를 보면 얼마나 대견한지.

그렇게 여덟 시부터 그림 그리기 시작해
도시락 까먹고, 저녁은 사먹고,
밤 열시가 훌쩍 넘어서야 집으로 돌아오는 우리 딸!

손바닥, 손톱은 물론이고
아침에 예쁘다고 신고 나간
새 신발이 저녁에는 거지발싸개처럼 새까맣게 변해서
돌아 올 때도 밝은 웃음을 잃지 않는 우리 딸!

힘들다고, 지친다고 말할 법도 한데,
그림 그리는 게 좋다고, 재미있다고.
그렇게 아빠가 듣기 좋은 말로 위로하고 있는 우리 딸!
그래~ 아빠는 윤채가 좋아하는 일로
그렇게 열심히 하루하루 살아 간다는 게 그렇게 좋단다

윤채야~
아빠는 언제나 윤채 편인 거 알지?
웃는 모습도,

지친 모습도,
기쁜 모습도,
슬픈 모습도,
윤채는 언제나 아빠의 태양이야
사랑해!

그리고 자랑스럽고 멋져!

2015. 08. 18. 17:13 -보고 싶은 윤채에게, 회사에서 아빠가-
　　　　　　　-출처: http://blog.naver.com/newsad1/220454635019 재편집

<예문 8>

축하 편지

서준 주식회사 대표이사 민 호 님 귀하,

오늘 신문지상에서 <세계가 뽑은 최고의 기업 100> 수상자 중에 대표이사님의 성함을 보고 너무 기뻤습니다. 진심으로 축하의 말씀 드립니다.

오랜 세월에 걸친 산업계에서의 공로가 마침내 인정 받게 되시어 너무나도 기쁩니다. 영광스러운 이날을 맞이하신 대표이사 민호님께 축하를 드립니다.

건강에 유의하시고 침체된 산업계를 위해서 한층 더 열심히 전력을 다해 주실 것을 부탁 드립니다.

직접 찾아 뵙고 축하인사를 드려야 마땅하나, 먼저 서면으로 축하인사를 드립니다.

20○○년 ○○월 ○○일 ○○○ 드림

<예문 9>

민서준 사장님께,

번창주식회사의 창업을 진심으로 축하 드립니다.

만물이 약동하는 이때에 평소 계획하시던 일을 실현하셨으니 기쁨 또한 몇 배로 크시리라 생각됩니다.

기업의 경영환경이 어려워지고 있는 요즘 새로이 사업을 하는 데는 난관과

어려움이 있었을 텐데도 강인한 신념과 용기로 극복하고 새로운 창업일선에 나서는 민서준 사장님의 모습을 보며 아낌없는 찬사를 드리고 싶습니다.

사업초기에는 물론 여러 가지 고충이 많이 따르기 마련일 것입니다만 민서준 사장님의 평소의 인덕과 경륜으로 보아 자신의 신념을 유감없이 발휘하여 꼭 훌륭한 경영을 해나가리라고 믿습니다.

바쁘신 중에도 항상 건강에 유의하시고 하시는 일마다 발전이 있으시길 진심으로 기원합니다.

20○○년 ○○월 ○○일 ○○○ 올림

<예문 10>

이 선생님께

그 동안 병원에 입원하시고 요양하시다가 완쾌되어 퇴원하신다니 진심으로 축하합니다.

지난번 문병 차 뵈었을 때에는 입원전보다 더 혈색이 좋으시어 건강을 완전히 회복하신 것으로 짐작했습니다. 선생님의 가족과 동료선생님께서도 이 선생님의 건강하신 모습을 뵙고 모두들 크게 기뻐하셨을 겁니다.

요양 직후임에도 불구하고 벌써 학교업무에 복귀하셨다고 하니 저는 심히 걱정이 됩니다.

아무쪼록 바쁘시더라도 건강에 신경 쓰시기를 부탁 드립니다.

우선 서면으로 선생님의 퇴원을 축하 드립니다.

2015년 6월
제자   왕화열 올림

설, 추석 인사 모음 (春节/中秋问候语)

지난 한 해에도 저에게 보여주신 귀하의 극진한 사랑에 깊은 감사를 드립니다.

다가오는 새해에도 변함 없는 관심과 사랑을 부탁드리며 귀하의 가정에 행복과 건강을 기원합니다.

지난해 보내주신 관심과 은혜에 감사 드리며 희망찬 2016년 새해를 맞이하며 가내에 늘 평안과 만복이 깃드시기를 기원합니다. 2016년 한 해에도 댁내 두

第11课　书信·电子邮件
제11과　편지·E-mail

루 평안 하시길 바라오며 새해에는 항상 행복한 일들만이 넘치는 아름다운 새해가 되시길 기원합니다. 아무쪼록 건강하십시오!

　새해를 맞이하여 행운과 평안을 기원합니다.
　새해 복 많이 받으시고 소원 성취하시길 바랍니다.
　새해의 기쁨을 함께하며 평소의 후의에 감사합니다.
　희망찬 새해를 맞아 가정 화목하고 건강하시기를 기원합니다.
　지난해의 보살핌에 감사하오며 새해에도 많은 가르침 있으시기 바랍니다.
　설을 맞아 집안이 두루 평안하기를 기원합니다.
　설을 즐겁게 보내시고 기쁜 일 많은 한 해가 되기를 바랍니다.
　설을 맞아 가정의 화목 더하시고 내내 건강하시기 바랍니다.
　즐거운 설을 맞아 가정에 웃음과 기쁨이 넘치시기를 기원합니다.
　한가위를 맞아 집안이 두루 평안하기를 기원합니다.
　한가위를 맞아 인사 올리며 소망하시는 일 잘 거두시길 바랍니다.
　즐거운 한가위가 되길 바라며 풍성한 수확을 기원합니다.
　추석에 가정의 풍요와 조상의 보살핌이 있으시길 기원합니다.
　명절인데도 찾아 뵙지 못하여 죄송하오며 내내 건강하시기를 기원합니다.

第12课 学业计划书
제12과 학업 계획서

    학업 계획서는 대학이나 대학원을 입학할 때 제출하는 서류의 하나로 자기소개, 입학 동기, 입학 후의 학업계획 및 졸업 후의 계획 등을 기술한다. 학업계획서는 서류전형에 중요한 기준이 되므로 솔직하고 구체적으로 기술하여야 한다. 학업 계획서에는 대학입학 학업계획서, 편입학 학업계획서, 대학원 입학 학업계획서 등이 있다.

    영국의 경우 대학원 진학에 있어 중요한 부분 중 하나가 학업계획서, 즉 SOP(Statement Of Purpose)작성이다. 학점이나 어학 능력 등은 이미 점수가 확정된 것이라 수정할 수도 없고, 같은 대학원에 지원한 학생들과의 점수 차이도 그리 크지 않다. 하지만 SOP는 자신을 타 학생들과 차별화시킬 수 있는 자신만의 어필의 기회이다. SOP 작성은 진학에 있어 중요한 부분이지만 다른 한편으로 SOP 작성은 그리 만만치 않은 골칫거리기도 하다. 어떻게 하면 SOP를 수월하고 훌륭하게 작성할 수 있을까?

학업 계획서를 잘 쓰기 위해서 기억해야 할 몇 가지가 있다.
먼저 지원하고자 하는 학교의 홈페이지를 반드시 조사해야 한다.

    학업 계획서 쓰기의 핵심은 학업 태도, 학업에 대한 비전(자기만의 입장, 시각), 학업 동기이다. 해당 학교 홈페이지를 살펴 보면서 학과 커리큘럼(curriculum, **教学课程**)을 자세히 파악해야 한다. 또 전공 분야가 세부적으로 어떻게 나뉘는지 파악하여야 한다. "나는 왜 해당 학교, 학과에 지원하는가?"에 대한 근거로 교과과정에서 그 근거를 찾거나 학교 운영 전반이나 총장의 인사말, 학교의 비전 등을 참조하여 작성한다. 다만 그것을 단지 무작정 베끼지는 말고 자신의 목소리로, 자기 말로 바꾸는 것이 중요하다.

학업계획서는 구체적일수록 좋다

자신이 듣고 싶다거나 부족하다고 생각되는 과목들을 쭉 뽑아 리스트를 작성해 본다. 그 과목들을 통해 얻을 수 있는 것, 자신에게 부족한 것, 공부하고 싶은 것 등 전공에 대한 자기의 입장을 정리해 본다. 학업계획서에서 중요한 것은 전공에 대한 자기의 입장이다. 전공 분야가 사회적으로나 전체 학문적인 맥락에서 어떤 위치에 있는지 과거와 현재, 그리고 미래에 그 의미가 어떻게 달라지는지 본인의 생각을 정리해야 한다. 리스트를 작성해 보면 전공에 대한 막연한 생각이 구체적인 계획으로 서서히 잡혀가는 걸 알 수 있을 것이다.

전공 공부 말고도 다른 무엇도 학업계획서에 포함시킨다.

우리가 대학이나 대학원으로 진학하는 것은 전공 공부나 스펙spec을 쌓는 것도 목적이겠지만, 사실 학교는 우리를 단순히 전공 공부를 하러 온 학생이 아닌 '문화사절단'의 의미를 가지기를 원한다. 지원한 학생의 나라, 외국이라는 나라에 해당 학교를, 그 나라를 어떻게 전달할 것인가도 관심의 대상이다. 물론 학교가 이 정도까지 우리에게 원하는 것인지는 모르겠으나 학업계획서에 이러한 내용이 들어 있으면 차별화된 학업 소개서가 될 것이다.

<실제 학생의 학업계획서 예 1>

*여기에 소개된 학업계획서(수학계획서) 전문 또는 일부는 모두 실제 수업 시간에 학생들이 직접 작성한 글이다. <원래의 글>은 실제 학생의 글을 원안에 가깝게 그대로 옮긴 것이다. <고친 글>은 학생의 글을 교사의 지도와 피드백에 따라 완성한 글이다. 피드백의 횟수와 학생의 글쓰기 수준에 따라 약간의 차이가 발생할 수 있다.

<원래의 글>

지원동기

저는 한국 문학에서는 독특한 아름다움이 있다고 생각합니다. 한국문학은 한국문화를 표현할 수 있는 것입니다. 저는 문학에 대한 취미가 있고, 문학작품을

第12课 学业计划书
제12과 학업 계획서

통해 즐거움을 받을 수 있고, 한국문화에 대해 더 많이 알고 싶기 때문에 한국문학 전공 과정에 지원하고 싶습니다. 그리고 한국과 중국의 밀접한 교류에 따라 필요한 한국어를 전공하는 사람이 많아 질 것입니다. 저는 한중 양국의 문화교류에서 저의 노력이 양국간의 관계가 진전되기를 바라고 기대합니다.

어떤 사람과 같이 동행하면 어떤 사람이 될 것이라는 말이 있습니다. 사람들이 알다시피 서울시립대학교는 한국의 우수하고 연구역량이 탁월하신 교수님이 계시는 곳입니다. 저는 서울시립대학교 대학원에서 공부할 수 있다고 생각하니 뜨거운 열정과 도전 욕심이 생깁니다. 아름다운 위상과 미래의 꿈을 키울 수 있는 이 곳에서 청년의 도전을 이루고 싶습니다.

<고친 글>

문학에는 독특한 아름다움이 있다고 생각합니다. 한국의 문화와 한국인의 감정을 표현한 한국문학을 공부하는 것은 아름다움을 찾는 멋진 일입니다. 저는 문학에 대한 취미가 있고, 문학작품을 통해 즐거움을 느끼고 있습니다. 더 많이 알고 싶고, 앎에 대한 끝없는 갈망이 저를 이곳으로 부르고 있습니다. 자신이 좋아하는 일을 공부하기 좋은 곳에서 공부할 수 있다는 것은 청년의 특권이며 학자의 기쁨이라 생각합니다.

한국의 우수한 대학원 중 연구능력과 공부하기 좋은 분위기를 제대로 갖춘 서울시립대학교 대학원으로의 지원은 미래의 꿈과 청년의 열정을 위한 첫발이라 생각합니다. 저는 이곳 서울시립대학교 대학원에 공부를 할 수 있다고 생각하니 뜨거운 열정과 도전 욕심이 생깁니다. 아름다운 위상과 미래의 꿈을 키울 수 있는 이 곳에서 청년의 도전, 꿈을 이루고 싶습니다.

<실제 학생의 학업계획서 예 2>
<원래의 글>

학업 계획서

안녕하십니까? 저는 목서천이라고 합니다. 제가 2011년 9월부터 지금까지 중국천진사범대학에서 한국어학과로 전공합니다. 대학 3학년 때 한국극동대학교에서 교환학생으로 1년정도 공부했습니다. 저는 한국의 교육 방식과 문화를 좋아하니까 대학교를 졸업 후에 한국에 유학을 가고 싶습니다.

성균관대학교는 세계적 수준이 종합대학교로서 유구한 역사 방대한 규모 최정강의 교수진으로 구성된 대학교입니다.그리고 성균관대학교는 한국 대학 교육의 발원지입니다.이런 훌륭한 학습 연구 환경에서 공부하는 것은 저의 큰 바람입니다.

    제 학사 과정 전공이 한국어인데 저는 교육에 대한 분야에 흥미가 있어서 성균관대학교 교육과에 진학하고자 합니다. 대학교 때 가정 교사를 해 본 적이 있어서 제가 교육 이론과 방식 등 많이 부족한 것을 알게 됩니다.그래서 교육에 대한 지식들을 체계적으로 배우고 싶습니다.

    저는 대학원에 진학되면 매일 일찍 예습하고 수업 시간에 교수님을 잘 따라 공부를 효율적으로 잘 하겠습니다.공자가 옛을 배우고 익혀 새로운 것을 안다고 말했던 것처럼 배우던 공부 내용을 자주 복습하겠습니다.그리고 학교 과외 활동을 적극적으로 참여하며 자신의 여러 능력을 단련할 겁니다.동시의 한국어를 잘하려면 끊임없이 더 열심히 공부하겠습니다.아름다운 경험을 남기고 싶습니다.

    대학원을 졸업한 후에 중국에 돌아와서 교원 자격 검정고시를 보고 초등학교 아니면 중학교에서 선생님을 될 겁니다.성균관대학교에서 배웠던 지식을 실전에서 응용해서 성과를 얻고 싶습니다.제 소원을 이루기 위해서 꼭 이런 계획을 행동으로 실천하겠습니다.

    이상은 제 대부분 학업계획입니다.지금의 학업계획이 완벽하지 않지만 앞으로 꼭 최선을 다하고 우수한 재원이 될 것을 약속 드립니다.

    감사합니다.

2011학번 목서천

<고친 글>

학업 계획서

    한국어를 전공한 제가 대학원 진학으로 마음을 정하게 된 계기는 한국 극동대학교로 교환학생 기간이었습니다. 졸업 후 아무 직장이나 취업을 하는 게 목표였던 제가 한국의 선진 교육 방식과 문화적 충격은 그 동안 제 마음 한구석에 숨어 있었던 꿈과 도전의 욕망을 깨어나게 했습니다.

    성균관대학교 대학원은 세계적 수준의 명문 종합대학교로서 600년 이상의 유구한 역사와 전통을 가진 대학으로 최강의 교수진과 글로벌 인재들이 함께 공

第12课 学业计划书
제12과 학업 계획서

부하는 대학교입니다. 깊은 역사를 가진 대학이며 글로벌 인재들에게도 다양한 투자를 아끼진 않는 이런 훌륭한 학습 연구 환경에서 공부하는 것은 저의 큰 바람이며 도전입니다. <게으르게 사는 사람의 백 년은 노력하며 사는 사람의 하루만 못하다> 네로황제의 스승이며 스토아 철학을 대표하는 세네카의 말처럼 도전과 노력은 젊은이 사람의 특권이며 그 맛을 아는 사람만의 특권이기도 합니다.

제 학사 과정 전공이 한국어인데 저는 교육학을 공부하기 위해 이 전공을 잘 선택했다고 생각합니다. 선진 교육학을 공부하기 위해서는 한국어가 기본 전제 조건이기 때문입니다. 대학교 때 한국 중고등학생을 대상으로 한 가정 교사의 경험과 한국으로의 언어 연수, 그리고 언어통역 보조의 경험 등은 교육학 대학원으로의 도전의 꿈을 위한 기초 작업이었습니다.

제가 비록 중고급 이상의 언어 능력과 한국학에 대한 기본적 지식을 갖추기는 했지만 전문 영역의 교육 이론이나 전공 지식, 그리고 전공 영역의 한국어 공부도 부족한 게 솔직한 저의 현재의 상태입니다. 그렇다고 게으르게 시간만을 보내고 있지는 않습니다. 하루를 공부하고 준비하더라도 최선을 다하고 후회 없는 시간이었다고 자랑스럽게 말할 수 있습니다. 대학원 진학을 위해 자기소개서를 준비하는 지금도 대학 과정에서 배웠던 공부를 다시 하고 있으며 부족한 전공 지식을 위해 한국어로 된 전공서적을 틈틈이 독서하고 있습니다.

대학원 석사과정 중에도 평소의 생활 습관처럼 예습과 복습이라는 전통적이고 평범하지만 최고의 학습 방법을 계속할 것입니다. 지금은 혼자 공부를 하지만 세계의 유능하고 잠재력이 강한 외국의 학생들과의 학문적 교류와 토론 등을 통해 경쟁하며 학습력을 키우도록 하겠습니다. 공자의 말처럼 <옛것을 제대로 배우고 제대로 익히고 새롭고 독창적인 학문의 세계를 알고> 싶습니다. 학부 과정에서 이미 배웠던 공부 내용을 다시 점검하고 부족하고 발전시킬 공부를 단련시키겠습니다.

대학원을 졸업한 후 저는 중국에 돌아와서 초등학교나 중학교 선생님이 되는 게 최종 목표입니다. 학생들에게 단순히 지식만을 가르치는 선생님이 아닌 부모의 마음으로, 학생들의 말에 들어 주고, 함께 고민하며 함께 울어 줄 교사가 되는 게 꿈입니다. 성균관 대학교 대학원에서 배웠던 지식과 경험을 바탕으로 실전 교육 현장에서 행동으로 옮기는 게 목표입니다. 아직은 무엇을 어떻게 공부를 해야 하는지 잘 모르지만 그래도 '왜' 공부해야 하는지는 알고 있기에 저는 우수한 성균관대학원의 재원이 될 것임을 약속 드립니다.

감사합니다.

2011학번 목서천

<실제 학생의 학업계획서 예 3>
<원래의 글>

한국의 역사와 문화에 대해 관심이 많으니 대학에 응시할 때 한국어학과를 전공으로 선택합니다. 전공지식을 공부하는 과정에 한국문학작품선독과 한국문학개론등 교과목을 공부하니 한국의 문학과 문화를 더욱 잘 알았습니다. 중국고전문학을 아주 좋아해서 한국어학과에서 공부하는 동시에 중국어문학을 복수합니다. 중국어문학학과에서 저는 비교문학, 중국현당대문학, 중국고대문학, 서구문학역사등 교과목을 체계적으로 공부했습니다. 한국어전공을 노력하게 공부하고 다른 민족의 문학작품을 접촉하면서부터 저는 비교문학에 대해 취미가 많아졌습니다. 만약 자신의 전공과 취미를 서로 결합할 수 있으면 저에게 가장 행복한 일이라고 봅니다. 고려대학교는 한국의 가장 유명한 명문대학교중에 하나이며 세계 일류대학으로 성장할 수 있는 잠재력이 있고 교육자원이 아주 풍요합니다. 이런 환경에서 공부할 수 있으면 더욱 많은 지식을 받을 수 있는 것을 굳게 믿습니다. 그래서 저는 고려대학원의 비교문학비교문화 협동과정을 신청하기를 결정했습니다.

전통적인 문학연구는 항상 한 국가 또 한 민족에 제한했는데 세계 문화 간의 교류가 갈수록 빈번해지면서 문학에 대한 연구는 국가와 민족의 경계를 초월하며 짐지어 학과의 경계를 초월합니다. 이런 배경에서 비교문학은 태어났습니다. 비교문학이란 교과목을 공부할 때 비교문학은 단순히 다른 민족의 문학을 비교하는 것이 아니고 문학 분야에만 제한하지도 않습니다. 비교문학은 민족, 언어, 문화, 영역을 걸치는 문학연구입니다.

이학년에 비교문학 시험을 볼 때 한 문제는 저에게 깊은 인상을 주었습니다. 제목은 <서유기>중 현장과 초기 기독교인의 비교라고 합니다. 이때 저는 동서양비교문학과 한중비교문학을 주의하기 시작했습니다. 그 후에 저는 인터넷이나 잡지를 통해 한중비교문학에 대한 문장과 논문을 많이 읽었습니다. 예컨데

第12课 学业计划书
제12과 학업 계획서

'성종문과 김유정의 소설 비교연'과 '<구운몽>와 <구운기>의 비교' 등 문장을 읽었습니다. 많은 한중 양국의 문학작품을 읽으면서 저는 한중비교문학에 대해 연구하려고 합니다.

저는 비교문학비교문화전공에 관한 지식이 아주 부족하다고 생각합니다. 그래서 대학원의 제일 학기과 제이 학기 기간에 저는 비교문학에 대한 기초지식을 열심히 공부할 예정입니다. 예컨데 비교문학의이론과방법과 비교문학연습을 비롯한 교과목들을 공부하겠습니다. 게다가 수업이 없는 시간에 저는 각중 책들을 읽기를 통해 자신의 지식을 풍부시킬 것입니다. 대학원의 제삼 학기과 제사 학기 동안에 한중비교문학에 대해 체계적으로 공부할 계획입니다. 그리고 졸업 논문은 한중비교문학을 주요내용으로 여겨 쓰고 싶습니다. 대학원의 수업이 저에게 조금 어려울 것 같지만 십벌지목이란 말을 믿습니다. 전공과 취미를 서로 결합할수 있는 게회는 사람마다 만날 수 있는 것이 아닙니다. 저는 대학원에서 다니는 시간을 두 배로 아끼겠습니다.

중학교와 대학교에 다녔을 때 시간이 있으면 저는 하상 자원봉사활동을 참가하곤 했습니다. 경로당이나 고아원에 가서 어려원 사람들을 보살핀 경험이 있습니다. 빈곤한 시골에 가서 무료로 강의하는 경험도 있습나다. 한국에 유학할 동안에도 자원봉사활동을 계속 참가하기를 통해 더 많은 사람들을 도와 주고 싶습니다.

고려대학원 비교문학비교문화전공에 졸업한 후 저는 문학번역 영역에 일하려고 합니다. 동시에 한중비교문학문화에 대해 계속 연구할 것입니다. 대학교에서 문학서클의 친구들에게 좋아하는 한국문학작품을 추천하려고 할 때 항상 중국어판을 찾지 못했습니다. 이 때마다 저는 아주 아쉽다고 느꼈습니다. 그래서 자연히 문학번역가 되는 염두가 났습니다. 그리고 제 졸업논문중에 한국 수필을 중국어로 번역하는 부분이 있고 선생님의 칭찬을 받았으니까 번역가가 될 자신감이 있습니다. 앞으로 더 많은 한국 문학작품은 중국어로 번역되고 중국 독자들의 이해를 받기를 바랍니다. 그리고 더 많은 중국 문학작품은 한국인에게 이해되고 싶습니다. 비교문학은 문화교류중에 발전해 가고 문화의 교류를 촉진합니다. 중한 문화교류의 만리장성을 짓기 위해서 저는 미세한 먼지가 되기를 진정으로 바랍니다.

2010학번 진방욱(秦芳旭)

<고친 글>

　　한국의 역사와 문화에 대해 관심이 많은 저는 대학에 응시할 때 자연스럽게 한국어학과를 전공으로 선택했습니다. 전공지식을 공부하는 과정에서 한국의 소설과 시를 배우게 되었고 문학 작품을 통해 제가 몰랐던 한국의 문학과 문화를 접할 수 있었습니다. 중국의 고전문학을 어렸을 때부터 보아 온 저는 한국의 문학 작품과 중국의 문학 작품을 자주 비교해 봅니다. 복수전공으로 중국어문학를 공부하고 있는 저는 비교문학, 중국현당대문학, 중국고대문학, 서구문학역사 등의 교과목을 체계적으로 공부했습니다. 다른 나라의 문학작품을 접촉하면서부터 저는 비교문학에 대한 취미와 흥미가 많아졌습니다. 자신의 전공과 취미를 결합할 수 있는 일을 한다면 그 사람은 세상에서 가장 행복한 사람이라고 생각합니다. 그 길을 모색하고 있는 저를 생각하니 어느새 저는 세상에서 가장 행복한 사람이라는 생각이 듭니다.

　　저는 가장 행복한 일, 제가 좋아하는 일, 그리고 행복한 사람이 되기 위해 결정과 선택이라는 주사위를 던져 봅니다. 바로 대학원 진학이라는 주사위입니다. 주사위의 숫자는 1부터 6까지 입니다. 지금 제가 던진 주사위의 눈은 4.5입니다. 고려대학교 대학원으로의 진학을 결정하고 선택한 주사위의 숫자는 4와 5의 중간인 4.5입니다. 5이상의 숫자를 만들기 위해 저는 미래의 계획들을 이 하얀 종이 위에 적어 보고자 합니다.

　　고려대학교는 한국인이 세운 최초의 근대 교육기관으로 역사와 연구 능력을 갖춘 일류대학으로 알고 있습니다. 110년에 가까운 역사와 전통을 가지고 있는 민족대학이며 4·19 혁명의 도화선을 이끈 민주대학입니다. 이런 대학에 지원하게 된 것만으로도 큰 영광이지만 이런 배경과 역사를 지닌 대학에서 공부를 해야 학술과 전통, 그리고 민족혼(한국혼)이라는 세 마리의 토끼를 잡을 수 있고 꿈을 향한 선택이며 도전인 것입니다. 그래서 저는 고려대학원의 비교문학비교문화 협동과정에 당당히 도전장을 던져 봅니다.

　　전통적인 문학연구는 항상 한 국가 또 한 민족에 제한했는데 세계 문화 간의 교류가 갈수록 빈번해지면서 문학에 대한 연구는 국가와 민족의 경계를 초월하며 심지어 학과의 경계도 초월합니다. 이런 배경에서 비교문학은 태어났고 비교문학을 한다는 것은 가슴 떨리는 일입니다. 습니다. 비교문학의 공부는 단순히 다른 민족의 문학을 비교하는 것이 아니고 문학 분야에만 국한되어 있지 않습니다. 민족, 언어, 문화, 사회 전반에 걸쳐 연구하는 학문입니다.

대학 2학년 비교문학 시험 중 한 문제는 지금도 저를 흥분되게 합니다. [<서유기>의 현장과 초기 기독교인의 비교]라는 시험문제로 인해 동서양비교문학이나 한중비교문학에 관심을 가지기 시작했습니다. 그 후 저는 인터넷이나 잡지를 통해 한중비교문학에 대한 문장과 논문을 읽었습니다. '성종문과 김유정의 소설 비교 연구'과 '<구운몽>와 <구운기>의 비교' 등의 문장이 아직도 생생하게 기억됩니다. 그 기억들이 저를 한중 비교문학 연구의 길로 인도하고 있습니다.

솔직히 저는 비교문학이나 비교문화 전공에 대한 지식이 부족하다고 생각합니다. 그 동안 기본적인 텍스트나 논문, 그리고 문장들을 조금은 읽어 보았지만 중국어로 써진 중국의 자료들입니다. 한국 자료나 한국어 자료들은 거의 읽지 못했습니다.

그래서 저는 대학원의 1학기에 비교문학에 대한 기초지식을 열심히 공부할 예정입니다. 한국어학과 출신이지만 전공 한국어 능력은 부족합니다. 전공 기초지식을 쌓기 위해 한국어 공부를 병행하겠습니다. 고려대 한국어문화연구센터에서의 한국어 공부와 숙소에서의 한국어 공부를 통해 연구 능력을 키우겠습니다. 한국어로 된 비교문학의 이론과방법과 비교문학 서적들을 틈틈이 정독하여 전공지식을 풍부하게 할 것입니다.

대학원의 2~3학기는 한중비교문학에 대해 체계적으로 공부할 계획입니다. 민족문화연구원의 국제한류워크숍이나 여러 세미나들은 저의 전공지식과 연구 능력을 높이는 활동입니다. 연구원으로의 자질과 능력, 그리고 행운이 저에게 주어진다면 문화유산의 조사, 수집, 정리의 일에 참여하고 싶습니다. 전자DB 사업(문화, 문학, 역사 지도 등)의 일들은 저의 관심을 끄는 흥분되는 일입니다. 중국 전자화 학술 사업은 후진국 수준입니다. 중국에서 공부하면서 느끼는 것이지만 한국 대학과 같은 체계적이고 잘 정리된 자료와 정보가 중국에는 부족합니다. 북경이나 상해 지역도 그런데 지방 대학의 실정은 더 심합니다. 한중비교문학을 위해서는 한국의 학술 전자화 사업도 중요하지만 중국에서의 학술 전자화 사업도 중요하다고 생각됩니다. 중국지역의 문학지도나 문화지도의 개발 및 응용 연구의 일을 수행하고 싶습니다.

졸업 논문은 한중비교문학이나 전자문화지도의 개발, 응용과 활용 방안 쪽으로 쓰고 싶습니다. 저의 이런 꿈과 계획들을 이루어 가기에는 대학원 생활이 벅찰 수 있지만 <십벌지목>이라는 말처럼 전공과 취미, 그리고 제가 좋아하고 잘하는 일을 위해 꾸준히 나아갈 것입니다. 기회는 사람을 기다려주지 않습니다. 꿈이 없고 도전하지 않고 노력하지 않고 게으른 사람을 만나 주지 않습니다. 저는 기회를 꿈을 찾고 완성하기 위해 바쁜 대학원 생활을 보내겠습니다.

2010학번 진방욱(秦芳旭)

<실제 학생의 학업계획서 예 4>

학업계획 및 목표 : 튼튼한 기반을 닦아 전면적인 글로벌 인재로 도약

우선 무역에 대한 이론 공부를 통해 학문적 기초를 튼튼하게 할 것입니다. 그리고 중국에 진출한 한국 기업과 한국에 진출한 중국 기업을 대상으로 해외진출기업의 현지 경영에서 발생하는 문제를 연구하고 싶습니다. 중국과 밀접한 경제 관계를 가지고 있는 한국에서 무역법규, 국제경영전략, 글로벌 경제 등 전문적인 지식을 쌓아야 한다고 생각합니다. 그래서 국제무역, 국제경영에 대한 일반론뿐만 아니라 중국, 일본 등 동아시아 지역에 대한 전략 수립 및 연구가 활발하게 진행되고 있는 성균관대학원 무역학과에서 제때로 연구하고 싶습니다.

이를 위해 해외 투자 결정, 해외 진출 방법, 다국적 기업의 조직에 대한 공부도 병행할 것입니다. 나아가서는 한중일 경제협력에 대한 심층 연구를 해보겠습니다. 다양한 현장 문화 체험 학습을 통해 지식으로만 알았던 학문을 머리와 가슴을 통해 느껴보겠습니다.

목표 달성을 위해 다음과 같은 세부 계획에 따라 공부를 진척시키려 합니다.

제1학년

1) 무역학의 기초과목을 열심히 이수하여 튼튼한 기반을 닦으려 합니다.

2) 무역학과 관련된 인접 영역의 지식 과목을 열심히 이수하겠습니다.

3) FTA의 이론과 무역물류이슈를 연구하고 한중일 경제협력에 탐구합니다.

4) FTA는 한중일에 대한 영향 및 한중일 무역환경과 추세 분석할 것입니다.

5) FTA의 영향을 받은 경쟁력이 약한 산업에 대한 대책을 연구할 것입니다.

6) 무역에 있어 영어를 포함한 외국어 능력은 필수입니다. 특히 동북아시아 무역에 있어 영어, 한국어, 중국어, 일본어는 필수라고 생각됩니다. 지원자는 한국어에 비해 상대적으로 부족한 영어와 일본어를 집중적으로 공부합니다. 영어는 토익900점, 일본어는 중급수준 이상을 달성하도록 외국어 공부에 힘쓰겠습니다.

7) 한국어와 한국문화의 이해에 문화체험을 적극 참가하여 책과 문서를 열심히 읽고 힘쓰겠습니다.

제2학년

1) 지도교수님의 구체적인 지도 아래 FTA관련 연구를 시작하겠습니다.

2) 지도 교수교수님의 지도 아래 무역 이론과 독립적인 연구 과정을 수행하겠습니다.

　무역학 지식의 보급 확산을 위해서는 외국어 능력과 인문적 지식의 시대적 흐름이며 저의 연구과제이기도 합니다.

한국어와 한국학을 전공한 지원자는 언어가 무역과 의사소통 과정에서 중요하다는 것을 잘 알고 있습니다. 그래서 더 많은 정보를 신속적으로 접할 수 있도록 대학원 졸업하기 전에 한국어는 물론 영어, 그리고 교환학생 때 배웠던 일본어까지 능숙한 수준에 이를 수 있도록 외국어 공부를 하겠습니다. 또한 자신의 종합적 능력을 향상시키기 위해 전공 공부 외에 학교 과외활동에도 적극적으로 참여하겠습니다. 교환학생 때 한국교수님들과 선배들이 저에게 따뜻한 情과 도움을 주셨듯이 저 또한 대학원 재학 기간 동안 저의 능력을 최대한 발휘하여 봉사활동에도 적극적으로 나설 계획입니다.

아직은 무역 분야에 대한 전문 지식이 많이 부족하지만 대학교 때 공부한 것과 무역학에 대한 열정을 바탕으로 대학원에서 더 깊고 전문적으로 공부하고 싶습니다.

2009학번 왕사혜(王思慧)

<실제 학생의 학업계획서 예 5>

　　　　　지원 동기: 연구력과 잠재력을 갖춘 준비된 한국학 전공자

한중 교류가 빈번해지고 한국문화 특히 인문정보에 대한 관심이 증가하는 요즈음 이 역사적인 시기에 한국과 중국의 인문정보 연구와 홍보, 그리고 교류에 조그마한 일을 하는 게 저의 꿈이며 지원동기입니다. 누구나 다 그런 것은 아니지만 저는 공부하는 것이 좋습니다. 무엇인가를 배우고 알아 가는 것이 저는 좋습니다. 오래 24살인 저는 최종의 인생목표와 가야 할 길이 먼 나이라는 것을 알고 있습니다. 하지만 이 길, 내가 선택한 이 길을 꼭 끝까지 가겠다고 다짐합니다. 대학 4년, 그리고 대학원에서 공부한 전공 기본 지식을 바탕으로 <문학번역 영역>에 집중하여 체계적으로 한중문학 번역 연구 전문가가 되는 것이 저의

목표이자 꿈입니다. 저는 제가 잘 아는 <당송시문학>과 <한국시문학>에 대해 관심이 많고 이 분야에 대한 연구를 하고 싶습니다.

그래서 한국학 분야에 있어 권위와 연구력을 인정받고 있는 <한국학중앙연구원>에서 지원한다는 것은 당연한 귀결이라 생각합니다. 한국학대학원의 목표 또한 한국의 인문, 사회, 과학 분야의 심오한 이론을 탐구하고 한국문화의 창달과 한국학의 세계화에 기여할 영재를 양성하는 것이 목적이기에 '연구력과 잠재력을 갖춘 외국인 한국학 전공자'가 필요합니다. 한국학 이론을 심화하고 연구역량을 제고하기 위해 전공과목을 탐구하는 것 이외에도 한국학 원전자료의 해독과 한국학의 세계화를 위한 한문과 외국어 능력을 겸비하는 데 힘써야 한다고 생각됩니다

"하려고만 들면 못해 낼 일이 없다"란 말을 믿고 살아왔습니다. 부지런한 사람만이 큰 성과를 얻을 수 있고 밝은 미래를 가질 수 있습니다. 노력하지 않고 빈둥빈둥 노는 사람은 진정한 성공을 얻기 어려울 것입니다. 저는 매일매일 알차게 지내고 있습니다. 열정을 가지고 제 꿈을 이루기 위하여 오늘도 최선을 다하고 있습니다.

2008학번 정이붕(郑怡鹏)

<실제 학생의 학업계획서 예 6>

STUDY PLAN

Please explain in some detail your purpose in studying at Seoul National University and your plans for study. Be as specific as you can regarding your academic interests and the curriculum you expect to follow in achieving your goals.

어느 곳에 지원하게 된 지원동기를 말하라는 것은 참으로 힘들고 어렵고 머리를 멍하게 만드는 일이지만 반드시 거쳐가야 할 통과의례라 생각합니다. 반드시-당연히 물어보는 이 골치 아픈 문제에 대해 지원자는 <그래서 지원했구나>라는 답안을 제시하고자 합니다.

1. 서울대학교에서 공부한 적이 없어서 정말 대한국민 최고의 대학인지는 잘 모르겠지만 이곳에 지원한 선배들의 이야기나 주위의 여론이나 소식을 종합해 보면 '그렇다' 입니다. 아무튼 한국 최고의 대학 서울대학교에서 저의 능력과 도전의 기회를 만들고 싶습니다. 엄격한 표준 아래 서 공부하면서 저의 능력을 한

第12课　学业计划书
제12과 학업 계획서

층 단련시키고 수많은 글로벌 인재들과 정당한 경쟁을 하고 싶습니다.

　2. 서울대 경영대학은 영어 강의 비중이 높은 곳으로 글로벌 인재들이 모이기에 적합한 곳입니다.이곳에 지원하게 될 미래의 다국적 경쟁자, 그리고 함께 공동연구를 하게 될 연구자들과 경쟁하고 연구하는 프로젝트를 수행하여 글로벌 경영 인재로 성장할 수 있을 것입니다. 글로벌 팀워크 연구를 진행하여 팀워크와 조직력도 배우고 새로운 지식과 연구기술도 배울 수 있는 계기가 될 것입니다.

　3. 경영전략, 국제 경영 연구 분야의 권위자이신 교수진(박남규 교수님, 박철순 교수님, 송재용 교수님 등)들이 강의하시기에 2~3년의 석사 연구생 생활을 통해서도 한국 사회에 대한 이해와 안목을 키울 수 있고 날로 치열해지는 글로벌 시장 경쟁 상황에서 기업의 대응 생존 전략 연구할 수 있을 것입니다.

　…중략…

제가 지원한 국제경영학 분야는 국적기업이나 세계기업을 효과적이며 능률적으로 수행하는 데 필요한 지식을 체계적으로 연구하는 경영학의 한 분야인데 비단 경영학 뿐만 아니라 다국적기업 내지 세계기업이 당면하는 문제를 해결하는 데 필요한 여러 관련지식, 예컨대 경제학·무역학·법률학·지리학 및 정치학 등의 여러 분야에 걸쳐 전개됩니다.

그래서 석사 1~2학기에는 기업의 국제활동과 관련된 기본 이론 및 국제경영 환경에 관한 전략적 지식에 대해서 공부하고, 다양한 수업을 수강이나 청강함으로 기초를 돈독히 하려고 합니다. 지금은 중국어로 된 전공서적을 공부하고 있지만 한국어나 영어로 된 관련 전공서적을 체계적으로 학습하고 싶습니다. 1학기나 2학기 방학 동안은 한국기업이나 고향(안휘성 합비시)의 회사에서 인턴으로 근무하여 이론과 실전을 병행할 계획입니다. 석사 3~4학기에는 학술 연구의 기본인 학술세미나 등에 참가하여 국내외의 저명한 교수님들과 연구자와의 교류를 통해 연구 능력을 배양하고 인적 네크워크를 쌓도록 하겠습니다.

독자적인 연구 분야와 체계적인 논문을 완성하기 위한 준비를 계속할 것입니다. 논문의 질적인 수준과 연구 성과의 제고를 위해 가능하다면 석사 기간 동안이라도 미국이나 유럽권 대학에서 단기간 또는 반년 이상의 유학을 다녀 올 계획입니다. 이 분야의 선진국으로 불리는 미국이나 유럽의 국제기업경영 과정의 국제경영관리·무역학·국제마케팅·국제비교경영학·국제정치학·국제계약 등의 학습도 논문 완성과 학술 연구에 큰 도움으로 생각됩니다. 이 밖에 아시아 경제 •유럽 경제 등과 같은 지역연구 등도 학습할 계획입니다.

　　국제경영학은 비교적 새로운 학문 동향으로 최근 더욱 중요하게 여겨지는 학문입니다. 국가의 미래 생존과 관련된 학문이기에 선진국의 새로운 경영법을 중국사회와 기업에 도입하는 연구와 실천을 하고 싶습니다. 더 나아가 한국학을 전공한 사람으로서 한국과 중국 양국의 전문가로서 양국의 발전에 공헌하는 전문연구가로서의 소임 또한 잊지 않겠습니다.

　　저의 최종 목표는 기초가 튼튼하고 경영 분야에 대해 일정한 연구 능력을 가지고 있으며, 한국 사회에 대한 깊은 이해를 가지고 있는 글로벌한 인재가 되는 겁니다. 중국기업이나 주중한국기업, 주한중국기업의 경영법 완성에 대해서도 연구하고 싶습니다. 한중 양국 기업간의 협력, 동북아시아의 부상을 위해서도 노력해 보고 싶습니다. 열심히 준비하고 도전하면 그 꿈들은 언제가 이루어질 것이라 확신하고 있습니다. 저는 젊습니다. 꿈이 있습니다. 도전과 끈기가 있고 제 자신을 알기에 제 꿈이, 저의 미래의 그림이 조금씩 그려져 가고 있다는 것을 알고 있습니다.

　　감사합니다.

2010학번 양화열

<실제 학생의 학업계획서 예 7>

학업 계획서

지원동기

　　제가 한국어와 한국학에 대해 처음 인연을 맺게 된 것은 고등학교 1학년 때입니다. <대장금>이라는 한국의 인기 드라마가 고향 복건성에 방영되면서 저는 문화적 충격을 받았습니다. 한 순간에 한류의 열풍과 한국 사랑은 조그만 고향 마을에까지 휩싸이게 되었습니다. 그곳에서 성장하면서 자연스럽게 한국어에 관심을 가졌고, 한국의 문화를 알고 싶다는 생각의 씨앗을 마음속에 심었습니다. 그리고 저는 4년 동안 천진사범대학교 한국어학과에서 공부하면서 제 꿈의 밑그림을 그리게 되었습니다.

　　한국어를 공부할 수록 한국문화가 굉장히 매력적이라는 사실을 깨닫게 되었습니다. 이렇게 아름다운 한국의 문화를 사람들에게 제대로, 정확하게 알려주면 좋겠다는 생각으로 이어지게 되었습니다.

第12课 学业计划书
제12과 학업 계획서

저의 꿈은 한국문화전파 메신저가 되는 것입니다. 올바른 문화가치관과 홍보 실무 능력 등을 골고루 갖추고 한국문화 전파사자(使者)로서의 역할을 다하는 것이 저의 꿈입니다. 한국 문화전파 메신저(문화전파 사자)라 하면 한국 문화 전반의 정보를 대중에게 전달하는 책임 있는 직업이기 때문에 한국어 공부는 필수이며 한국의 문화를 직접 체험해 보는 것이 아주 중요하다고 생각합니다. 보다 생생한 한국어와 문화체험을 위해서 한국유학을 결심하게 되었습니다.

문화전파 전문가가 되기 위해서는 이 분야에 권위가 있고 뛰어난 인재를 많이 배출한 곳에서 전문적인 지식을 쌓아야 한다고 생각합니다. 한국학중앙연구원은 한국 문화 심층 연구에 탁월한 연구능력과 한국학인재를 많이 배출한 곳입니다. 저는 이곳 한국학중앙연구원에 진학하여 인문정보학을 전공하고자 합니다. 인문정보학을 전공하여 한국문화를 제대로 알고 제대로 전달하는 문화전파 메신저의 소임을 다하고자 합니다.

학업계획 및 목표

저는 대학에서 한국어를 전공하면서 한국 문학과 한국문화, 한국 풍습 등에도 큰 관심을 가지고 공부를 해 왔습니다. 도서관에서 이와 관련된 책들을 찾아보고 공부하고 탐구하면서 제 꿈을 향해 한 발 더 나갈 수 있었습니다. 문화전파 메신저는 올바른 사고와 판단이 필요하며 책임 있는 사람이어야 한다고 생각합니다. 저는 그런 사람이 되기 위해 학문의 깊이도 넓혀야 하며 교양을 쌓기 위해 노력해야 합니다. 외국인으로서 부족한 한국의 역사, 지리, 사상, 언어, 문학 등 전통적인 한국학 분야의 지식을 중점적으로 공부할 것입니다.

인문정보학은 인문 자원의 성격을 모색하고 문화콘텐츠 소재로서의 응용 가치 탐구에 진력한다고 들었는데 연구활동을 순조롭게 할 수 있도록 많은 노력을 기울여야 하겠습니다. 모르는 부분은 그냥 넘어가지 않고 질문하고 탐구하는 초심자의 자세로 공부하겠습니다. 한국학에 관련된 서적과 논문도 많이 읽고, 관심이 있는 다른 책도 많이 읽어 한국을 더 잘 알기 위해 노력하겠습니다. 다양한 현장 문화 체험 학습을 통해 지식으로만 알았던 학문을 머리와 가슴을 통해 느껴보겠습니다.

한국학 지식의 보급 확산을 위해서는 미디어와 컴퓨터 활용 운용 능력과 인문적 지식의 정보화에 필요한 데이터 분석 능력이 필요하다는 것은 시대적 흐름이며 저의 연구과제이기도 합니다. 하이퍼 미디어나 가상현실, 지리정보시스템 등을 이용한 첨단 정보기술의 운용 능력을 키워 대학에서 배운 IT지식을 바탕으로 여러 연구생과의 협력을 통해 문화홍보 미디어과제를 수행하고 싶습니다. 또한 연구생 과정 중 <인문 지식 정보화 연구 개발 사업>에 참여할 수 있는 기회가 있다고 들었습니다. 저는 직접 개발 과정에 참여하여 많은 것을 체험하고 공부할 수 있도록 이 프로그램에 참여할 계획입니다.

저의 최종의 학업목표는 한국문화에 대한 올바른 이해와 전파를 위해 문화콘텐츠 개발 과정에 참가하여 지식적 능력과 실무적 능력을 갖춘 현대적 문화 홍보인이 되는 것입니다.

졸업후의 계획

석사과정을 마친 후에는 박사로 진학하여 후속 연구를 하면서 한국문화를 올바르고 정확하게 홍보하는 일에 종사하고 싶습니다. 더 나아가 세계 여러 곳곳에 한국문화전파에 기여하는 메신저가 되고 싶습니다.

보석은 다듬어져야 그 빛을 발하는 법입니다. 늘 다듬어지기를 원하는 저는 저의 능력을 다듬어 줄 수 있는 한국학중앙연구원에서 제 꿈을 이루고 싶습니다.

2009학번 호정

第13课 推荐信
제13과 추천서

　　추천서는 어떤 조건에 적합한 대상을 해당 분야의 전문가나 지식이 많고 저명한 추천인이 책임을 지고 소개할 때 작성하는 문서이다. 자기소개서와 학업계획서가 자기 스스로 자기를 표현하는 문서라면 추천서는 타인, 즉 추천인의 눈에 비친 자신의 모습을 표현하는 문서이다.

　　따라서 추천서의 생명은 추천 대상자에 유리한 칭찬 위주의 글보다는 추천 대상자에 대한 구체적이고 정확한 관찰을 통하여 확보하는 객관적인 신뢰감이다. 미사여구로 서술하는 것보다는 추천인의 객관적인 판단에 의해 서술되는 내용이 신뢰성이 높다고 할 수 있다.

撰写推荐信的要领　추천서의 작성 방법

추천인 본인이나 소속 기관에 대해 자세히 소개하기 보다는 지원자와의 관계를 기술한다

　　추천서의 목적은 지원자가 해당 분야의 일을 잘 해낼 수 있는 자질과 성품을 지니고 있음을 보여주는 것이다. 추천서는 반드시 지원자에 중점을 두어야 한다. 간혹 추천인 본인이나 소속 기관에 대해 자세히 소개하는 경향이 있는데 지원자와의 관계를 기술하는 정도로 한정하는 게 좋다. 다만 글의 전개를 위해 필요하다면, 소속 학과와 직함을 본문에 포함하는 것은 무방하다.

　　추천인의 소속 학교나 직함은 추천서 아래에 서명과 함께 포함되므로, 추천서 본문에서는 추천인과 지원자와의 관계 정도만 기술해 주어도 충분하다. 첫 문단에서는 추천인이 지원자를 해당 학교에 추천해 줄 수 있을 만큼 지원자를 잘 알고 있다는 사실을 보여주는 게 중요하다. 즉, 추천인이 지원자를 어떤 경로로 알게 되었으며, 얼마 동안 알고 어떻게 지내왔는지에 대해 언급해 주면 된다.

부정적으로 보일 수 있는 정보는 언급하지 않는다.

대학 성적이 낮은 경우, 어떻게든 그 이유를 설명해야 된다는 생각에 자기소개서나 SOP, 추천서에 그 이유를 설명하려고 한다. 성적표를 포함한 지원 서류들은 어차피 함께 검토가 이루어지므로, 낮은 성적을 이중, 삼중으로 언급하는 것은 오히려 불리하게 작용한다. '아르바이트 때문에', '학비를 벌어야 해서', '수업 내용이 어려워서', '학업을 게을리해서', '우리 학교의 기준이 높아서' 등의 뻔하고 식상한 변명은 이제 그만. 성적이 낮은 이유를 설명해 줄 수는 있지만 큰 설득력은 갖지 못한다. 한번 정해진 성적은 바꿀 수 없으니 차라리 에세이나 추천서에 개선하려는 나의 모습에 초점을 맞추고 작성하는 게 현명하다.

긍정적인 평가는 구체적인 이유나 근거를 제시한다.

최근 추천서를 본인이 직접 쓰는 경우가 많다 보니, 자신을 부각시키기 위해 다른 사람을 깎아 내리거나 과한 칭찬을 한다거나 혹은 최상급의 근거 없는 과도한 문구를 남발하는 경우가 있다. 지원자의 장점을 부각시키려고 자신이 가르친 다른 학생들을 비하하면서 까지 추천서를 써 줄 교수님은 없을 것이다.

지원자의 학업적인 능력을 상대적으로 보여줄 수 있도록 '지원자가 상위 ___%에 속한다' 정도로 써주면 된다. 만약 지원자의 학업이나 연구 능력이 뛰어나다고 생각한다면, 그렇게 평가하게 된 근거를 제시해 주어야 한다. 수많은 추천서를 읽고 쓰기 때문에 칭찬을 나타내는 형용사에 거의 의미를 부여하지 않는다.

remarkable, impressive, outstanding, wonderful …
놀랄 만한, 주목할 만한, 인상적인, 뛰어난, 훌륭한, 걸출한 …

추천서를 읽는 것은 추천서에서 이 일을 잘 해낼 수 있는 증거를 찾는 것이다. 지원자가 수업 과제나 발표에서 보여준 모습이나, 연구실에서 프로젝트를 수행하면서 보여준 태도 등이 증거가 될 수 있다. 유의할 점은 과제나 프로젝트 자체가 어떤 것이었는지에 대한 자세한 기술보다는 지원자에 대한 평가를 위주로 작성 한다.

구체적인 이유나 증거 없는 칭찬으로 작성된 추천서는 추천인이 지원자에 대해 잘 모른다는 '짝퉁 추천서' 이다.

第13课 推荐信
제13과 추천서

지원 분야에 유용한 배경 지식과 기술 및 개인적인 장점(팀워크 능력 등)에 중점을 둔다

　기업에서는 매출을 얼마나 늘렸다든지 하는 업무 성과에 주목하고, 대학원은 연구와 공부를 위해 가는 곳인만큼 학업 능력에 관심을 둔다. 당연히 추천서에 지원 전공과 직장 경력이 서로 관련이 있는 내용이 포함된다면 지원자에게 유리하게 작용할 것이다. 또한 추천인에게는 잘 해낼 수 있는 자질과 배경지식, 기술을 갖추고 있다는 사실을 추천인이 증언해 준다면 정말 좋은 추천서가 될 것이다. 그밖에 팀원들과 잘 협력한다거나, 성실하고 꼼꼼하여 학업이나 연구, 기업 활동에도 도움이 될 만한 성격적인 장점을 언급하는 것도 좋다. 물론 그렇게 평가한 근거도 함께 제시되어야 한다.

추천인이 제3자의 입장에서 관찰할 수 있었던 상황에 기반을 두고 작성한다

　지원자가 직접 쓴 추천서에서 가장 흔히 보이는 내용 중 하나는 '추천인은 늘 교실 제일앞자리에 앉아 열심히 노트 필기를 하면서 제 수업을 들었던 학생입니다'는 표현이다. 매 학기 수많은 학생들을 가르치는 교수님이 어떤 학생이 어디에 앉았는지, 필기를 잘 했는지, 수업을 열심히 들었는지 기억하기란 쉽지 않는 일이며, 그것을 아직까지 기억하고 있는 교수님이야말로 엄청난 기억력을 지닌 존경할 만한 교수일 것이다. 실제로 수많은 지원자들이 이런 문장을 추천서에 포함하고 있는 게 현실이다.

　추천인이 지원자의 마음 속을 들여다 본 듯한 내용도 흔히 보게 되는데, 물론 본인이 썼기 때문에 이런 내용이 나오는 것일 것이다. 추천인은 내가 아니라 제3의 관찰자라는 것을 반드시 기억해야 한다. 추천인이 관찰할 수 있었던 객관적인 상황을 근거로 작성하고, 특히 추천인으로부터 칭찬을 받았던 적이 있다면 그런 상황을 근거로 작성해 주면 이상적이다.

　추천서는 자기 소개서가 아닌데도 불구하고, 자신이 아니면 알 수 없는 내용도 포함하고 있어 추천인자신이 직접 썼다는 게 티가 나는 경우도 흔하다. 그래서인지 최근의 경우 2~3명의 복수 추천인을 요구하고 있으며 각 추천인들로부터 지원자의 여러 면에 대한 증언을 듣고 있다.

※ 추천인이 직접 추천서를 써 주기로 동의한 후, 좋은 추천서를 받으려면?

매 학기 수 많은 학생들을 가르치는 교수님이 개별 학생들에 대해 구체적인 사례를 기억하기는 힘든 게 현실이다. 수업시간에 활발하게 참여를 한 학생이라면 그 이름을 기억하고 긍정적인 인상을 가지고 있을 수는 있지만은 모든 학생을 기억하고 그 기억을 수 년이 지난 이후에도 기억하기에는 더더욱 힘든 일이다.

따라서, <u>좋은 추천서를 받으려면 추천인에게 추천서에 활용할 수 있는 소재를 제공해 드리는 것이다</u>. 예를 들어, '교수님으로부터 언제, 무슨 수업을 들었고, 어떤 점수와 평가를 받은 학생입니다' 라든가 '수업에서 어떤 과제를 수행했고, 그 과제에서 교수님으로부터 어떤 평가를 받았으며', '추천인 스스로 생각하는 자신의 학생/연구자, 직업인으로서의 장단점' 등을 정리해서 드리면 큰 도움이 될 수 있다.

추천서를 부탁 드리는 지원자가 반드시 기억해야 할 중요한 것으로 추천서를 부탁하는 사람은 본인 한 사람이 아니라는 것이다. 새로운 학기가 시작되면 교수님들은 재학생부터 졸업생에 이르기까지 수 많은 학생들로부터 여러 번 추천서 부탁을 받게 되고, 학기도 진행 중이어서 강의와 연구 및 행정 업무 등으로 인해 상당히 바쁜 시간을 보내게 된다.

따라서, 지원 마감일로부터 한 달, 적어도 2주의 충분한 시간적 여유를 두고 추천서를 부탁 드리는 게 좋다. 매우 바쁘신 교수님을 찾아 비슷한 기간에 추천서를 부탁하는 학생들은 한두 명이 아니라는 사실을 염두에 두자. 추천인으로부터 제때에 추천서를 받지 못해 발을 동동 구르는 경우가 매년 반복되고 있다. 추천서에 대한 최종 결정권을 지니고 있는 만큼, 막판에 무리하게 재촉을 드린다면 좋은 추천서를 받는데도 불리해 질 수 있고, 일부러 부정적으로 써주시지는 않더라도, 시간이 없다거나 대충 써 줄 수도 있으니 이 점을 깊이 기억해야 할 것이다.

제13과 추천서

<예문 1>

석사과정 지원자 추천서

(2015학년도 ○○대학교 △△학대학원 석사과정)

■ 지원자 기재 사항

성 명	류하(刘贺)	생년월일	1993년 1월 11일 생 (만22세)
소속 대학	천진사범대학 외국어학원 한국어학과		

본 지원자는 공공기관의 정보 공개에 관한 법률에 의거하여 입학 사무 처리 과정상 업무의 공정한 수행을 위해 본 추천서를 비공개 대상 정보로 처리하여 줄 것을 요청하며, 본 추천서에 대한 정보의 열람 및 공개를 청구할 권리를 포기할 것을 서약합니다.

2015년 4월 15일

지원자 류하(刘贺) 서명

■ 추천서 작성자 기재 사항

성 명	김장선(金长善)	직위	교수
휴대전화	123-4560-7880	전화번호	86-22-111-88828
소속 대학	천진사범대 한국어학과	E-mail	개인정보보호

본인은 지원자의 학부과정 지도교수 및 동아리 지도교사의 인연으로 4년 이상을 지원자를 알고 지내고 있습니다.
본인은 지원자에 대한 추천서를 작성 및 제출함에 있어 사실에 기초한 내용만을 공정하게 작성하였으며, 본 추천서의 내용을 지원자 또는 제3자에게 절대 공개하지 아니할 것을 확인 서약합니다.

2015년 4월 15일

작성자 김장선(金长善) 서명 **김장선**

<예문 2>

추천서

천진사범대학 외국어학원 한국어학과

왕윤수(王润秀)

저는 위 지원자를 ○○대학 한국어학과에서 논문지도 및 동아리 지도교사로 만났고, 20◇◇년 9월부터 지금까지 ○년 이상을 지속적으로 교류해 오고 있습니다. 특히 지원자가 활동했던 본교의 △△동아리 <○○>은 교사의 일방적인 주도로 활동하는 동아리가 아니라 학생 스스로가 주도적으로, 자율적으로 운영

되는 부서입니다. 동아리 지도교사로 직접 지켜본 바로 지원자는 지적 호기심이 강한 학생으로 의문이나 호기심이 생기면 그냥 넘어가지 않는 사람이었습니다. 무언가를 꾸준히 기록하고 골똘히 생각하는 모습을 자주 보았습니다. 지적인 호기심과 탐구심이 해결되면 미소를 띄는 모습을 보였고, 의문점이나 호기심이 더욱 증가하면 조금은 귀찮을(?) 정도로 전화나 메일을 자주 보내는 학생이었습니다. 동아리 활동에만 안주하지 않고 실제 한국어 학습에도 적용하여 발음, 발성, 표현력, 발표력 등을 향상시킬 수 있었습니다.

　대부분의 학생들은 방학 때가 되면 동아리 활동이나 학습에도 소홀히 하는 경향이 있으나, 위 지원자는 단 한 번도 흐트러지지 않았으며 고향인 안휘성에도 잘 가지 않고 무언가를 준비하고 수행하고 있었습니다. 방학에도 지원자의 강렬한 전화와 이메일을 받았기 때문에 지원자에 대해서 누구보다 잘 알고 있다고 생각합니다.

　지원자의 모습을 그 동안 옆에서 지켜 본 지도교사로 지원자의 졸업 후 삶의 모습이 기대가 되었습니다. 인생에서 요령이 아닌 실력으로 쌓으려는 자세와 자기주도적 학습을 통해 이뤄 온 지원자임을 알기에 귀 대학원의 석사과정 잠재능력 보유자로 추천합니다.

20△△년 △월 △△일   추천인 ○○○ Sign

<예문 3>

추천서

　2015년 6월에 ○○○○대학교 한국어학과를 졸업한 ○○○ 학생은 재학 중 저의 '한국어 듣기', '무역 한국어' 등의 강의를 수강한 학생입니다. 항상 적극적으로 강의에 참여했고, 과제를 성실하게 준비해 오는 것이 남보다 뛰어났으며 그 결과도 우수한 학생입니다.

　상기 학생은 한국어뿐만 아니라 한국 문화, 한국 풍습 등에도 큰 관심을 가지고 있어 도서관에서 이와 관련된 책들을 찾아 스스로 공부하고 탐구하는 등 남다른 열정이 있었습니다. 4년 동안 꾸준히 노력한 끝에 졸업했을 때는 훌륭한 한국어 구사능력뿐만 아니라 한국의 경제, 정치 및 문화에 대해서도 깊은 이해를 가지게 되었습니다.

　…중략…

第13课 推荐信
제13과 추천서

귀 대학에서 이 우수한 학생에게 더 공부할 수 있는 기회를 주시면 꼭 훌륭한 인재가 될 것이라고 믿습니다.

2015년 7월 6일

○○○○대학교 한국어학과

학과장 _____

<예문 4>

추천서

성 명		생 년 월 일 (외국인등록번호)	
소 속		국 적	
학 생	주소(연락처)		
보증인	주소(연락처)		

◆ 추천사유(구체적으로 기술하십시오.)

위 학생은 교환학생으로 2009년 9월부터 ○○대학교 언어교육원에서 한국어 수업을 받았습니다. 비록 짧은 시간이지만 한국어에 대한 열정이 대단하며 학업 동기가 확실하므로 일년 동안 한국어 능력이 타 학생에 비해 월등하게 향상되고 있습니다. 또한 영어 능력도 탁월한 학생입니다. 귀 대학원에 진학하여 학업을 계속한다면 앞으로 우수한 실력을 갖출 수 있는 학생으로 사료됩니다. 또한 모든 면에 있어서 모범적이며, 성실하여 대인관계도 좋습니다. 귀 대학원에 진학하여 학업을 계속할 수 있도록 허락해 주시기 바랍니다.

년   월   일

_____ 대학교 언어교육원 원장 _____ 印

<예문 5>

What do you consider to be the applicant's strengths?

지원자의 장점은 무엇이라고 생각하십니까?

지원자의 학부생활을 지켜 본 지도교사로 지원자가 가지고 있는 가장 큰 장점은 인생에서 요령이 아닌 실력으로 승부하려는 자세와 자기주도적 학습을 통해 이뤄 온 성과입니다. 천진사범대학 한국어학과에서도 모범 학생, 책임감이 강한 학생이라는 말을 들을 때마다 당연하다는 결과라 생각이 되었습니다. 다수의 친구들과 원만한 인관 관계를 유지하고 탄탄한 실력을 쌓아 온 학부생활의 긍정적인 경험은 지원자의 직장 생활에도 긍정적인 에너지로 작용한 것 같습니다.

<예문 6>

What do you consider to be the applicant's weaknesses?

지원자의 단점은 무엇이라고 생각하십니까?

보완했으면 하는 점은 체력입니다. 지원자는 왜소한 체격을 가진 학생으로 보기와는 달리 건강한 편이나 하루에도 많은 에너지를 소모하는 석사과정의 특성상 보다 계획적이고 체계적인 건강관리를 했으면 합니다. 본인 특유의 끈기라면 이마저도 쉽게 이루어내리라 생각합니다.

평소 지원자의 품행태도를 보았을 때 지원자는 도덕성이 매우 우수한 사람입니다. 학교 대표이며 학년 반장으로서 후배, 동료에게 싫은 소리를 한번도 낸 적이 없는 여린 마음을 가진 지원자입니다. 그래서 단점이라고 굳이 말하자면 카리스마가 상대적으로 부족하다는 것입니다. 이것은 성격상 지닌 지원자의 부족함이지, 그 동안 협동심과 헌신적인 봉사정신으로 학교 생활을 해 온 지원자의 공로에 비하면 아무런 문제가 아니라고 자신 있게 말할 수 있습니다.

<예문 7>

Please assess the applicant's qualities in the evaluation table given below. Rate the applicant compared to other classmates who are/were in the same school year with him/her.

지원자의 자질을 동급생과 비교·평가하여 다음 표에 항목별로 체크(√)하여 주시기 바랍니다.

구분	매우 우수 상위 2%	우수 상위 10%	양호 상위 25%	보통 상위 50%	평균 이하 하위 25%	해당사항 없음
학업성취도	√					
발전가능성	√					
성실성	√					
책임감/독립심	√					
창의성		√				
의사소통능력	√					
대인관계	√					
리더쉽		√				

第14课 报告和论文
제14과 리포트와 논문

'리포트 쓰기'는 대학생들이 가장 곤혹스러워하는 일들 중 하나이다. 글쓰기 교육을 체계적으로 받지 못한 신입생들이나 졸업을 앞둔 4학년 학생들도, 대학원생들도 지적이고 논리적인 글쓰기는 어려운 일이다. 그러나 리포트 쓰기는 해당 교과목과 관련된 폭넓은 지식을 자기 주도적으로 쌓을 수 있고 나름대로 학문적인 비판 능력을 배양할 수 있어 대학 신입생들이 반드시 익혀야 할 필요가 있다. 또한 리포트 작성은 장차 본격적인 논문을 쓰는 데 중요한 토대가 된다. 게다가 대학 4년 동안 수십 편 이상을 작성해야 하므로 리포트 작성 요령을 체계적으로 습득하는 것은 매우 중요하다.

리포트는 해당 교과목에 부여된 주제에 관하여 조사하거나 연구한 결과를 학생 스스로 일정한 형식과 분량에 맞춰 쓴 글이다. 리포트는 기본적으로 논문의 특성과 중복되는 부분이 많다. 그러나 기존의 학문 성과를 받아들여 이를 다시 정리하는 형태의 과제인 경우가 많으므로 새로운 학술적 정보나 주장을 담는 논문 수준에 반드시 근접할 필요는 없다.

1) 报告的类型　리포트의 유형

일반적인 리포트의 유형은 다음과 같다.

★지정된 책이나 논문을 읽은 후에 내용 요약

여러 가지 교재나 문헌을 읽고 그것을 요약하고 정리를 하는 데는 다음과 같은 몇 단계의 절차가 필요하다.

–주어진 글의 전체적인 구성을 파악한다.
–각 문단의 소주제문과 핵심어를 찾아 정리한다.
–주어진 글의 결말 부분의 내용을 정확하게 파악한다.
–어떤 과정을 거쳐 결말의 내용에 도달했는가를 이해한다.
–요약문을 작성한 후 주어진 글의 내용과 다시 대조해 본다.

★관찰이나 조사의 결과 보고

설문 조사나 답사, 관찰, 채집 등을 통해 현장에서 직접 조사한 결과를 보고하는 글로 다음과 같은 요건이 필요하다.

―조사 방법에 대한 명료한 설명이 선행되어야 한다.

―피조사자의 성격과 성향을 밝혀야 한다.

―조사의 결과를 한 눈에 알아볼 수 있게 작성한다.

―결과에 대한 설득력 있는 설명이나 해석이 객관적으로 뒷받침되어야 한다.

★실험

주로 자연과학 분야에서 실험을 하고 그 결과를 보고하는 목적으로 쓰는 글로 일반적으로 다음과 같은 형식을 갖추어야 한다.

―실험의 목적과 의의를 제시한다. 주로 이 부분은 연구사의 소개를 바탕으로 한다.

―실험 방법 기술: 실험과 그 결과에 대한 해석에 있어서 가장 중요한 것은 객관성의 확보이다.

―실험 결과 기술: 수치로 나타난 측정치는 표로 만들거나 그래프를 그리는 것이 효과적이다.

2) 报告的写作步骤 리포트의 작성 절차

1단계 : 제목 선정 단계

· 리포트의 형식, 분량, 제출 마감일을 확인한다.

· 지나치게 광범위하거나 협소한 제목은 좋지 않다.

2단계 : 관련 자료의 수집

· 리포트의 목적 및 범위를 간략하고 정확하게 진술한다.

· 리포트 작성에 필요한 참고 자료의 목록을 정리한다.

3단계 : 자료의 구성

· 정리한 자료를 읽고 논리적인 범주에 따라 분류한다.

· 분류된 자료의 중심적인 주제를 확인한다.

· 분류된 각 묶음의 자료를 논리적으로 배열한다.

· 분류된 자료를 토대로 리포트의 개요를 작성한다.

4단계 : 초고 작성
- 이미 작성된 개요를 앞에 두고 리포트의 초고를 쓴다.
- 자신의 생각을 일반화시키거나 지지해 주는 구체적인 사실을 넣는다.
- 글을 쓰는 도중에 참고 자료의 번호를 적어 두어 자료의 출처를 확보한다.

5단계 : 초고 수정
- 객관적으로 읽을 수 있도록 생각의 휴식 기간을 갖는다.
- 단락, 문장, 단어 수준에서 글을 다듬는다.
- 자신이 인용한 자료들이 충분히 믿을 수 있는지 다시 확인한다.

6단계 : 최종 리포트 준비
- 제목, 페이지, 표, 주석 등 요구된 형식을 정확히 따랐는지 확인한다.
- 주요 참고 문헌의 배열이 잘 되었는지 확인한다.
- 문장이 문법에 맞는지 확인한다.
- 최종적으로 수정한 내용을 반영했는지 확인한 후 인쇄한다.
- 제출 방법을 재확인하고 최종 제출할 리포트를 보기 좋게 준비한다.

3) 报告的形式　리포트의 형식

리포트의 형식은 전공과 관계없이 표지·목차·본문·참고 문헌으로 구성되며, 본문은 서론·본론·결론으로 구성된다.

< 封面　표지 >

리포트를 제출할 때에 표지는 전공에 상관없이 반드시 갖추어야 할 요소이다. 표지의 왼쪽 위에는 '리포트', 또는 '보고서'라고 쓰고, 가운데 위쪽에는 제목을 쓴다. 부제가 있는 경우에는 제목의 아래에 약간 작은 글씨로 쓴다. 오른쪽 아래에는 리포트를 제출할 대상의 과목과 담당교수의 이름을 기록한다. 그리고 작성자의 이름과 소속, 제출일을 순서대로 적는다.

```
<리포트> 또는 <보고서>

          제목
         -부제목-




교과목 :
담당교수 :
제출자 : 이름(학번, 소속)
제출일 :
```

```
<리포트>

  영화와 소설의 표현방식의 차이
-영화<운수 좋은 날>과 소설<운수 좋은 날>을 중심으로-




교과목 : 한국문학작품선독
담당교수 : ○○○
제출자 : △△△(20120000, 한국어학과 4학년)
제출일: 2015년 3월 5일
```

<目录 목차>

목차는 전체 리포트의 내용을 한 눈에 알아볼 수 있도록 체계적 표시를 한 부분으로 대개 서론-본론- 결론의 구성을 취한다. 목차의 표제어는 단순하게 서론, 본론, 결론으로 사용하는 경우와 서론과 본론을 세부 절로 나누어 내용을 나타낼 수 있는 어휘를 선택해서 표제어로 삼는 경우가 있다. 그림이나 도표의 수가 많을 때에는 그림 목차와 표 목차를 만들어 일반 목차 뒤에 붙인다.

```
              -목차-

Ⅰ. 서론
   1. 연구 목적
   2. 연구 방법

Ⅱ. 21세기 국제사회의 특성
   1. 안보 개념의 확대
   2. 자원의 가치 증대

Ⅲ. 자원 안보의 개념 및 현황
   1. 자원 안보의 개념
   2. 자원 안보 현황

Ⅳ. 자원 안보가 중요시 되는 이유
   1. 자원의 유한성
   2. 자원에 의존되어 있는 사회
   3. 자원의 무기화
   4. 자원 공급의 불안정성
```

```
              -목차-

국문초록

Ⅰ. 서론
   1. 연구 목적 및 필요성
   2. 선행 연구 검토
   3. 연구 방법

Ⅱ. 이론적 배경
   1. 과정 중심 쓰기 교육의 특징
   2. 과정 중심 쓰기의 활동 및 학습전략
     2.1. 쓰기 과정별 단계
     2.2. 쓰기 과정별 활동 및 학습전략
   3. 피드백의 유형

Ⅲ. 과정중심 교수법을 활용한 한국어 쓰기 교육 방안
   1. 과정 중심 교수법을 활용한 한국어 쓰기 교육의 모형
   2. 과정 중심 교수법을 활용한 한국어 쓰기 교육 실제

Ⅳ. 결론

참고문헌

Abstract
```

第14课　报告和论文
제14과　리포트와 논문

(1) 序论 서론

① 문제 제기 및 연구 목적

다루고자 하는 논제에 대하여 문제를 제기하고 연구의 동기, 목적을 서술한다.

② 연구 범위

연구자가 다루고자 하는 문제의 범위를 명확히 한다. 이것은 집필자의 논지를 보호하는 구실을 하기 때문에 되도록 구체화시킬 필요가 있다.

③ 연구사 검토

다루고자 하는 논제나 그것과 밀접한 관계가 있는 과거의 연구를 간단히 소개한다. 그러나 그것이 단순한 소개에 그쳐서는 안 된다. 연구자의 시각에서 비판적으로 소개하고 그 문제의 연구 과정 및 상황을 요약함으로써 연구의 필연성을 강조할 수 있게 해야 한다.

④ 방법론

논제에 관한 연구 방법론을 소개한다. 여러 사실을 충분히 정리하고 체계화하기 위해서는 일정한 이론에 기초를 둔 접근 방법이 있어야 한다.

⑤ 기본 자료의 소개 및 특수 용어의 정리

본문에서 사용한 기본 자료나 특수 용어는 서론에서 명백히 밝혀 둔다. 또한 특수한 번역어가 있을 때에는 각 항목에서 설명할 것이 아니라 서론에서 원어와 대비하여 설명하는 것이 좋다. 특히 기존의 번역어가 불만스러워 다른 번역어를 사용했을 때에는 그의 타당성과 이유를 명확히 기술해야 한다.

(2) 本论 본론

① 논거 제시

다루고자 하는 논제에 대하여 문제를 제기하고 연구의 동기, 목적을 서술한다.

② 논의

연구자가 다루고자 하는 문제의 범위를 명확히 한다. 이것은 집필자의 논지를 보호하는 구실을 하기 때문에 되도록 구체화시킬 필요가 있다.

③ 논지 전개

내용 추가

자신의 주장을 뒷받침하기 위해서 객관적인 자료를 충분히 제시하고, 자료를 분석하여 자기 가설을 증명해내야 한다. 다만 논지를 전개하는 과정에서 무리가 없도록 해야 한다.

(3) 结论 결론

결론은 본론에서 논제의 결과를 간추려 모아 놓은 부분이다. 어떤 목적에서 이 연구가 시작되었고, 어떤 과정을 거쳐 결론에 이르렀는가를 밝히는 과정이다. 그러므로 서론에서 밝힌 리포트의 목적이 얼마나 성취되었는가를 확인해서 리포트의 가치를 부여해야 한다.

(4) 引用 인용

인용은 자신의 논지를 전개하기 위해 다른 사람의 의견이나 이론, 글 등을 빌려 오는 것을 말한다. 인용은 크게 인용 부호를 사용하는 직접 인용하는 방법과 인용할 내용을 본문 속에서 풀어서 쓰는 간접 인용하는 방법이 있다.

직접 인용을 할 경우 인용할 내용이 짧으면 본문 안에서 인용 부호(' ')를 사용하여 쓰고, 인용할 내용이 세 줄 이상이어서 긴 경우에는 새로 문단을 만든 다음 본문보다 두 칸 이상 오른쪽으로 들여 쓰고 글씨 크기를 작게 하여 본문과 구분한다.

① 직접 인용

짧은 글을 '직접 인용' 할 경우

소크라테스는 "네 자신을 알라."라고 말했다.

주시경 선생은 "말과 글을 정리하는 일은 집안을 청소하는 것과 같다."라고 말했다

긴 글을 '직접 인용' 할 경우

3줄 이상의 긴 부분을 인용할 경우에는 독립된 문단으로 구성하고 인용 문단 전체를 본문 보다 안으로 들여 써 본문과 인용문의 구분을 명확하게 해야 한다.

第14课 报告和论文
제14과 리포트와 논문

> 흔히 사회구조적 문제로 인해 발생한 대형참사를 개인의 책임으로 돌리는 경우가 많지만, 사실 책임자 처벌로 문제를 해결하는 것에는 많은 문제가 있다. 홍성수는 체계이론 기반해서 이렇게 말한다.
>
> > 삼풍 백화점이나 성수대교의 붕괴와 같은 구조적 참사는 물론이고, 대구 지하철 방화사건이나 사이코패스에 의한 연쇄살인 사건에서도 그 책임을 특정 개인에게 돌리는 것은 부당할 뿐만 아니라 비과학적이기도 하다[1]
>
> 특히 구조적인 참사 뿐만 아니라, 살인사건 같이 개인범죄 같이 보이는 범죄에도 특정 개인의 문제로 지적하지 않는 이유를 주목해 볼 필요가 있다.
>
> ──────────────
> 1) 홍성수, 「인간이 없는 인권이론-루만의 체계이론과 인권」, 『법철학연구』 13집 3호, 2010, 227쪽. '특정 개인'은 필자가 강조한 것이다.

② 간접 인용

간접 인용의 경우 원저자의 의견을 정확하게 파악해서 인용해야 한다. 간접 인용의 경우는 인용한 내용의 끝에 어깨번호를 한 후 주석에서 문헌의 출처를 밝히는 방법과 인용한 문장 다음에 소괄호를 치고 그 속에 필자와 발표 연도, 인용 쪽수를 적고 참고 문헌에서 그 출처를 밝히는 방법이 있다. 저자명의 경우 성이 먼저 오도록 한다.

괄호를 하고 필자와 출판연도를 적어 '간접 인용' 하는 방법

인용하는 저서나 논문의 저자명이 본문에 표시하지 않은 경우에는 해당부분 말미에 괄호하고 그 속에 저자명과 발행연도를 표시한다.

> 그 예로 본 연구의 실험 자극물 중 하나인 MBC '무한도전'은 대한민국 평균 이하임을 자처하는 7명의 MC가 주어진 과제에 도전하며 웃음과 재미를 유발하는 이른바 '국내 최초 리얼 버라이어티쇼'이다. 오락 프로그램의 방송자막을 통해 출연진에 대한 제작자의 새로운 해석과 평가가 첨가되기도 하고, 이러한 해석과 평가는 자막의 색채 및 서체와 같은 형태에도 영향을 미친다.(정수영, 2009) …
> ─ 정혜리, 「텔레비전 오락 프로그램의 비표준어 방송자막에 대한 연구:제3자 효과를 중심으로」, 중앙대 석사논문, 2011, 14쪽.

저자의 이름이 본문에 나타나 있는 경우 '간접 인용' 하는 방법

저자의 이름이 본문에 나타나 있는 경우에는 발행연도와 해당 쪽수를 표시한다.

> 최영희(2009:29~62)는 쓰기 교육의 접근법을 필자 중심 접근법, 과정 중심의 접근법, 형식 중심 접근법, 결과 중심의 접근법, 독자 중심 접근법, 장르 중심 접근법, 내용 중심 접근법으로 구분하였다.

저자가 두 명 이상인 경우 '간접 인용' 하는 방법
저자가 두 명일 때에는 두 저자의 이름을 모두 표시하고 발행연도를 표시하되, 저자의 수가 3인 또는 그 이상일 때에는 주저자의 이름만을 명기하고 다음에 et al. 이라는 기호를 붙인다.

> 이와 같은 증거는 성용현과 석해복 (1964)에 의해서 제시되었다 …… 인간관계를 종합과학적 학문으로 다루는 학문으로서 보는 견해가 있다. (정범모 et al., 1963)

저자의 연구 결과가 동일한 연도에 두 개 이상의 경우 '간접 인용' 하는 방법
한 저자의 연구결과가 동일한 연도에 두 개 이상이 되는 경우에는 연도 뒤에 a, b, c 등으로 변별하여 표시한다.

> 남자 피해자들이 그들의 부모들(특히 어머니)과 더 밀접하고 긍정적인 관계를 맺고 있다. 이런 밀접한 관계는 어머니의 과잉보호에 의한 것으로 과잉보호에 대한 경향성은 집단따돌림의 원인과 결과로 생각해 볼 수 있다 (Olweus, 1978, 1993a). 뿐만 아니라 집단따돌림의 피해자들은 가해자에 비해 인기가 더 낮다.
> ―이재춘·곽금주, 『학교에서의 집단따돌림 : 실태와 특성』, 집문당, 2000, 38쪽.

여러 저자의 각각 다른 연구를 동시에 인용한 경우 '간접 인용' 하는 방법
여러 저자의 각각 다른 연구를 동시에 인용하였을 때에는 인용된 연구들을 다음과 같이 전부 표시한다.

> 이러한 프로그램들은 많은 문제점을 내포하고 있다. 최근의 연구결과는 (김진만, 나원일, 1982:White, M, 1991:, William G, 1990, Hatch & Freeman, 2001) …… 을 증명하였다.

(5) 注释与参考文献 주석과 참고 문헌
리포트를 작성하는 과정에서 인용한 자료는 반드시 출처를 밝혀야 한다. 인용한 문헌의 출처는 주석을 통해 밝히는데, 주석은 놓이는 위치에 따라 각주와

第14课 报告和论文
제14과 리포트와 논문

미주로 부른다.

참고 문헌은 논문의 마지막에 일정한 순서로 정리한다. 참고 문헌의 범위는 논리적 근거로 제시한 자료나 논문 작성에 직·간접적으로 영향을 준 자료로 하되, 문제의 해결에 도움을 준 문헌으로 한정한다.

각주는 본문의 아래쪽 여백에 줄을 긋고 내용을 쓰는 방식으로, 내각주와 외각주로 나뉜다.

내각주는 내용각주라고도 하는데 인용한 내용의 바로 뒤에 소괄호를 하고, 필자명과 출판 연도, 인용한 페이지 수를 적는 필자 연도 체계 방식을 말한다. 특수 용어나 전문 용어에 대한 개념을 정의한다거나 풀이할 때, 본문 내용의 추가 및 삭제, 보충 설명을 할 때 내각주를 사용한다.

인용한 문헌에 대한 자세한 출처는 논문의 뒤쪽에 마련되어 있는 참고 문헌 목록에 표시한다. 참고 문헌의 목록을 나열할 때에는 필자명의 철자 순으로 하는 방법이 가장 일반적이다.

서양서를 인용할 경우, 주석에서는 '이름+성' 순서로 필자명을 표시하지만, 참고 문헌 목록에서는 '성+이름' 순서로 표시하여 '성'을 기준으로 정렬하도록 해야 한다.

'텔레비전 오락 프로그램'은 장르의 구분과 상관없이 수용자들에게 웃음과 재미를 주는 매체이다. 오락은 실제적인 현실과 허구적인 현실의 경계에서 만나는 양면성을 가진 대상들을 전제로 한다(Luhmann, 1996/2006). 웃음은 인지적, 정서적, 규범적 불균형이 소멸되는 바로 그 찰나에, 소위 타이밍이라고 하는 순간에, 엄숙함이 지배하는 사회에서 당연하고 중요하게 여기는 가치를 가볍게 만듦으로써 발생한다(전규찬, 2002). 중요한 것은 텔레비전 오락을 통해 수용자들이 엄격하게 짜인 사회적 규칙, 규범 및 체제에서 일탈·위반되고, 일상의 고민이나 걱정을 박장대소 하는 웃음을 통해 그 순간만큼은 잊어버리는 것이다.

생략과 의사소통의 관계에 대한 논의들 중 이장순(2001)은 생략이 언어의 보편적인 현상 가운데 하나로서 효과적인 의사소통을 위한 한 방법으로 보고 있다. 이는 생략이 갖는 의사소통 기능을 전제하고 있는 것이며, 생략이 담화에서 하는 기능이 단순한 표층 결속이나 간결성을 추구하는 것만은 아님을 보여준다. Sperber & Wilson은 의사소통이란 청자가 발화의 언어적 의미를 인식할 때 성공적으로 달성되는 것이 아니라, 그 언어적 의미로부터 화자가 '의미'하는 바를 청자가 추론할 때에 성공적으로 달성되는 것이라고 정의하였다.(김태옥·이현호 역 1994, 33)

외각주란 인용한 내용의 끝에 번호를 붙이는 번호 체계 방식을 말한다. 인용한 내용에 대한 자세한 출처는 본문의 아래에 줄을 긋고 밝힌다. 인용 문헌이 저서일 때는 '필자명, 편역자명, 도서명, 출판지, 출판사, 출판 연도, 페이지'의 순으로 적고, 논문일 때는 '필자명, 논문 제목, 학술지명, 권 호수, 출판지, 출판 연월, 페이지' 순으로 적는다.

脚注号码与格式 각주 표기 형식

注释符号可以采用"1,1),(1),①,★,#"等,写在需要注释的词语或句子的右上角。

학습자의 TOPIK 수준에 따라 쓰기 불안의 구성요인에 차이를 보인다.[1]
3급 학습자들에게서 학습 기간과 쓰기 불안 간에 양의 상관관계가 나타난다.[1)]
인터넷 쓰기에서 남학생의 경우가 여학생보다 더 짧은 글을 쓰는 경향을 보였다.[(1)]
SNS를 활용하여 다른 사람들과 소통하기 위한 목적의 글로 성별 차이가 드러나지 않았다.[①]
김장선[*]
중국인 한국어 학습자의 쓰기 불안 연구[#]

---

[1] 조인, 김영주, "중국인 한국어 학습자의 불안연구", 경성대인문학연구소 『인문학논총』 38, 2015, p.100.

[1)] 정수연, 앞의 책 (前揭书= Op.cit), 102쪽. /정수연, 위의 책(上揭书= Ibid)

[(1)] 한청, 『인터넷 쓰기 교육』, (서울: 책으로 만드는 따뜻한 세상, 2015), pp.48-50.

[①] 이미경, SNS를 활용한 서평쓰기 지도효과 연구, 카톨릭대학 석사, 2014. p.18.

[*] 천진 사범대학교 한국어학과 교수

[#] 본 연구는 2015년도 한국학술진흥재단 학술연구조성비 지원에 의해 수행되었음

참고 문헌에서는 본문에서 인용한 문헌 목록을 다시 제시하는데, 내각주의 참고 문헌 체제와 마찬가지로 필자명의 철자 순으로 배열한다.

第14课　报告和论文
제14과　리포트와 논문

```
                        〈참고 문헌〉
1. 국내 저서
〈단행본〉
김태옥, 이현호 공역, 「인지적 화용론 : 적합성 이론과 커뮤니케이션」, 한신문화사, 1994.
김태옥, 이현호 공역, 「한국어 학습자의 오류 연구」, 도서출판 박이정, 2003.
이화여자대학교 언어교육원, 「유학생을 위한 대학한국어2:읽기・쓰기」, 이화여자대학교출판사, 2008.
허용 외, 「외국어로서의 한국어 교육학 개론」, 도서출판 박이정, 2005.


〈논문〉
박나리, 「외국인 유학생을 위한 학습자 중심의 각주쓰기 방안연구」,「작문연구」 17, 2013.
이장순, 「생략과 정보구조에 관한 연구」, 충남대학교 석사학위 논문. 2001.
이인재, 「대학에서의 글쓰기 윤리교육」, 「작문연구」 6, 2008.
____, 「표절과 올바른 인용」, 「대한피부미용학회지」 10-4, 2012.


2. 국외저서
Howard, R, "Plagiarisms authorships and the academic death penalty", Colleage English 57-7, 1995.
Oshima, A, & Hogue, A, "Writing academic English(4th ed.)", White Plains, NY: Pearson Longman, 2006
```

　　인용법과 주석 형식, 참고문헌을 작성하는 방법은 전공영역에 따라 다르다. 상황에 맞는 관례를 미리 파악하는 게 중요하다!

　　인용을 하는 방법은 전공에 따라 관례가 다소 다르다. 같은 전공에서도 세부 분야에 따라 조금씩 다를 수 있다. 주석과 참고 문헌 목록에서 서지를 밝혀 적는 형식도 마찬가지다. 때로 특정 학회나 출판사에서 자주 쓰는 형식이 있으므로, <u>글을 쓸 때에는 반드시 상황에 맞게 관례를 잘 파악하여 거기에 맞게 써야 한다.</u>

3) 报告写作时注意事项　리포트 쓸 때 주의점

　　리포트는 교수와 학생 사이에 이루어지는 일종의 의사소통 행위라는 점에서 다른 일반 글과 마찬가지다. 리포트의 의의를 제대로 구현하기 위해서는 다음과 같이 몇 가지 사항을 유념할 필요가 있다.

　　第一, 正确地分析主题。　첫째, 주제를 정확히 분석해야 한다.

　　리포트 작성의 주제를 명확하게 파악하기 위해서는 무엇보다 강의실에서 담당 교수의 과제 설명을 주의 깊게 듣고 확인하는 것이 필요하다.

第二,确保足够的参考资料。 둘째, 참고자료를 충분히 확보하여야 한다.

학생의 독창적인 아이디어나 창의적인 사고를 반영한 리포트가 좋은 리포트이긴 하지만 그보다는 먼저 주제에 관하여 성실하게 공부한 흔적이 드러나야 한다. 관련 자료들을 충실하게 찾아보고, 때로는 서로 대립하는 주장들을 검토하면서 자신만의 관점을 정립한다. 관련 자료를 늘어놓기, 베끼기, 짜깁기는 피한다.

第三,系统地组织,简要地表达。 셋째, 체계적으로 구성하고 간명하게 표현해야 한다.

리포트를 체계적이고 논리적으로 정리하면 가독성(可读性)이 높아지고 독자의 이해도 쉬워진다. 이를 위해 항목별 유형 분류나 어법에 맞는 표현을 준수해야 한다. 또한 여러 가지 통계자료나 도표, 사진이나 삽화를 삽입하여 리포트에 생동감을 부여할 필요도 있다.

第15课 演讲
제15과 프레젠테이션

1 要求演讲的时代 프레젠테이션이 요구되는 시대

우리가 사는 이 시대는 자기 표출의 시대이다. 자신이 스스로 홍보하지 않고서는 자신의 가치를 증명할 수 없는 시대이다. 아무도 나를 대신해 주지 않는다. 말하지 않는 소극적인 사람은 결코 주목을 받을 수 없는 시대이다. 이러한 시대를 사는 우리에게 프레젠테이션의 능력은 자신의 가치를 증명할 수 있는 중요한 수단이 되었다.

혁신의 아이콘 스티브 잡스는 프레젠테이션에 대한 인식에 큰 변화를 가져왔다. 사람들은 그가 만든 슬라이드에 집중하기 시작했고 그의 화술과 프레젠테이션 스킬에 열광하기 시작했다. 잡스의 프레젠테이션이 갖는 영향력을 직접 눈으로 확인했고 그로 인한 변화들을 몸으로 체감했다. 성공적인 프레젠테이션이 갖는 엄청난 파급력은 수 억원 이상을 들인 어떤 광고보다도 놀라운 효과와 파급력을 보였다. 단지 프레젠테이션만으로 이처럼 큰 변화를 만들어낼 수 있다는 사실, 그 영향력을 사람들은 인지하기 시작했다.

지금은 스티브 잡스와 프레젠테이션에 관련된 수많은 책들이 출판되고 이런 책들이 베스트셀러가 되는 시대이다. 모든 대학에서는 강의마다 프레젠테이션을 통한 평가를 진행하기 시작했다. 이제 프레젠테이션 한 두 번쯤 안 해보고 졸업하는 대학생들이 없을 정도이다.

대학생들 사이에서 프레젠테이션 능력이 중시되는 또 다른 이유는 바로 대학생들에게 불어 닥친 스펙 열풍이다. 강의에서 좋은 평가를 받기 위해서는 프레젠테이션에서도 좋은 모습을 보여야 했다. 뿐만 아니라 소위 좋은 스펙을 위해서 공모전 수상은 필수가 되었다. 공모전은 보통 2차에 걸친 프레젠테이션을 진행해야 한다. 이제 공모전 뿐만 아니라 대학생들의 최종 목표인 취업을 위해서도 프레젠테이션 스킬은 반드시 갖추어야 할 능력이 되었고 대기업에서는 프레젠테이션 면접이라는 새로운 면접방식을 도입되었다. 이처럼 수많은 직간접적인 이유로 프레젠테이션 능력 함양의 중요성이 부각되고 있다.

2 演讲技巧　프레젠테이션 스킬

　프레젠테이션 스킬은 크게 두 가지로 구분할 수 있다. 그것은 화술과 슬라이드 제작이다.

　프레젠테이션은 생각과 의견을 전달하거나 설득하는 다양한 방법들 중 한가지이다. 따라서 효과적인 말하기(화술)는 프레젠테이션의 가장 중요한 요소가 되었다. 프레젠테이션은 한 개인이 다수를 상대로 진행하는 방식이다 보니 면대면으로 진행하는 의사 표현과는 그 방법에 차이가 있다. 면대면으로 진행하는 설득이 상대의 성격과 기호를 파악해 공략해야 하는 반면, 프레젠테이션은 대중과 집단의 본질에 대한 이해와 분석이 필요하다.

　슬라이드는 효과적인 의사전달을 위한 수단이자 도구이다. 말로 모든 의견을 전달하는 것은 집중력의 한계 때문에 불가능하다. 인간은 한가지 감각을 지속적으로 사용하는 경우에 피로감을 느끼게 된다. 말로만 진행되는 프레젠테이션을 듣는 경우 청각만을 지속적으로 사용하게 되고, 이내 피로감을 느끼게 되는 것이다. 결국 이러한 피로감으로 인한 집중력의 한계는 처절한 실패를 맞을 수도 있다. 바로 이때 이러한 청각의 피로감을 덜어줄 수 있는 도구가 바로 슬라이드이다. 슬라이드는 청각 뿐만 아니라 시각을 같이 사용해 정보를 받아들임으로써 지루함과 피로감을 덜어낼 수 있는 방법이다. 또한 효과적으로 제작된 슬라이드는 주제에 대한 이해도를 높일 수 있다.

第15课　演讲
제15과　프레젠테이션

이제 프레젠테이션은 전문가만이 하는 특별한 것이 아니라 누구라도 해야 하고 또 할 수 있는 커뮤니케이션 수단이 되었다.

3 演讲的核心是内容　프레젠테이션의 핵심은 내용

흔히 '프레젠테이션' 하면 화려한 영상을 먼저 떠올리는데 이는 초점이 빗나간 생각이다. 영상 매체나 정보 기기는 내용을 쉽고 효과적으로 전달하기 위한 수단에 불과하지 본질은 아니다. 지나치게 화려한 영상에 의해 정작 전하려는 내용이 가려진다면 그런 프레젠테이션은 자칫 무의미해질 수 있다. 중요한 것은 프레젠테이션의 기술이 아니라 충실한 내용이다.

프레젠테이션 내용 구성은 일반적인 글의 구성 원리인 '서론-본론-결론'이나 '기-승-전-결'을 기본으로 한다. 프레젠테이션을 계획하는 과정의 첫 단계인 '3P 분석'만 하더라도 글쓰기의 계획하기 단계에서 수행하는 작업과 다르지 않다. 시각 효과를 활용한 시연 자료나 배포 유인물에 쓰일 원고와 메모내용을 쓰는 과정도 마찬가지다. 실제로 많은 실무자들 사이에서 내용이 부실한 프레젠테이션이 가장 실패한 사례로 꼽힌다는 점에 비추어 보더라도 프레젠테이션에서 글쓰기 내용 구성이 얼마나 중요한지 알 수 있다.

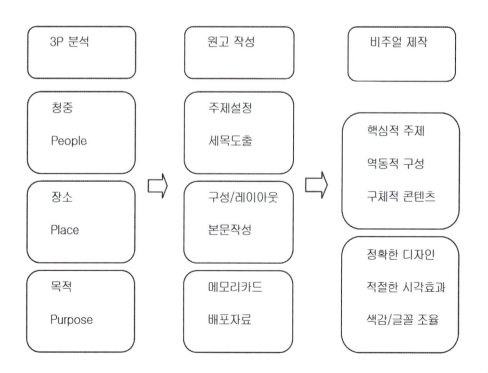

201

4 演讲计划 프레젠테이션의 계획

프레젠테이션을 계획하고 준비하는 과정의 첫 단계는 3P 분석이다. 이는 글쓰기 절차에서 '계획하기'에 상응한다. 어디에서(Place) 누구를 상대로(Person) 하여 어떤 목적으로(Purpose) 하는지 여하에 따라 프레젠테이션의 성격이나 유형이 달라진다.

가령 강연회나 신제품 발표회 등과 같이 청중에게 지식과 정보를 전달하는 자리에서는 '지식·정보 전달형 프레젠테이션'을 수행한다. 한편 개인이나 조직의 능력을 계발하기 위한 '동기 부여나 행동 유발을 목적으로 하는 프레젠테이션'은 이와 약간 다르다. 기업에서 자주 작성하는 제안서도 대개 이런 유형의 프레젠테이션이다. 또 제품 판매를 촉진하고 효과적인 마케팅 전략을 수립하기 위한 프레젠테이션도 마찬가지이다. 프레젠테이션을 준비하고 실연하는 단계에서 각 상황에 맞는 3P 분석이 선행되어야 한다. 3P분석의 내용과 방법은 다음과 같다.

목적 분석 Purpose analysis
청중 분석 Person analysis
장소 분석 Place analysis

목적 분석
- 프레젠테이션의 목적은 무엇인가?
- 발표를 통해 얻을 수 있는 것은 무엇인가?
- 이 프레젠테이션을 꼭 해야만 하는가?
- 어떤 방법으로 프레젠테이션을 작성하고 발표하는 것이 효과적인가?
- 청중들에게 전달하고자 하는 핵심 주제는 무엇인가?
- 어떤 프레젠테이션 유형을 수행하는 게 적절한가?

청중 분석
- 참석자는 누구이며 몇 명이 참석하는가?
- 참석자의 지위나 수준은 어떠한가?
- 참석하는 이유나 목적은 무엇인가?

– 관련 주세에 대해 어느 정도 알고 있을까?
– 핵심 인물이 누구이며 어느 정도 영향력이 있는가?
– 청중의 연령, 성별 비율, 직업 유형 등 구체적인 사항을 알 수 있는가?

장소 분석
– 프레젠테이션을 진행할 장소는 어디인가?
– 규모나 환경은 적당한가?
– 활용할 수 있는 기자재 준비는 잘 되어 있는가?
– 조명이나 음향, 영상 설비 상태는 어떠한가?
– 연단과 객석은 어느 정도 구분되어 있는가?
– 보조 기자재는 잘 갖추어져 있는가?

> 화면 구성, 가능하면 짧게 하라.
> 독자가 누구인가에 따라 글의 평가가 달라지듯이, 프레젠테이션에서도 듣는 사람에 따라 평가가 달라질 수 있다. 프레젠테이션을 준비할 때는 반드시 청중 분석을 철저하게 해야 한다. 전문가가 아닌 청중은 집중력이 쉽게 저하되므로 시연 시간을 짧게 하는 것이 좋다.

5 提高演讲能力的诀窍 프레젠테이션 능력을 향상시키는 비법

프레젠테이션 능력의 향상에도 지름길은 존재하지 않는다. 물론 선천적으로 타인 앞에 서는데 능숙한 사람들이 있긴 하지만, 지속적으로 공부하고 반복해 사람들의 앞에 서보는 방법만이 능력을 향상시킬 수 있는 유일한 방법이다. 특히 대중 앞에 섰을 때의 긴장감의 극복은 이러한 상황에의 지속적인 노출만이 해결할 수 있는 유일한 방법이다.

1) 克服舞台恐惧症、疏解发表前的不安和紧张情绪的方法
무대 공포증, 발표 전 불안 극복 및 긴장 푸는 법

무대에 오르면 불안하고 긴장되는 발표 불안 및 무대 공포 어떻게 극복할 수 있을까?

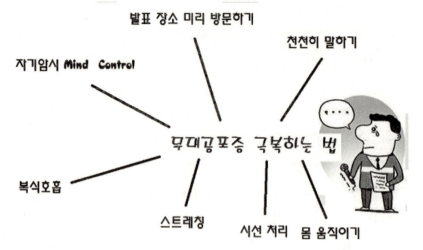

腹式呼吸　복식 호흡

복식 호흡은 흥분을 가라앉히고 심신의 안정을 찾을 수 있도록 돕는 역할을 한다. 우리가 흔히 긴장했을 때 심호흡을 하는데 복식 호흡을 하게 되면 발표 전 긴장을 완화하는 데 도움이 될 수 있다.

自我暗示　자기 암시 Mind Control

발표 전날 밤, 혹은 발표 직전의 자기 암시는 긴장을 완화하는데 도움이 된다. 자신이 무대에 올라 자신 있게 발표하는 모습을 반복적으로 떠올리도록 하자. 가능하다면 머릿속에서 프레젠테이션을 직접 진행해 보는 것도 큰 도움이 된다. 또한 발표 전 잘할 수 있다는 생각과 말을 의도적으로 하게 되면 무의식 중에 발표에 대한 불안감이 해소될 수 있다.

事先查看发表场所　발표 장소 미리 방문하기

미리 발표 장소를 방문해 발표를 진행할 공간에 익숙해진다면 긴장을 완화시키는 데 큰 도움이 된다. 처음 방문한 공간보다 자신에게 익숙한 공간에서 사람은 편안함을 느낀다. 따라서 발표 장소를 미리 방문하고 발표 동선 등을 미리 생각해 볼 기회를 갖는다면 발표 당일 조금 덜 긴장할 수 있다.

伸展运动　스트레칭

발표 직전 어깨, 목 등의 스트레칭을 해서 경직된 근육을 풀어주도록 하자. 또한 몸 뿐만 아니라 얼굴의 근육을 이완시키는 것도 중요하다. 흔히들 스트레칭이라고 하면 몸만을 생각하는데 긴장하면 가장 경직되는 근육 중 하나가 바로 얼굴의 근육이다. 얼굴 근육이 굳으면 표정이 부자연스러워질 수 있으므로 입을 크게 벌리는 등의 얼굴 스트레칭을 병행하는 것이 좋다.

第15课 演讲
제15과 프레젠테이션

视线处理 　시선 처리

발표가 시작되고 청중의 시선이 집중되면 그 시선에 부담을 느껴 긴장하게 되는 경우가 있다. 이런 경우 대부분 모니터나 대본에 얼굴을 파묻게 되는 경우가 있는데 이를 통해 청중의 시선을 피함으로써 긴장을 완화 시킬 수 있을지는 모르지만 좋지 못한 발표 방법이다. 그보다는 청중 뒤의 벽에 왼쪽, 가운데 그리고 오른쪽 총 세 곳의 포인트를 임의로 정해 번갈아 가며 바라보면 청중의 시선을 의식하지 않을 수 있어 발표 중 긴장을 해소하는 데 도움이 될 수 있다.

慢慢地说 　천천히 말하기

발표 중 긴장을 하면 의도했던 속도보다 말이 빨라지게 된다. 말이 빨라지면 청중이 잘 알아듣지 못할 뿐더러 발표자 자신도 더욱 긴장하게 된다. 따라서 의도적으로라도 말을 천천히 하려고 노력해야 한다.

活动身体 　몸 움직이기

발표 전 몸을 움직이는 것은 스트레칭과 비슷한 효과를 준다. 몸을 빠르게 움직이거나 손, 발을 털어주는 등 몸을 움직이면 긴장을 완화 시키는 데 도움이 된다. 박수도 긴장을 푸는 데 도움이 될 수 있다.

무대에 익숙하지 못해 발생하는 긴장과 불안은 반복적인 연습을 통해 완벽히 준비하고 또한 무대, 청중 앞에 서는 데 익숙해지면 상당부분 해결 할 수 있다. 하지만 아무리 익숙해지더라도 긴장은 때때로 찾아오기 마련이다. 이럴 때 위의 방법들을 이용해 긴장을 완화해 보자. 또한 무대에 대한 경험이 많아지면 긴장 해소를 위한 자신만의 방법, 노하우도 생기기 마련이다. 무대에 대한 두려움은 무대로 극복해야 한다. 지속적인 노력만이 근본적인 해결책이라는 사실을 알고 노력해야 한다.

2) 有自信地演讲 　프레젠테이션 자신감 있게 발표하자

프레젠테이션 스킬 1 – 잘 준비된 PPT

프레젠테이션 스킬에 있어 가장 기본적인 것은 잘 만들어진 PPT다. 내용 전달을 잘하기 위해 발표를 잘하는 것도 중요하지만 중요한

포인트는 그래프나 문구로 발표 내용에 맞게 자료를 구성해 주는 것이 좋다. 청중을 사로잡을 수 있는 창의적이고 설득력 있는 내용으로 PPT문서를 작성하기

전 발표 스크립트를 토대로 내용으로 틀을 먼저 짠 후 굵직한 키워드를 콘셉트에 맞게 구성하는 것이 좋다.

프레젠테이션 스킬 2 – 사과의 말로 시작하지 말자

시작의 말을 많이 준비하지 못했다거나, 내용이 부족하지만 봐달라는 듯의 사과의 어투로 절대로 시작하지 말자. 시작도 하기 전에 주눅이 들어 자신감이 없어지고, 청중들 또한 잘 준비하지 못한 PT, 내용이 부족한 PT라는 선입견이 생기게 되어 마이너스로 평가 받을 수 있다. 내가 준비를 못했더라도 난 열심히 했고, 당신들을 설득시킬 수 있다는 듯의 자신감이 넘치는 듯한 행동과 함께 프레젠테이션을 진행하는 것이 좋다. 그렇다고 너무 자신감이 넘쳐 보이는 것도 좋지 않으니 주의하자.

프레젠테이션 스킬 3 – 자신감 갖기

프레젠테이션을 진행하게 되면 무엇보다 자신감이 중요하다. 아무리 잘 만들어진 PT라 할지라도 자신감이 부족하면 원하고자 하는 내용을 제대로 전달할 수 없기 때문에 성공적인 발표가 되지 않을 수도 있다.

그렇다고 준비한 PPT 내용을 그대로 읽는 것이 아니다. 본인이 준비한 내용을 숙지하고 표정, 자세, 제스처 등에 유의하여 발표하는 것이 중요하며, 경직되어 있지 않고 자신감 있고, 당당하게 발표하되 자연스러운 발표를 해야 한다. 첫 인사에서부터 자신의 카리스마를 보여 주어 객석의 기를 제압하면, 자신도 모르는 사이 긴장감은 멀리 도망치고 자신감이 생길 것이다.

프레젠테이션 스킬 4 – 수정하고 또 수정하기

스크립트를 작성할 때 본인이 전달하고자 하는 정확한 의견과 정보가 들어있는지, 빠진 부분은 없는지 발표 전 꼼꼼하게 문서를 검토해야 한다. 준비한 내용이 정확하게 표현한 것인지, 원하는 방향으로 흘러가고 있는지 스크립트를 수정하는 시간이 필요하다.

프레젠테이션 스킬 5. – 많은 연습과 리허설 하기

자신감을 갖기 위해서는 많은 연습과 리허설이 필요하다. 많은 연습으로 발표 내용과 제스처gesture (说话时的)手势和姿势 등이 몸에 배임으로써 당당하게 자신감 있게 발표할 수 있다. 사람들 앞에서 미리 연습하는 시간을 가져보고 발표할 장소에 미리 찾아가 실전 위주의 연습을 하는 것이 프레젠테이션을 잘 할 수 있는 방법이다.

프레젠테이션 스킬 6. – 스토리텔링으로 승부해라

청중을 이해시키고 몰입시키는 데는 스토리 형식이 매우 효과적이다. 창의적이고 설득력 있는 프레젠테이션을 구성한다.

프레젠테이션 스킬 7 – 복장은 단정히!

복장은 프레젠테이션 성격과 청중의 성향에 맞게 준비하고 자세는 다리를 모으는 것보다는 살짝 벌리고 있는 것이 청중으로 하여금 편안한 인상을 준다. 또한 손은 언제나 허리 위로, 목소리는 크고 또박또박 의견을 전달해 나가는 것이 좋은 프레젠테이션 스킬 중 하나이다. 무엇을 입어야 할 지 고민이 된다면 단순한 명제 '진부하지만 무난하게' 이것을 기억하자. 스티브 잡스처럼 티셔츠에 청바지, 운동화를 신고 프레젠테이션을 할 수는 있지만 그런 모험보다는 단정하고 베이직한 복장이 더 낫다. 여성이라면 보통 투피스 정장에 바지보다는 스커트를 입어 여성성을 강조하는 것도 좋고, 스커트의 길이는 무릎 위에 닿는 정도가 무난하다. 밝은색 스타킹에 적당한 높이의 구두, 우아하고 단아한 블라우스, 차분한 색상의 스커트면 무난하다. 남성의 경우 슈트에 와이셔츠, 차분한 넥타이면 좋다.

发音练习　발음 연습

정확한 발음은 상대방에게 신뢰감을 주는 요소 중 하나이다. TV 속 아나운서들을 보면 신뢰감이 생기는데 그 이유는 바로 정확하고 올바른 발음을 구사하기 때문이다. 만약 상대방에게 신뢰감을 주고 싶다면 정확한 발음 훈련을 해 보자.

거울 앞에서 큰 소리로 정확하게 기본 발음 연습을 시작해 보자. 정확하게 발음하려고 노력하면서 한 글자, 한 글자 또박또박 "아, 에, 이, 오, 우"를 발음해 보자. 녹음기를 이용하여 나의 발음을 녹음하고 녹음한 내용을 들으면서 피드백하면 더 좋은 효과를 얻을 수 있다.

绕口音的练习　어려운 발음 훈련

발음이 불명확하면 무슨 글씨인지 알 수 없게 쓴 문장을 보는 것과 같다. 발음 하나만 가지고도 상대방을 평가하게 되는 경우가 많은데 발음을 훈련하는 방법의 하나로 '어려운 말 발음훈련'이 있다.

이 훈련은 특히 받침 있는 말의 정확한 발음을 연습하는 데 효과가 있다.

요령은 먼저 숨을 크게 들이마시고 정확히 발음을 하면서 단숨에 읽어 내려간다.

처음부터 발음교정이 쉽진 않을 것이다. 하지만 노력하면 안 되는 일은 없는 법. 꾸준히 노력하다 보면 꼭 반드시 좋은 결과가 있을 것이다.

다음을 숨을 크게 들이마시고 정확히 발음하면서 읽어 보자.

간장 공장 공장장은 강 공장장이고, 된장 공장 공장장은 공 공장장이다.
저 분은 백 법학박사이고 이 분은 박 법학박사이다.
작년에 온 솥장수는 새솥장수이고, 금년에 온 솥장수는 헌 솥장수이다.
사람이 사람이라고 다 사람인 줄 아는가, 사람이 사람 구실을 해야 사람이지.
한양양장점 옆 한영양장점, 한영양장점 옆 한양양장점
저기 있는 말뚝이 말 맬 말뚝이냐, 말 못맬 말뚝이냐
옆집 팥죽은 붉은 팥 팥죽이고 뒷집 콩죽은 검은 콩 콩죽이다
멍멍이네 꿀꿀이는 멍멍해도 꿀꿀하고 꿀꿀이네 멍멍이는 꿀꿀해도 멍멍하네
들의 콩깍지는 깐 콩깍지인가, 안깐 콩깍지인가
깐콩깍지면 어떻고 안 깐 콩깍지면 어떠냐 깐 콩깍지나 안 깐 콩깍지나 콩깍지인대
상표붙인 저 깡통은 깐 깡통인가, 안 깐 깡통인가?
강낭콩 옆 빈 콩깍지는 완두콩 깐 빈 콩깍지고, 완두콩 옆 빈 콩깍지는 강낭콩 깐 빈 콩깍지다
작년에 온 솥장수는 헌 솥장수이고, 금년에 온 솥장수는 새 솥장수이다.
고려고 교복은 고급이다
내가 그린 구름 그림은 새털구름 그린 그림이고, 네가 그린 구름 그림은 뭉게구름 그린 그림이다.
대한 관광 공사 곽진관 관광과장
조달청 청사 창살도 쇠창살, 항만청 청사 창살도 쇠창살
강창성 해운 항만청장과 진봉준 강릉 전매 지청장
서울 특별시 특허 허가과 허가과장 허과장
저기 저 뜀틀이 내가 뛸 뜀틀인가 내가 안 뛸 뜀틀인가?

第15课　演讲
제15과　프레젠테이션

　　내가 그린 기린 그림은 긴 기린 그림이고 니가 그린 기린 그림은 안 긴 기린 그림이다.
　　저기 가는 저 상장사가 새 상 상장사냐 헌 상 상장사냐.
　　중앙청 창살은 쌍창살이고, 시청의 창살은 외창살이다.
　　앞 집 팥죽은 붉은 팥 풋팥죽이고, 뒷집 콩죽은 햇콩단콩 콩죽이고, 우리집 깨죽은 검은깨 깨죽이다
　　들의 콩깍지는 깐 콩깍지인가 안 깐 콩깍지인가 깐 콩깍지면 어떻고 안 깐 콩깍지면 어떠냐 깐 콩깍지나 안 깐 콩깍지나 콩깍지는 다 콩깍지인데

发音发声练习　　발음 발성 훈련
　　다음의 '발음,발성 연습표'를 통하여 발음과 발성을 동시에 집중적으로 훈련하는 것도 한 방법이다.

发音发声练习表1　발음발성 연습표1　　发音发声练习表2　발음발성 연습표2

가 구 거 고 그 기 게 개 갸 교 겨 규　　가 겨 고 갸 그 규 거 교 구 기
나 누 너 노 느 니 네 내 냐 뇨 녀 뉴　　나 녀 노 냐 느 뉴 너 뇨 누 니
다 두 더 도 드 디 데 대 댜 됴 뎌 듀　　다 뎌 도 댜 드 듀 더 됴 두 디
라 루 러 로 르 리 레 래 랴 료 려 류　　라 려 로 랴 르 류 러 료 루 리
마 무 머 모 므 미 메 매 먀 묘 며 뮤　　마 며 모 먀 므 뮤 머 묘 무 미
바 부 버 보 브 비 베 배 뱌 뵤 벼 뷰　　바 벼 보 뱌 브 뷰 버 뵤 부 비
사 수 서 소 스 시 세 새 샤 쇼 셔 슈　　사 셔 소 샤 스 슈 서 쇼 수 시
아 우 어 오 으 이 에 애 야 요 여 유　　아 여 오 야 으 유 어 요 우 이
자 주 저 조 즈 지 제 재 쟈 죠 져 쥬　　자 져 조 쟈 즈 쥬 저 죠 주 지
차 추 처 초 츠 치 체 채 챠 쵸 쳐 츄　　차 쳐 초 챠 츠 츄 처 쵸 추 치
카 쿠 커 코 크 키 케 캐 캬 쿄 켜 큐　　카 켜 코 캬 크 큐 커 쿄 쿠 키
타 투 터 토 트 티 테 태 탸 툐 텨 튜　　타 텨 토 탸 트 튜 터 툐 투 티
파 푸 퍼 포 프 피 페 패 퍄 표 펴 퓨　　파 펴 포 퍄 프 퓨 퍼 표 푸 피
하 후 허 호 흐 히 헤 해 햐 효 혀 휴　　하 혀 호 햐 흐 휴 허 효 후 히

그 훈련요령은 다음과 같다.

01 발음 발성 연습표를 옆으로 읽되 고딕체는 강하게 발음한다.

02 처음에는 입을 크게 벌리고, 한자 한자씩 또박또박 명확히 발음을 한다.

03 익숙해지면 발음의 명확성을 유지하면서 4초 정도에 한 줄을 읽을 정도로 속도를 빨리 한다.

04 하루에 5분씩 고성발성으로 훈련한다.

이렇게 훈련을 계속하면 발음이 명확해지고 음량이 풍부해진다.

改变人生的三分钟演讲　　내 인생을 바꾸는 3분 스피치

그런데 왜 3분일까? 보통 사람들은 2분 이상 주목하기가 힘들다고 한다. 사실 3분이라는 시간은 사람이 무언가를 참을 수 있는 최초의 한계점이기도 하다. 하나의 주제로 이야기하는 시간이 3분 이상을 넘어가면 듣는 사람이 지루하게 느끼게 된다. 그렇기 때문에, 서론, 본론, 결론으로 나누어서 3분 정도 스피치 훈련을 계속 한다면 내가 전달하고자 하는 목적을 성공적으로 전달할 수 있을 것이다. 3분 스피치는 기본만 익혀두면, 어떤 경우든 자신감을 가지고 이야기 할 수 있다.

컵라면을 먹는 데도 3분을 기다려주는 데 금방 지나갈 것 같은 3분을! 의미 있는 3분으로 만드는데 고민해 봐야 하지 않을까? 3분이라는 짧은 시간에 듣는 사람을 설득시키고 자신의 생각을 잘 전달하기 위해 도움이 될 3분 스피치를 잘 하는 법에 대해 알아 보자.

스피치의 내용 구성

3분 스피치와 1시간 스피치 중 어떤 게 더 어려울까? 당연히 1시간 스피치가 더 어려울 것이라고 생각하지만 사실 3분 스피치가 훨씬 더 어렵다.

-도입부분에 청중의 관심을 끌 수 있는 내용으로 구성한다.

3분이라는 짧은 시간 내에 듣는 사람을 설득해야 하므로 이야기가 옆길로 새지 않도록 내용 구성에 세심한 주의를 기울여야 한다. 사람들이 집중할 수 있는 시간이 3분 내외라는 것을 명심하고 도입부분에 청중의 관심을 끌 수 있는 질문이나 에피소드를 미리 준비하여 청중과 하나가 되어 스피치를 시작한다.

-스피치의 내용과 목적을 적절하게 표현한다.

수다와 스피치의 차이점은 무엇일까? 수다는 특별한 목적이 없이 내가 하고

第15课　演讲
제15과 프레젠테이션

싶은 이야기를 하는 것이다. 그래서 이 얘기를 했다가 저 얘기를 했다가 해도 상관이 없고, 주제가 꼭 하나일 필요가 전혀 없다. 하지만 스피치는 다르다. 반드시! 반드시 내가 의도하는 목적이 있어야 하며, 그 주제는 하나여야 한다.

- 주제와 관련된 자료를 찾아본다.
- 가장 중요하고 핵심적인 내용은 요약·정리한다.
- 논점은 분명해야 하고, 내용은 논리적으로 일관성이 있어야 한다.
- 스피치 중간마다 적절하게 신뢰감을 줄 수 있는 인용을 한다.
- 강렬한 스피치의 마무리로 감동을 주게 한다.

청중들은 가장 최근의 정보를 더 많이 기억한다. 서론과 본론에서 아무리 재미있는 이야기를 많이 들어도 결론을 더 기억하고 좋아한다. 스피치의 마무리 단계에서 이 단계가 마무리인 것을 알려 주며, 다시 한 번 긴장감을 더해서 집중하도록 한다.

'명언을 넣어라', '처음의 메시지를 다시 한 번 전하라', '청중에게 감사하라'

- 스피치 중간에는 접속사를 적절하게 사용한다.

서론은 사람들에게 관심을, 본론은 내용을 충실하게 결론은 감동을 준다라는 이 사실을 기억하고 스피치에 임한다면 심플하지만 성공적인 3분 스피치를 할 수 있을 것이다.

스피치 태도와 목소리

- 실제 목소리의 크기보다 약간 크게 말한다.
- 말의 속도는 평소보다 느리게 한다.
- 스피치를 하면서 청중의 눈을 한 명, 한 명 맞추면서 진행한다.
- 입을 크게 벌리면서 발음을 정확히 한다.

거울을 자주 보면서 웃거나, 말을 하는 습관을 들이면 면접관 앞에서도 자연스럽게 웃거나 말이 나오게 된다. 처음에는 거울을 보고 말하는 것이 어색할 수 있지만 꾸준히 연습하면 자연스럽게 말하는 것이 가능하며, 어느새 자신감도 저절로 찾아오게 된다. 자연스러운 미소와 발음을 연습하여 자신감을 키우자.

- 적절한 제스처는 긴장을 이완시키고 청중의 집중도를 높일 수 있다.
- 강조할 부분이 있으면 잠시 멈추는 것도 전략이다.
- 정해진 시간 안에서 스피치를 마치는 것은 잘 준비되고 정돈된 느낌의 스피치임을 보여 준다.